Ullstein Management

Rupert Lay

Die Macht der Wörter

Sprachsystematik
für Manager

Ullstein Management

Ullstein Management
Ullstein Buch Nr. 34871
im Verlag Ullstein GmbH,
Frankfurt/M – Berlin

Ungekürzte Ausgabe

Umschlagentwurf:
Hansbernd Lindemann
Alle Rechte vorbehalten
© 1986 by Wirtschaftsverlag
Langen-Müller/Herbig
Albert Langen · Georg Müller
Verlag GmbH,
München
Printed in Germany 1992
Druck und Verarbeitung:
Clausen & Bosse, Leck
ISBN 3 548 34871 8

April 1992

Vom selben Autor
in der Reihe der
Ullstein Bücher:

Das Bild des Menschen (34585)
Führen durch das Wort (34424)
Dialektik für Manager (34469)
Meditationstechniken für Manager
(34547)
Manipulation durch die Sprache (34631)
Vom Sinn des Lebens (34684)
Ethik für Wirtschaft und Politik (34767)

Die Deutsche Bibliothek –
CIP-Einheitsaufnahme

Lay, Rupert:
Die Macht der Wörter: Sprachsystematik
für Manager/Rupert Lay. –
Ungekürzte Ausg. – Frankfurt/M; Berlin:
Ullstein, 1992
   (Ullstein-Buch; Nr. 34871: Ullstein-
   Management)
   ISBN 3-548-34871-8
NE: GT

Inhalt

Vorwort 7

1. Sprache kann töten – Sprache gibt Leben 15

2. Sprache schafft Welt 35

3. Sprache schafft Sinn (Sprache als Sinnsystem) 73

4. Sprache schafft Gesellschaft (Sprache in kommunikativer Funktion) 103

5. Gefährdete Sprache (Kommunikationsstörungen) . 139

Literatur 223
Register 227

Vorwort

1. Wunder, an die wir uns gewöhnt haben, sprechen nicht mehr. Und wir haben uns alle an Sprache als eine Selbstverständlichkeit gewöhnt. Wir staunen allenfalls noch, wenn wir erleben, wie ein Kind sprechen lernt. Das Alltägliche, das Selbstverständliche bringt uns allenfalls zum Wundern, wenn wir uns Zeit nehmen, den Schleier, den die Gewohnheit über das Wunderbare legt, ein wenig zu heben. Dieses Buch will Ihnen dabei helfen. Es will nicht gelesen werden wie ein Sachbuch, das uns über Unselbstverständliches informiert. Sprache ist uns selbstverständlich, über sie zu informieren scheint müßig. Wir wissen doch alle, was Sprache ist. Wissen wir es wirklich? Könnte es nicht sein, daß Sprache uns nur ihre Oberfläche zeigt, weil wir nicht mehr als Oberfläche suchen?

2. Je intensiver sich moderne Sprachwissenschaft mit Sprache beschäftigt, um so mehr entzieht sich Sprache allem wissenschaftlichen Bemühen. Sicherlich spielt Wissenschaft immer im Raum der Sprache. Es ist schwer, mit Sprache über Sprache nachzudenken, weil sich im Nachdenken über Sprache Sprache immer wieder verändert – und das auf recht unkontrollierbare Weise. In manchem sehen sich die Sprachwissenschaftler in einer Situation, die der der Physik in der Mitte der 20er Jahre ähnlich ist. Die widerspruchslose Erklärung physikalischer Beobachtungen ist nur möglich, wenn man den Raum der Sprache verläßt und eine neue, rein formale Sprache, deren Worte nichts uns Bekanntes bezeichnen, konstruiert. Auch die von *W. Heisenberg* formulierte »Unschärfebeziehung« findet ihre Entsprechung: Je nachdem, unter welcher Rücksicht man Sprache betrachtet, zeigt sie andere, uns teils widersprüchlich erscheinende Eigenschaften. Je mehr

man versucht, die Präzision der Beobachtung zu mehren, um so unschärfer erscheint der Sachverhalt »Sprache«.

3. *N. Chomsky* konnte überzeugend zeigen, daß das Verfügen über eine Umgangssprache durchaus vergleichbar ist mit dem intellektuellen Verfügen über eine sehr komplexe und komplizierte Theorie. Wenn jemand berichtet, er gäbe seinem zweijährigen Sohn Unterricht in Matrizenmechanik und der Bub mache dabei so gute Fortschritte, das er problemlos über die Theorie verfügen könne, werden wir ihn einen Lügner schelten. Wenn aber der stolze Vater von seinem Zweijährigen berichtet, er könne problemlos richtige 5-Wort-Sätze bilden, die er noch nie gehört habe, wundern wir uns kaum. Und dennoch ist die Theorie, über die der Zweijährige verfügt, sicher intellektuell wenigstens ebenso anspruchsvoll wie die Matrizenmechanik *Heisenbergs*. Es handelt sich dabei um eine Theorie, die bestimmt, welche Worte mit welchen bei Anwendung bestimmter syntaktischer Regeln (etwa der Grammatik) miteinander zu einer bestimmten Kette verbunden werden können.

Normalerweise halten wir das Funktionieren unserer Sprechfähigkeit für selbstverständlich. Doch schon die Bildung eines 5-Wort-Satzes fordert viele Millionen von Entscheidungen ein. Wenn wir eine Vorstellung in Worte fassen wollen, müssen wir aus einem Repertoire von einigen Tausend Worten und einigen Hundert syntaktischen Regeln in Bruchteilen von Sekunden die auswählen, die unsere Vorstellung optimal wiedergeben. Dabei haben wir nicht nur unsere eigenen Erfahrungen mit dem Gebrauch eines Wortes oder einer Wortfolge zu berücksichtigen, sondern auch das soziale Feld, in dem wir sprechen (die gleiche Information wird sehr viel anders mitgeteilt, wenn wir mit Kindern tollen, mit unseren Nachbarn reden, in einer Versammlung sprechen ...), und die psychischen, emotionalen, intellektuellen, sprachlichen Bedingungen, unter denen unser Gesprächspartner im

Augenblick steht. Nach *N. Chomsky* ist es unmöglich, daß ein Zweijähriger über eine funktionierende und Kommunikation ermöglichende erlernte Sprachtheorie verfügt. Wenn er sie aber nicht erlernt hat, muß sie ihm angeboren sein. Diese Annahme gilt aber vor allem behavioristischen Sprachtheoretikern als so ungeheuerlich phantastisch, daß sie sie als »metaphysisch« (das ist ein arges Schimpfwort bei solch extremen Empirikern) ablehnen. Zuletzt bedurfte *R. Descartes* (1596–1650) solcher »angeborener Ideen«, um sein Prinzip zu rechtfertigen, daß das, was unmittelbar einsichtig ist, auch wahr sei. *J. Locke* (1632–1704) widerlegte diese Theorie ein für allemal – allerdings um einen hohen Preis. Seitdem sind die Philosophen über Wahrheitskriterien heillos zerstritten. Um so phantastischer muß die seltsame Auferstehung der Lehre von angeborenen syntaktischen Mustern wirken. Aber es gibt bislang nichts Besseres.

Mit der Theorie von den angeborenen Sprachmustern wird auch eine Frage entscheidbar, die gelegentlich gestellt wird: Könnten wir eine Sprache verstehen, die intelligente Lebewesen gebrauchen, die aus einem anderen Planetensystem kommen? Die Frage ist leicht zu verneinen. Diese Lebewesen verfügten sicherlich über eine Sprache (wenn überhaupt), die nicht unseren angeborenen Mustern entspricht. Nur ein linguistisches Genie könnte in einigen Jahren intensiver Arbeit die Theorie reproduzieren, die der fremden Sprache zugrunde liegt.

4. Das Thema dieses Buches ist nun nicht das »Wunder der Sprache«, sondern die »Macht der Sprache«. Doch sollte man zuerst wieder lernen, sich über Sprache zu wundern, ehe man beginnt, die Macht, die uns gegeben ist, insofern wir über Sprache verfügen, näher kennenzulernen.

Daß wir über Sprache das Verhalten anderer Menschen beeinflussen können, daß wir selbst oft der Sprache anderer Menschen nahezu hilflos ausgeliefert sein können, habe ich schon in dem Buch »Manipulation durch die Sprache« (1977) ausgeführt. Die dort dargelegten Gedanken, werden im ersten Kapitel dieses Buches aufgegriffen und weiter ausgeführt.

Darüber hinaus kommt es aber darauf an zu erkennen, daß Sprache und menschliches sprachliches wie unsprachliches Handeln dicht miteinander verbunden sind und intensiv aufeinander verweisen und miteinander wechselwirken. Die drei Handlungstypen, Sprechhandeln, Tathandeln und Ausdruckshandeln, sind ganz eng aneinander gekoppelt, so daß der eine Typus den anderen weitgehend determiniert.

Ich werde in diesem Buche zeigen, daß die Welt, in der wir leben, weitgehend durch Sprache und Sprachverfügung gebildet ist. Eine sprachfremde Realität ist uns Menschen nicht verfügbar. Wir schaffen mit unserer Sprache Realität.

Ferner wird nach einem kurzen Kapitel, das in eine Systemtheorie der Sprache einführt und so das Funktionieren von Sprache verdeutlicht, dargestellt werden, welche Rolle Sprache für unsere menschlichen Interaktionen hat. Wir werden sehen, daß sie Menschen (als personale Systeme) immer wieder neu schafft. Sprache schafft also nicht nur unsere Welt, sondern auch uns selbst.

In einem weiteren ausführlich gehaltenen Kapitel werde ich versuchen, die wesentlichsten Formen der Kommunikationsstörungen aufzuzeigen. Gestörte Kommunikation bedeutet gestörte Psyche und gestörte Gesellschaft, insofern Psyche und Gesellschaft als kommunikative Funktionen und Strukturen stets von Kommunikation geschaffen werden. Die Kenntnis der wichtigsten Kommunikationsstörungen und das Verfügen über Techniken, sie zu beheben, ist also eine wichtige Voraussetzung für das optimale »Funktionieren« psychischer und sozialer Systeme. Von ihnen hängt nicht nur unsere psychische Stabilität ab, sondern auch ein humanes Miteinander.

5. Vom Geheimnis der Sprache läßt sich schon einiges erahnen, wenn wir versuchen, zu bestimmen, was »Sprache« bedeutet. Einige der geläufigsten Definitionen lauten:

(1) Sprache ist ein internalisiertes System von semantischen und syntaktischen Regeln, das es erlaubt, Zeichen und Bezeichnetes in Beziehung zu setzen, und dabei die Begriffe und deren Bedeutungen ausfaltet. Wir werden uns diese Bestimmung nicht zu eigen machen, da sie Sprache als System mit ihren Strukturen zu verwechseln scheint.

(2) Sprache ist der intra- und interpersonale Austausch von Gedanken und Vorstellungen durch Zeichen. Diese Bestimmung reduziert Sprache auf Kommunikation. Sie begreift zwar eine wesentliche Funktion von Sprache, doch greift sie in der Beschränkung zu kurz.

(3) Sprache ist die dem Menschen typische Form der Welterfassung und Erfahrungsverarbeitung. Diese Definition hat den Nachteil, daß sie zwei wichtige Funktionen der Sprache beschreibt, nicht aber eindeutig ist. Es ist nicht auszuschließen, daß es auch Formen menschlicher Welterfassung und Erfahrungsverarbeitung gibt, die unsprachlich sind.

(4) Sprache ist ein strukturiertes System von Sinnzeichen. Auch in dieser Bestimmung, die sicher eine notwendige Eigenschaft von Sprache beschreibt, bleibt es offen, ob auch eine zureichende Merkmalsdarstellung geschieht.

(5) Sprache ist ein System von symbolischen Mustern sozialen Handelns. Auch diese Bestimmung dürfte zu kurz greifen, insofern sie anscheinend Sprache ausschließlich von ihrer kommunikativen Funktion her versteht.

(6) Sprache ist ein selbstreferentielles Sinnsystem, dessen wichtigste Elemente Namen für einzelne Sachverhalte (Eigennamen) oder Namen für Klassen von Sachverhalten (Begriffe) sind. Ich werde diese Bestimmung den folgenden Überlegungen zugrunde legen.

6. *N. Chomsky* führte (1960) die auch für unsere Überlegun-

gen wichtige Unterscheidung von sprachlicher Kompetenz und sprachlicher Performanz ein. »Kompetenz« bezeichnet die Fähigkeit von (linguistisch) idealen Sprechern/Hörern, die in einer homogenen Sprachgemeinschaft leben, mit Hilfe eines begrenzten Inventars von Elementen und Kombinationsregeln potentiell unendlich viele Ausdrucksstrukturen potentiell unendlich vielen Inhaltsmustern (in Sätzen) zuzuordnen. »Kompetenz« bezeichnet also die tatsächliche Kenntnis der Sprache, über die reale Sprecher/Hörer verfügen. Mit der Kompetenz ist auch die Fähigkeit verbunden, die Kombinationsregeln und – begrenzt – die Elemente kreativ zu ändern. Das ist eine notwendige Bedingung des Sprachwandels. In der Kompetenz verdichten sich zu einer Einheit

● die Kenntnis eines Sprechers/Hörers von Welt,
● die Kenntnis allgemeiner Sprachregeln und
● die Kenntnis einer Einzelsprache.

Diese Bestimmung von »Sprachkompetenz« wurde von der Soziolinguistik, aber auch von Autoren wie *J. Habermas, B. Badura, H. E. Breckle* ergänzt und erweitert. Für unsere Zwecke ist die hier vorgestellte Definition zureichend. »Performanz« bezeichnet die im konkreten Sprechakt realisierte Kompetenz. Die Performanz wird einerseits durch das soziale Umfeld bestimmt, andererseits aber auch durch die psychischen Bedingungen, unter denen ein Sprechakt gesetzt wird. Hierher gehören Emotionen, Interessen, Erwartungen, Kenntnisse, Motive, Wahrnehmung des Hörers …

7. Die letzten Zeilen dieser Einleitung seien einigen 5-Wort-Sätzen gewidmet, aus denen die Macht der Sprache schon sehr vordergründig erkennbar werden mag:

(1) »Ceterum censeo Carthaginem esse delendam« (»Im übrigen bin ich der Meinung, daß Karthago zerstört werden muß«). In seinen letzten Lebensjahren trat Cato der Ältere (234–149) mit diesem Wort häufig für seine Überzeugung

ein, daß nur die Vernichtung Karthagos Roms Sicherheit begründen könne. Sein »Ceterum censeo« beeinflußte sicher die Entscheidungen des römischen Senats und ging ein in das allgemeine Bewußtsein. So wurde dann zu Ende des 3. Punischen Krieges (146) Karthago nach sechstägigem Straßenkampf völlig zerstört. Die Überlebenden wurden als Sklaven verkauft, das Stadtgebiet »öffentlicher Acker«, sein Untertanenland römische Provinz.

(2) »En arche en ho logos« (»Am Anfang war das Wort«). Mit diesen Worten beginnt das um 100 n. Chr. geschriebene 4. Evangelium, das weitgehend den Charakter des griechischen und später auch des lateinischen Christentums prägte. Der Satz verbindet griechische Philosophie mit christlicher Religiosität und ist damit exemplarisch für christliche Theologie. Vielleicht ist es gar der erste Satz christlicher Theologie überhaupt. Was diese Theologie an Gutem und Bösen im Verlauf von nun fast 2000 Jahren der Menschheit bescherte, ist schon oft bedacht worden. Vom christlichen Humanismus reicht die Spanne bis zur Hexenverbrennung. Ja, am Anfang war das Wort. »Und das Wort war Gott« heißt es zwei Sätze weiter. Läßt sich die Macht und Ohnmacht der Sprache nicht besser charakterisieren?

(3) »Und sie bewegt sich doch.« Dieses Wort, das *Galileo Galilei* am 22. Juni 1633 im Kloster der Minerva zu Rom nach seiner »Abschwörung« gesprochen haben soll, ist sicher völlig unhistorisch. Dennoch wurde es zum Fanal für all die Menschen, die die neuen Naturwissenschaften an die Stelle der alten Theologie setzen wollten. Es wurde zu einem Fanal der Vernunft gegen den Mythos, zu einem Fanal des Mutes des Wissens gegen die Tyrannei des Glaubens. Und so ist es gar nicht wichtig, daß das Wort von *Galilei* nicht gesprochen wurde. Es schuf sich, wie so viele andere Worte, seine eigene Realität und seinen eigenen Helden. Es machte die Theologie, die Kirche, den Glauben ein Stück kleiner und die Natur-

wissenschaften, die Gemeinschaft der Wissenschaftler, das Wissen ein Stück größer.

(4) »Proletarier aller Länder vereinigt euch.« Mit diesen Worten schließt das »Kommunistische Manifest«, das *K. Marx und Fr. Engels* am Vorabend der großen europäischen Revolution von 1848 auf den Markt brachten. Zwar eilten *Marx* und *Engels* ihrer Zeit um einiges voraus. Die Zeit der proletarischen Revolutionen lag noch in weiter Ferne. Aber das Programm, das sie ermöglichte, war formuliert. Für den Anspruch dieses Appells sind viele Tausend Menschen gestorben. Er veränderte allgemeines Bewußtsein, veränderte die politische, ökonomische, soziale und kulturelle Welt wie kaum ein zweiter. Und immer noch gelten die Sätze, mit denen das »Kommunistische Manifest« beginnt: »Ein Gespenst geht um in Europa – das Gespenst des Kommunismus. Alle Mächte des alten Europa haben sich zu einer heiligen Hetzjagd gegen dies Gespenst verbündet ...«

I.
Sprache kann töten
– Sprache gibt Leben

1. Wir Menschen sind sehr viel mehr als wir gemeinhin ahnen, anderen Menschen ausgeliefert. Das tatsächliche Maß an Heteronomie widerspricht unserer Selbstdefinition (= die Bestimmung der Merkmale, von denen her wir uns selbst bestimmen und gegen andere Menschen, gegen Gruppen und Gesellschaften abgrenzen). Die irrige Überzeugung wir seien autonome Wesen, die sich im wesentlichen selbst bestimmen können, entspricht zwar dem europäischen Menschenbild, das uns Philosophen und später auch Theologen seit der Zeit des alten griechischen Denkens zu vermitteln suchen, es ist aber dennoch falsch. Dieser Irrtum führte im europäischen Denken zu einem Bild vom Menschen, in dem Autonomie (= Selbstbestimmung) und Freiheit eine zentrale Rolle spielen. Als sich die Wissenschaften vom Menschen im 20. Jahrhundert von spekulativen zu empirischen wandelten, wurde das ganze Ausmaß des verhängnisvollen Irrtums deutlich: Wir Menschen sind weitgehend (wenn auch nicht vollständig) Geschöpfe der sozialen Welt, in der wir leben, Geschöpfe unserer Lebensgeschichte, die sich in einer Vielzahl solcher sozialer Welten gestaltet. So sind wir in mannigfaltiger Weise unserer vergangenen und gegenwärtigen sozialen Mitwelt ausgeliefert. Die Radikalität dieses Ausgeliefertseins haben uns Soziologie und Psychologie (hier vor allem Gruppendynamik und Psychoanalyse), Pädagogik und Linguistik vermittelt.

Das Band, das uns mit anderen Menschen nicht nur verbindet, sondern uns auch an sie fesselt, wird geknüpft und laufend verstärkt durch Interaktionen (= Abfolgen von aufeinanderbezogenen Handlungen). Solche Interaktionen bilden das »Nervensystem« sozialer Verbände. Sie verbinden die einzelnen Elemente eines Verbandes miteinander, ordnen sie einander zu, bestimmen ihre Funktion. (Ich unterscheide »Verbände« von Gesellschaften. Elemente von Verbänden sind Personen, die von Gesellschaften kommunikative Prozesse.)

Die Menschen innerhalb eines solchen Verbandes spiegeln in ihrem (interaktionellen) Handeln jedem Element ein Bild von ihm zurück. In mancherlei Facetten gebrochen und teils entstellt, mitunter gar widersprüchlich, spiegeln sie einem Menschen ein Bild von sich selbst wider. Er kann es akzeptieren oder nicht. Wird das Bild akzeptiert, schafft es Person. Wird es zurückgewiesen, weil nicht verträglich mit dem Selbstverstehen eines Menschen, bleiben diesem nur wenige und wenig erfreuliche Auswege:

● Er kann versuchen, einen Verband zu finden, in dem er Interaktionsangebote erhält, in denen er sich wiederfindet. Dieses Ausweichmanöver gelingt sehr viel seltener, als man meinen möchte. Das läßt darauf schließen, daß die Unverträglichkeit von Fremdbild und Eigenbild entweder in der Realitätsablösung des Eigenbildes gründet oder aber eine Person nicht über zureichend standardisierte (= innerhalb eines Verbandes oder einer Gesellschaft allgemein akzeptierte und verständliche) Muster verfügt, ihr Handeln ihrem Selbstbild entsprechend zu organisieren.

● Er kann versuchen, sich aus allen Sozialbindungen zurückzuziehen. Er erhält dann keine Interaktionsangebote oder Reaktionen auf seine Interaktionsangebote mehr, die ihm unverständlich sind oder die ihn verletzen. Es beginnt ein Leben in Isolation und Einsamkeit. Da er aber sein »Selbst« nicht mehr spiegeln kann, wird es zunehmend unerkennbar. Dieses »Nicht-mehr-erkennen-Können« wer man eigentlich sei, führt zu schweren psychischen Krankheitsbildern, schließlich zur Selbstauflösung oder gar zum Selbstverlust. Hier hat das Wort von der »Isolationsfolter« seinen Sinn. Wir wissen sehr bald nicht mehr, wer wir sind, wenn es andere uns nicht mitteilen. Und wir werden sehr bald der, zu dem die anderen sprechen.

2. Diese Einsicht macht deutlich, daß Worte töten können. Selbstverständlich ist hier nicht zunächst an eine physische Tötung gedacht, sondern an eine psychische und soziale. Aber diese Formen des Mordens sollte man nicht für weniger verwerflich halten als den physischen Mord. Sicherlich ist nicht jede Tötung Mord. Es gibt auch die »gemäßigteren« Formen des Tötens wie Totschlag, Verletzung mit Todesfolge, fahrlässige Tötung, Tötung auf Wunsch … Alles dieses sind mehr oder weniger verwerfliche Methoden, einen anderen Menschen umzubringen. Und – wie gesagt – sie betreffen nicht nur das physische, sondern auch das soziale und psychische Leben.

Es ist nützlich, einmal darüber nachzudenken, warum der Gesetzgeber die Formen physischer Tötung strafrechtlich verfolgen läßt, nicht aber die Formen der sozialen oder psychischen Tötung, obschon sie sehr viel intensiver die menschliche Würde angreifen und zerstören. Man kann folgende Gründe vermuten:

(1) Die Kenntnis vom Menschen als eines psychischen und sozialen Wesens ist vergleichsweise jung. Die physischen Funktionen eines Menschen sind unmittelbar wahrnehmbar, so daß es naheliegen mag, ihn erststellig als physisches Wesen zu verstehen. Zudem mag in frühen Zeiten der Menschheitsgeschichte allein die physische Tötung nachweisbar gewesen sein.

(2) Die physische Tötung ist meist eine einmalige und einem bestimmten Menschen eindeutig zuzuordnende Tat. Die psychische oder soziale Tötung geschieht meist prozeßhaft in oft langen Jahren dauernden oder periodisch wiederkehren-

den Beeinträchtigungen von oft einer Vielzahl nicht genau bestimmbarer Menschen. Die frühe Erkenntnis der japanischen Welt, daß psychische und soziale Verwundungen, wenn sie von Menschen des eigenen Verbandes zugefügt werden, Tötung bedeuten, insofern ein so verwundeter Mensch jedesmal ein Stück weit sterbe (Sapporo-Effekt von Verwundungen), hat zwar zur moralischen Ächtung solch tötenden Verhaltens geführt, nicht aber löst sie unbedingt eine strafrechtliche Verfolgung aus. Jedoch hat das japanische Volk wegen der hohen Siedlungsdichte in vielen Landesteilen früh soziale Tugenden ausgebildet, die uns bislang fremd sind. Vermutlich sind sie ein Grund für den für uns Europäer wesentlich unverständlichen Wirtschaftserfolg Japans in unserem Jahrzehnt.

(3) Die Ansicht, daß das physische Leben deshalb besonders geschützt werden müsse, weil es die (materielle) Grundlage für soziales und psychisches Leben sei, ist auf den ersten Blick überzeugend – weniger jedoch auf den zweiten. Das Grundgesetz der Bundesrepublik nennt aus guten Gründen die menschliche Würde als höchstes zu schützendes Rechtsgut und nicht etwa das Leben. Sicherlich soll die Deklaration der Menschenrechte im Grundgesetz die Staatswillkür begrenzen und gegen Personen und Gruppen gerichtete Staatsaktivitäten in Schranken halten, doch kann man diese Zuordnung von Grundrechten übertragen auf jene Rechte, deren Verletzung auch zu strafrechtlichen Konsequenzen für den Rechtsbrecher führt. Die Chancen, daß der Gesetzgeber strafrechtlich die Unverletzbarkeit von Grundrechten im Verkehr zwischen Menschen, Gruppen, Gesellschaften zu sichern versucht, sind jedoch außerordentlich gering. Dem stehen massive Interessen etwa der »Tendenzbetriebe«, der Ökonomie aber auch der Rechtssicherheit entgegen.

3. Fragen wir uns nun, wann unter welchen Umständen Worte töten können oder doch Leben verkürzen, an Entfal-

tung hindern, freudlos machen. Ohne Anspruch auf Vollständigkeit seien hier einige typische Sprechsituationen, in denen psychisches und/oder soziales Leben negativ beeinträchtigt wird, aufgelistet:

(1) Das Spielen von Spielen. In einiger Anlehnung an *E. Berne* (1970) sei hier »Spiel« definiert als ein Interaktionsangebot, das scheinbar auf der Informationsebene spielt, tatsächlich aber die Beziehungsebene betrifft, und das Ziel hat, dem potentiellen Interaktionspartner Angst, Scham, Schuldgefühle ... beizubringen, ihn zumindest ein Stück kleiner zu machen. Ein Spiel wird zumeist von dem Partner eröffnet, der sich (bewußt oder unbewußt) dem anderen unterlegen fühlt. Spiele sind auch oft mehr oder weniger verdeckte Schuldzuweisungen. Sie können etwa wie folgt eröffnet werden: »Liebling, warum kommst du heute wieder so spät nach Hause?« – »Du hast doch daran gedacht, ...« – »Bist du mal wieder ...« (vgl. S. 218 f.).

(2) Egozentrische Authentizität. »Authentisch« seien Handlungen genannt, die – ganz im Gegensatz zu Spielen – die tatsächliche Absicht, die tatsächliche Emotion, die tatsächlichen Motive (soweit selbst erkannt) verbal und/oder im Ausdruck möglichst partnerverständlich mitteilen. Die Forderung nach authentischer Interaktion wurde vor allem von der »Humanistischen Psychologie« *C. Rogers* (1981) und *R.C. Cohns* (1978) erhoben. Sie sei der Kommunikation förderlich und realisiere optimal die psychischen und sozialen Bedürfnisse aller Beteiligten. Das ist nun zweifelsfrei oft nicht der Fall. So hat denn die praktische Anwendung der Kommunikationsregeln der Humanistischen Psychologie im Kreis von Menschen, die nicht entsprechend geschult waren, manches Unheil angerichtet. Die Regel »Sei dein eigener Chef; sage was du sagen willst, ohne Rücksicht auf andere; wenn das, was du sagst, den anderen nicht gefällt, werden sie es dir schon mitteilen« verkennt die mangelnde Autonomie der

meisten Menschen und ein inneres Verwiesensein auch des Partners auf Freundlichkeit und Höflichkeit, auf Eingehen auf seine Bedürfnisse, auf Anerkennung. Vor allem die »authentische Kritik«, die keine oder kaum Rücksicht nimmt auf die psychische und soziale Verfassung des Kritisierten kann katastrophale Folgen haben, kann den anderen töten. Die egozentrische, vorwiegend oder ausschließlich an den eigenen Bedürfnissen ausgerichtete Interaktion beraubt die Gesellschaft ihrer Zivilisiertheit *(R. Sennet)*. Nicht selten verteidigen sich die Anhänger der Humanistischen Psychologie mit der Schutzbehauptung, ihre Form der Kritik sei die Folge ihres Bemühens, den anderen ernst zu nehmen.

(3) Die Bildung »kommunikativer Phantome«. Ein kommunikatives Phantom ist ein Bild, eine Vorstellung von einer Person, die entsteht, wenn bei Abwesenheit dieser Person, innerhalb einer Gruppe über sie geredet wird. Die Kommunikation schafft sich ein eigenes Objekt, das mit dem Objekt, über das die kommunizierenden Personen zu handeln meinen, kaum etwas gemein hat als dessen Namen. Die Mitglieder dieser Gruppe werden nun dem Menschen, dem die Phantombildung gilt, Interaktionsangebote machen, die dem Phantom entsprechen, nicht aber dem realen Menschen. Dieser findet sich in solchen Angeboten nicht wieder. Auf der anderen Seite wird alles, was er tut oder sagt, so interpretiert, daß es mit dem Phantom verträglich ist. Damit verstärkt sich wiederum die Sicherheit über das Zutreffen des Phantombildes. Es gibt schließlich keine Erfahrung mehr, die dem Phantombild widersprechen könnte. Der Betroffene muß sich entweder an das Bild anpassen oder die Gruppe verlassen oder doch die Gruppenbindung so weit lösen, daß er neben seinem Phantom leben kann. In jedem Fall wird er in seinem sozialen und oft genug auch in seinem psychischen Leben erheblich beeinträchtigt. Solche kommunikativen Phantombil-

dungen können nahezu alle Menschen, lebende wie verstorbene, betreffen.

Die Phantombildung hat eine ihr innewohnende Dynamik. Ist das Phantombild eher sozial-negativ gefärbt, verstärkt sich diese Färbung. So kann ein Vorgesetzter, dem das Phantombild »Eisenfresser« kommunikativ zugeordnet wurde, nicht nur ein liebenswürdiger und sensibler, ein rücksichtsvoller und gütiger Mensch sein, sondern es kann sich die Intensität des Phantoms in weiter abgelöster Kommunikation noch steigern. Doch auch umgekehrt ist Phantombildung möglich. So wurden beispielsweise die großen Religionsstifter (Moses, Buddha, Jesus, Mohammed …) nach ihrem Tode zum Teil in phantastischer Weise im Sprechen über sie phantomisiert.

Die Funktion der phantombildenden Gruppe kann auch durch Massenmedien übernommen werden. Durch häufige Wiederholung schaffen sie Phantome, die sie selbst, auch gegen besseres Wissen, nur noch bestätigen oder verstärken können, weil ihnen sonst ihr Publikum nicht mehr glaubt.

So ist sicherlich in der Bundesrepublik oder den USA mit der Darstellung von »Kommunismus« eine solche Phantombildung gelungen. Diese kann immerhin so gefährlich werden, daß sie in einem 3. Weltkrieg zu einem Inferno unbekannten Ausmaßes führt. Eine der Gefahren der Phantombildung ist ihre Irreversibilität (= die Unmöglichkeit, sie rückgängig zu machen). Wird ein Phantom, das ja in seiner Etikettierung psychisch entlastet und sozial zusammenschließt, in Frage gestellt, reagieren die, die das Phantom besitzen, ausgesprochen aggressiv und sind unbelehrbar – es mag geschehen, was will.

(4) Die Vernichtung positiver Emotionen (Freude, Hoffnung, Begeisterung …). Es gibt Menschen, die ein ausgesprochenes Talent entwickelt haben, positive Emotionen bei anderen zu mindern oder gar ganz zu tilgen. Warum tun

Menschen das? Es gibt nicht wenige Störungen aus dem soziopathischen Bereich, die solche Konsequenzen haben. Soziopathische Störungen dieser Art beruhen zumeist auf sehr frühen Kindheitserfahrungen. Im Hintergrund der Störung steht zumeist eine tief wurzelnde Angst vor sozialem Verlust. Soziale Bindungen, die diese Menschen eingehen, sind in der Regel ambivalent (= zugleich positiv wie negativ besetzt). Man kann vermuten, daß es vielen dieser Menschen nicht gelungen ist, die gute (zärtliche) und die böse (strafende) Mutter »zusammenzubringen«. Sie geben zumeist nichts von sich preis, interessieren sich aber oft sehr für andere Menschen, vor allem für »negative« Ereignisse oder Erfahrungen in deren Leben. Freude, Hoffnung, Begeisterung ... anderer Menschen erscheinen ihnen oft irgendwie irreal, nicht situationsgerecht. Auf keinen Fall können sie etwas Sinnvolles damit anfangen. Menschen mit solchen Emotionen sind ihnen nicht zugänglich, sie benötigen nicht ihrer Hilfe. Also wird die scheinbar für eine sinnvolle Kommunikation kontraproduktive Emotion zerstört. Das geschieht etwa durch folgende Strategien:

● inquisitorisches Befragen oder Ausfragen,
● Zufügen von Schuldgefühlen (etwa über die Technik der Spiele)
● Mitteilung von Unerfreulichem,
● Kritik oder Kränkungen,
● Unfähigkeit zur Mitfreude, zur Mitbegeisterung, zur Mithoffnung,
● Kleinmachen des Ereignisses, das Freude, Hoffnung, Begeisterung auslöste.

(5) Verurteilen, verdammen, verleumden. Diese Form des psychischen und sozialen Tötens kommt dem Morden am nächsten. Es ist in aller Regel einer oder mehreren Personen eindeutig zuzurechnen.

Über die Wirksamkeit des verdammenden, des verfluchenden Wortes ist schon viel gehandelt worden. Bis ins Heute leben selbst in unserem Kulturkreis Menschen, die an seine magische Wirkung glauben. Der Verdammte wurde aus dem Kreis seines Verbandes ausgeschlossen. Nicht selten starb er auch physisch, wenn es ihm nicht gelang, in der Fremde eine neue Heimat zu finden. In der katholischen Kirche ist der Bannfluch bis heute (als ausgesprochene Exkommunikation) gebräuchlich, kann hier aber – im Gegensatz zum profanen Fluch – zurückgenommen werden. Im semitischen Kulturkreis wurde die ungerechte Verdammung gelegentlich bestraft.

Dem Verdammen nahe steht das Verurteilen. Es hat den Zweck, den Verurteilenden zu entlasten. Um sich selbst nicht verurteilen zu müssen, verurteilt er andere, indem er seine eigene Schuld in andere projiziert und hier verabscheut, verurteilt. Das Urteilen über die sittliche Qualität eines anderen Menschen ist – wieder im semitischen Kulturraum – gelegentlich unter (religiöse) Strafe gestellt worden. So wird als Jesuswort überliefert: »Richtet nicht, damit ihr nicht gerichtet werdet. Denn wie ihr richtet, so werdet ihr gerichtet werden, und nach dem Maß, mit dem ihr meßt und zuteilt, wird auch euch zugeteilt werden.« (Mt 7.1 f.) Jesus wußte, daß der Mensch, der sich im Urteilen über einen anderen erhebt, sich selbst das Urteil spricht, sein eigenes psychisches und soziales Leben mindert – und, wenn ihm das Verurteilen zur Angewohnheit geworden ist, dieses Leben selbst zerstört.

Das Verleumden steht dem Verurteilen sehr nahe. Es ist vielen Menschen, die hemmungslos andere be- und verurteilen oft verboten, weil es eine Handlung oder eine Einstellung wissentlich oder fahrlässig falsch unterstellt. Im Prinzip ist es jedoch dem Verurteilen gleichzustellen, denn auch der Verurteilende unterstellt fahrlässig die Schuld des Verurteilten, ohne daß er darum wissen könnte.

Verfluchen, Verurteilen und Verleumden stellen ihr Opfer

23

aus dem Verband heraus, machen es klein, führen zu Interaktionsangeboten, die das Opfer nicht versteht. Alle drei Sprachhandlungsmuster schaden dem Sprechenden selbst. Es handelt sich also um nahezu allseitig tötende Handlungen.

3. Sprache kann aber nicht nur Leben mindern, Leben verkürzen, Leben unfroh machen, sondern auch Leben entfalten. Die wichtigsten Formen des lebensentfaltenden (biophilen) Sprechens mögen sein:

(1) Das Einstellen auf das Selbstbild des Gesprächspartners. Wir alle haben ein nur teilweise bewußtseinsfähiges Bild von uns selbst. Dieses Selbstbild ist nicht statisch. Wir haben schon gesehen, daß es sich an die sozialen Vorgaben anzupassen versucht. Es bricht den Dialog mit der Mitwelt nur ab, wenn dieser Versuch mißlingt. Gründe für solches Mißlingen können sein:

● die Interaktionsangebote, die zwischen Selbstbild und Fremdbild vermitteln sollen, sind mit dem Selbstbild nicht vereinbar, so daß ihre Vermittlungsfunktion versagt,

● die soziale Umwelt gibt keine oder nur sehr untypische (etwa floskelhafte) Signale und ermöglicht so keine Widerspiegelung des Selbst im sozialen Spiegel. Dieser Spiegel ist übrigens der einzige, der dem Selbst zur Verfügung steht, wenn es seine Merkmale herauszufinden versucht, wenn ein Mensch die Frage beantworten will: »Wer bin ich?« Ich bin immer der, den die anderen mir zurückspiegeln, vorausgesetzt dieses Spiegelbild ist mit meinem bisherigen Selbstbild verträglich. Hieraus ergibt sich die Verantwortung, die wir gegenüber anderen Menschen haben: Wir bilden sie zum guten Teil nach unserem »Bild und Gleichnis«.

Das gilt in besonderer Weise für ein Kleinstkind im ersten Lebensjahr, das noch kein Selbstbild hat und somit völlig auf die Interaktionsangebote seiner Umwelt verwiesen ist, um herauszufinden, wer es denn eigentlich sei, um die Grenze zwischen Selbst und Nicht-Selbst zu ziehen und sich so zu definieren. Je nachdem wie die soziale Umwelt dem Kind seine elementaren psychischen und sozialen Äußerungen (früher sprach man hier von »Trieben«) zurückspiegelt, entwickeln sich Emotionen und Bedürfnisse. Die Fähigkeit, Emotionen und Bedürfnisse wahrzunehmen und sie der Mitwelt verständlich zu machen, ist eine wichtige Voraussetzung für die psychische Gesundheit und die soziale und emotionale Begabung eines Menschen. Schon in diesem frühen Alter kann also ein Mensch psychisch und sozial getötet werden. Er wird niemals sein eigenes, sondern ein von anderen geborgtes Leben leben. Da kein elementares Selbstbild, keine klare Abgrenzung zur Mitwelt vorhanden ist, wird er in seiner Selbstdefinition ausschließlich auf die jeweiligen rückspiegelnden Interaktionsangebote anderer angewiesen sein. Strenggenommen handelt es sich dabei nicht um ein Rückspiegeln, denn es ist kaum etwas vorhanden, das zurückgespiegelt werden könnte. Es ist das vielmehr ein immer neues Konstituieren des Selbst durch die soziale Mitwelt, das seine Kontinuität durch die Konstanz der sozialen Mitwelt und deren Überzeugungen über das (tatsächlich nahezu leere oder doch sehr unscharf gegen das Nicht-Selbst abgegrenzte) Selbst erhält.

Daß solche Menschen extrem angewiesen sind auf eine stabile Mitwelt, die ihnen Inhalte zuspiegelt, die den Aufbau eines halbwegs konsistenten Selbstbildes ermöglichen, ist unschwer einzusehen. Sie benötigen Anerkennung, Geborgenheitsversicherung, stabile, ungefährdete Zuwendung mehr als andere Menschen, die in der Selbstdefinition auf eine mehr oder weniger große Menge von Inhalten zurückgreifen, die später nur durch langanhaltende abweichende Rückspiegelungen labilisiert und in Frage gestellt werden können. Werden einem nicht seines Selbst sicheren Menschen keine »positiven« Interaktionsangebote gemacht (etwa weil er keine wirksamen Techniken beherrscht, sie zu evozieren), wird er versuchen, »negative« Interaktionsangebote zu provozieren, in denen er sich wiederzufinden versucht. Dieser Mechanismus ist nicht selten bei Frühpubertierenden bemerkbar, die durch die Ablösung von der Kindheit mit den veränderten Interaktionsangeboten aus der Mitwelt nichts anfangen können und deshalb negative Reaktionen zu provozieren versuchen, aus denen sie eine – wenigstens vorübergehende – Selbstdefinition sichern können. Hier erscheinen Selbstdefinitionen wie »Flegel«, »Schmutzfink« ... akzeptabel. Man weiß dann wenigstens in etwa, wer man ist. Eine Selbstdefinition von »negativen« Merkmalen her ist allemal noch besser als gar keine.

Ist ein Mensch in ungewöhnlicher Weise auf Fremdinterpretationen seines Verhaltens, seiner Orientierungen, Werte, Ziele angewiesen, wird er zeitlebens frühpubertäre Techniken verwenden, um so ein Etikett umgehängt zu erhalten, auf dem geschrieben steht, wer er ist: »Neurotiker«, »Außenseiter«, »Terrorist«, »Verbrecher«, »Asozialer«, »Clochard« mögen hier als Beispiele genannt sein.

Auf der anderen Seite sind aber durch »positive« Spiegelungen auch »positive« Selbstdefinitionen möglich. Sie können ein defektes Selbst weitgehend positiv beeinflussen. Sie können ein normales Selbst in seinen sozial wünschenswerten Anteilen verstärken und so eventuelle Defizite wenigstens teilweise ausgleichen. Jetzt kann es zu Selbstdefinitionen kommen wie: »erfolgreich«, »liebesfähig«, »hilfsbereit«, »risikobereit«, »vertrauenswürdig« ...

Da nun Menschen versuchen, ihre Handlungen, Einstellungen, Orientierungen und Werte gemäß ihrer Selbstdefinition zu organisieren, wird der »Neurotiker« sich stets als Neurotiker verhalten und alles meiden, was ein Rückspiegeln eines davon abweichenden Bildes provozieren könnte. Auf der anderen Seite wird ein »Erfolgreicher« alles tun, um dieses Bild zu rechtfertigen und so ein Fremdbild zu erhalten, aus dem Interaktionsangebote hervorgehen, die das Selbstbild bestätigen.

Eine »Ethik der Kommunikation« von der heute so viel die Rede ist, weil sie die einzige Ethik zu sein scheint, die über alle Weltanschauungsgrenzen akzeptabel ist, wird aufbauen müssen auf der Einsicht, daß meine Interaktionsangebote den anderen Menschen sich selbst definieren helfen, insofern – so weit wie irgend möglich – Menschen Selbst- und Fremdbild aneinander anzupassen suchen. Es ist wichtig zu erkennen, daß

- ein guter Mitarbeiter nur gut bleibt, wenn er entsprechende Interaktionsangebote erhält,
- ein Ehepartner durch das Bild, das der andere von ihm hat, weitgehend geprägt wird (so schafft beispielsweise Eifersucht Untreue),
- ein Chef sich so verhalten wird, wie er angesprochen wird (so provozieren subordinative Interaktionsangebote Herrschaftsverhalten),
- ein junger Mensch auf der Suche nach sich selbst durch die Erwartungshaltungen seiner Eltern und Lehrer, seiner Kameraden und Vorgesetzten weitgehend sich selbst bestimmt und sich entsprechend verhält, sei es, daß er dagegen protestiert, sei es, daß er sie akzeptiert.

Vermutlich gibt es keinen Verbrecher und keinen Heiligen, keinen erfolgreichen und keinen erfolglosen Menschen, es sei denn, er sei durch die Erwartungen (und aus den Erwartungen heraus geführten Interaktionsangeboten) dazu gemacht worden.

Worte können also nicht nur töten, sondern auch heilen. Um aber um uns herum eine Welt aufzubauen, in der unsere Worte heilen und aufbauen, Leben in allen seinen Dimensionen entfalten können, ist es nötig, daß wir selbst unsere soziale Performanz entsprechend entwickeln. Die »natürliche«

Ausstattung eines Menschen an sozialer Begabung reicht dazu in aller Regel nicht aus. Sie muß weiter entfaltet werden. Voraussetzungen für eine solche Entfaltung sind:

● eine zureichend starke und inhaltlich reiche elementare (d. h. in der Kindheit grundgelegte) primäre (d. h. nicht in späteren sozialisierenden Prozessen erst gebildete) Selbstdefinition,

● eine zureichend starke Begabung, eigene Emotionen und Bedürfnisse zu haben und zu erkennen und so auch über eine ausgeprägte Fähigkeit zu verfügen, fremde Emotionen und Bedürfnisse wahrzunehmen,

● eine zureichend scharfe Grenze zwischen Selbst und Nicht-Selbst, die einen Dialog zwischen beiden Welten (der Selbstwelt und der Fremdwelt) erlaubt, auch ohne daß die Interaktionsangebote anderer Menschen erst die Transparenz der Grenzen zwischen beiden Welten herstellen müßten.

Diese Selbstbildung zu einer »sozialen Persönlichkeit« setzt jedoch ein entsprechendes soziales Umfeld voraus. Die sekundäre Sozialisation, in deren Verlauf allein soziale Begabungen, die in der primären grundgelegt wurden, entfaltet werden können, kann die sozial wünschenswerten Eigenschaften nur verstärken, wenn in ihr zureichend häufig diese Eigenschaften aus der Mitwelt zurückgespiegelt werden. Es ist also von entscheidender Bedeutung, daß wir uns soziale Umwelten suchen, in denen eine solche Verstärkung erfolgt. Da wir alle in einer Vielzahl von Umwelten leben, wenn wir nicht gerade Soldaten, Matrosen, Strafgefangene, Hausfrauen oder Klosterinsassen sind, genügt es in der Regel, wenn wenigstens eine dieser Umwelten unsere positiven (d. h. sozial wünschenswerten, biophilen) Begabungen verstärkt. Nicht selten empfiehlt es sich, solche Umwelten zu wählen, die solche Verstärkungen institutionalisiert haben (Rotary Club, Lions, aktive Kirchenmitgliedschaft, Freimaurerloge, Pfadfinder, christliche Basisgemeinde ...).

Die Fähigkeit, bei uns selbst und bei anderen Leben zu entfalten, Leben zu fördern, setzt ein dauerndes aktives Bemühen voraus.

(2) Alterozentrische Einstellung. »Alterozentriert« ist ein Handeln, das sich (bewußt oder unbewußt) auf die Bedürfnisse, Interessen, Stimmungen … des oder der anderen Menschen einstellt. Alterozentrik ist der Gegenbegriff zur Egozentrik. (Ähnlich ist Altruismus der Gegenbegriff zu Egoismus.) Es ist nicht untypisch für unser »allgemeines Bewußtsein«, das weitgehend die Semantik (= die objektiven Bedeutungen von Worten und Sätzen) bestimmt, daß der Begriff »Alterozentrik« entweder nicht gebildet wurde oder wieder verlorenging, weil er offenbar leer zu sein scheint, d. h. nichts bezeichnet, das in der als real angenommenen Welt vorkommt. Unsere Sprache geht davon aus, daß wir unsere Einstellungen, Handlungen, Orientierungen, Werte egozentrisch (mag die Egozentrik nun egoistisch sein oder altruistisch) organisieren. Egozentrisch sind Einstellungen, Handlungen, Orientierungen, Werte organisiert, wenn sie dem »Lustprinzip« (»Handle so, daß du in deinem Verhalten für dich Lust gewinnst oder doch so weit wie möglich Unlust vermeidest«) oder dem »Prinzip vom Wiederholungszwang« (»Wiederhole Handlungen unabhängig von der sozialen Nützlichkeit, weil sie dir die Chance bieten, eine längst vergessene Verwundung zu heilen«) gehorchen. Insofern das Prinzip vom Wiederholungszwang über eine abstrakte Chance handelt, widerspricht das Handeln aus Wiederholungszwängen nicht dem Lustprinzip, obschon es konkret im allgemeinen zur Produktion von Unlust führt. Es bringt Menschen dazu, immer wieder konflikthafte Situationen zu reproduzieren, die der ähneln, in der die nicht ausgeheilte psychische Verwundung stattfand. *S. Freud* war der Ansicht, daß diese beiden Prinzipien alles menschliche Handeln bestimmen. Und auch heute noch steht die Psychoanalyse der

Möglichkeit von alterozentriertem Handeln mehr als skeptisch gegenüber. Tatsächlich scheint Alterozentrik ein Muster zu sein, das heute weder in der primären noch in der sekundären Sozialisation vermittelt wird. Wer psychisch und sozial überleben will, muß sich psychisch und sozial egozentrisch organisieren. Insofern Egozentrik Altruismus zuläßt, erscheint diese Organisation der psychischen Inwelt und der sozialen Umwelt nicht einmal als moralisch problematisch. Und dennoch verkürzt sie die Entfaltung der sozialen Begabung von Menschen erheblich. Wir versuchen in unseren Aufbauseminaren in Dialektik (= die Fähigkeit zur Konsensbildung und Problemlösung durch gemeinsamen Erkenntnisfortschritt), die latente Begabung zu alterozentrierten Einstellungen freizusetzen und zu entfalten. Es ist mir noch kein Teilnehmer begegnet, der diese Fähigkeit auch nur in Andeutungen schon vor Seminarbeginn entwickelt hatte. Und das, obschon soziale Performanz (= unter bestimmten sozialen und psychischen Umständen realisierbare Begabung), ein gewisses Maß an beherrschter Alterozentrik voraussetzt.

Der egozentrische Mensch sucht in allem Handeln – oft ohne es zu wissen – sich selbst. Weil er nicht weiß, wer er ist, muß er notwendig und vergeblich in allen Handlungen versuchen, diese Frage zu beantworten oder sie aus den Reaktionen auf seine Handlungen beantwortet zu erhalten. Alterozentrisch kann also nur ein Mensch handeln, der ein zureichend reiches Selbst mit zureichend definierten und zugleich durchlässigen Grenzen besitzt. Ich vermute, daß die Fähigkeit zu alterozentrierten Handlungen (aus alterozentrierten Orientierungen, Einstellungen und Wertsetzungen resultierend) notwendige Voraussetzung dafür ist, Interaktionsangebote so zu machen und fremde Interaktionsangebote so zu verarbeiten, daß die lebenserhaltende, lebensentfaltende Fähigkeit der Sprache erst voll entfaltet werden kann. Man kann zwar auch aus einer egozentrischen Position Techniken erlernen (etwa in Balint-Gruppen), fremdes psychisches und soziales Leben nicht zu schädigen, sondern zu erhalten, doch handelt es sich dabei – wie gesagt – um die Verwendung von Techniken und nicht um einen unmittelbaren menschlichen Vollzug.

Das soll nun nicht heißen, daß alles Handeln alterozentrisch organisiert werden müßte oder auch nur sollte. Das Plädoyer zugunsten der Alterozentrik gilt vielmehr der Entwicklung einer meist nicht entwickelten sozialen und psychischen Begabung, die für eine biophile Lebensorganisation unverzichtbar zu sein scheint.

Nach all dem, was bislang schon gesagt wurde, ist es nahezu selbstverständlich, daß Alterozentrik nur über das Medium der Sprache erlernt werden kann, einer Sprache, die Leben vermittelt. Ihre Entfaltung setzt einen doppelten Dialog voraus: den innerpsychischen zwischen Selbstwelt und Fremdwelt und den sozialen zwischen Ich und Du.

(3) Sprache, die heilt, die Leben entfaltet, spricht nicht über Menschen, sondern mit Menschen. Es wurde schon über die fatale, Leben gefährdende Bildung kommunikativer Phantome gehandelt. Ihre Produktion gilt es zu vermeiden. Solche Vermeidung ist nur möglich, wenn es uns gelingt, soziale Situationen zu verhindern, in denen über Menschen gesprochen wird. Nun ist das »Über-Sprechen« nicht immer vermeidbar. Eltern werden über ihre Kinder sprechen. Auf Konferenzen wird man über die Eignung eines Mitarbeiters sprechen. Solches »Über-Sprechen« scheint nur unter zwei Bedingungen gegen Phantombildungen gefeit:

● Alle Beteiligten sind sich darüber im klaren, daß sie nicht über einen Menschen und seine objektiven Eigenschaften sprechen, sondern über ihre Eindrücke von diesem Menschen. Von *Aristoteles* stammt das Prinzip: »Was auch immer erkannt wird, wird auf die Weise des Erkennenden erkannt.«

Das gilt in ganz besonderer Weise für die Erkenntnis anderer Menschen. Ein Psychoanalytiker, der zusammen mit seinem Patienten 400 oder 500 Therapiestunden abhält und dann der Meinung ist, er wüßte, wer der andere sei, ist sicher ungeeignet für seinen Beruf. Ich kenne Vorgesetzte, die sich einbilden, nach einem halbstündigen Gespräch zu wissen, wer der andere ist. Sie sind entweder Genies oder Einfaltspinsel.

● Alle Beteiligten sind sich darüber einig, daß sie nur über das Verhalten einer Person, nicht aber über die Person selbst sprechen. Verhalten und Person zu trennen, setzt in unserer Zeit einiges Training voraus, da wir dazu neigen, auch uns selbst über unser Verhalten zu definieren. Wie lebensfeindlich eine solche Definition sein kann, mag folgendes nicht untypische Beispiel verdeutlichen: Vor einiger Zeit kam eine Studentin in meine Sprechstunde und protestierte: »Sie haben mich nur mit befriedigend bewertet.« Diese Identifikation einer Person mit ihrer Leistung ist sicherlich nur möglich, wenn die Voraussetzungen zur Selbstbildung in den ersten Lebensjahren unteroptimal gewesen sind. Dann versucht ein Mensch sekundär herauszufinden, wer er eigentlich sei. Dabei bietet ihm die soziale Umwelt heute vor allem die Selbstdefinition über Leistung an. Das geschieht oft schon in den Familien, in denen gute Leistungen mit Zuwendung belohnt und weniger gute durch Zuwendungsminderung bestraft werden. Solche Menschen verfügen nicht selten nur über eine Strategie, Zuwendung zu erhalten: gute Leistungen. Da aber das Leben gute Leistungen nicht mit Zuwendung, sondern allenfalls mit Anerkennung, oft gar nur mit Einsamkeit honoriert, verfügen diese Menschen über keine effiziente Strategie, Zuwendung zu erhalten, da die einzige im Elternhaus erlernte hoffnungslos versagt. Das aber ist eine hoch pathogene (= psychische und soziale Störungen und Krankheiten begünstigende) Disposition. Wir müssen also von einer zu engen Bindung von Person an Leistung fortkommen. Wir müssen lernen, daß die Beurteilung einer Leistung nichts mit der Beurteilung einer Person zu tun hat. Dieses Lernen ist bei vielen Menschen ein langwieriger Prozeß, weil die berufliche Umwelt aus jener Identifikation Nutzen zieht. Gelingt uns aber diese Ablösung, sind wir selbst durch Mißerfolge oder Kritik nur begrenzt verwundbar und werden mit den Mißerfolgen unserer Mitmenschen sinnvoll umgehen und in unserem kritischen Sprechen sinnvoll auf andere eingehen, indem es uns gelingt, deutlich zu machen, daß wir keinen Menschen, sondern eine unteroptimale Leistung kritisieren. Das schließt jedoch auch die Beherrschung geeigneter Techniken ein. So ist etwa die häufige Praxis falsch und meist auch ineffizient, zunächst etwas Angenehmes zu sagen, um dann möglichst indirekt Kritik anzubringen. In aller Regel ist es richtiger, deutlich die zu kritisierende Handlung zu benennen, um dann in einigen zuwendenden Worten deutlich zu machen, daß die Kritik einer Handlung galt und nicht einer Person. Ich habe in meinen Dialektik-Seminaren die Erfahrung gemacht, daß eine so gegebene Kritik konstruktiv verarbeitet wird, selbst wenn sie hart formuliert wurde.

(4) Der Aufbau positiver Emotionen. Oft bedeutet die Entfaltung sozialen und psychischen Lebens den Transfer von positiven Emotionen vom Sprechenden auf den oder die Hörenden. Ein solcher Transfer ist nur möglich, wenn der Sprechende in der Lage ist, seine emotionale Situation aktiv zu beeinflussen, sie im Ausdruck darzustellen und so auf andere zu übertragen. Für viele Menschen sind Emotionen bloß reaktive Ereignisse. Sie reagieren emotional auf psychische und/oder soziale Situationen. Daneben gibt es jedoch eine aktive (weitgehend von der eigenen psychischen und sozialen Situation unabhängige) Emotionalität. Gute Schauspieler »spielen« nicht eine Emotion, sondern sie haben sie und stellen sie allgemein verständlich dar. Diese Kunst gilt es zu beherr-

schen, wenn man anderen Menschen Hoffnung, Begeisterung, Freude ... übermitteln will. Die Fähigkeit zur aktiven Emotionalität und zu deren verständlicher Darstellung ist nur wenigen Menschen in die Wiege gelegt worden. Sie muß zumeist mühsam erlernt werden.

II.

Sprache schafft Welt

In der heilenden und tötenden Funktion sind wir sehr unmittelbar und für jeden Menschen erfahrbar der Macht der Sprache begegnet. Doch ist Sprache noch um vieles mächtiger, obgleich wir diese Macht nicht unmittelbar erfahren: Sie schafft uns unsere Welt.

1. »Welt« ist der Inbegriff von der geordneten Menge aller als real und geltend angenommenen und vorausgesetzten Sachverhalte. Unsere »Weltbilder« ordnen diese Sachverhalte nach theoretischem Interesse. Die europäischen Weltbilder wurden zumeist bestimmt durch vulgarisierte Kenntnisse aus Wissenschaften wie der Astronomie (die Weltbilder des Ptolemaios und des Kopernikus) und der Physik (das mechanistische Weltbild des 18. und 19. Jahrhunderts). Die Handlungswissenschaften (Psychologie, Soziologie, Pädagogik, Ökonomie ...) bestimmen die Weltbilder in der zweiten Hälfte des 20. Jahrhunderts.

Unsere Weltanschauungen ordnen die Sachverhalte in praktischem Interesse. Was Wert und Unwert, was sittlich und unsittlich, was moralisch und unmoralisch ist, wird weltanschaulich definiert. Bis ins 18. Jahrhundert dominierten christliche Weltanschauungen (sei es in religiöser oder in profaner Gestalt). Mit dem Aufkommen handlungswissenschaftlicher Weltbilder trat die Theologie ihre führende Rolle beim Aufbau von Weltanschauungen an die Philosophie ab. Diese legte den Grund für liberale, marxistische, pragmatische ... Weltbilder. Da es im Bereich der Handlungswissenschaften keine herrschenden Leittheorien (Paradigmata) gibt, sondern eine Pluralität miteinander nicht verträglicher Theorien nebeneinander steht, enthält das »allgemeine Bewußtsein« heute sehr vielfältige Inhalte.

2. Das »allgemeine Bewußtsein« ist jenes Bewußtsein, das sich in überindividuellen Weltbildern und Weltanschauungen artikuliert und somit festlegt, welche Sachverhalte »allgemein« als wirklich und erheblich und welche Werte »allgemein« als gültig und verbindlich angesehen werden. Das allgemeine Bewußtsein ist in ständigem Wandel begriffen. Heute erleben wir sehr intensiv solchen Wandel, da im Gegensatz zu »normalen« Zeiten der Traditionstransfer nur unzureichend funktioniert. Die für diesen Transfer Verantwortlichen sind selbst zutiefst verunsichert und geben daher entweder gar nicht oder nur fragmentarisch ihre Weltbilder und Weltanschauungen an die kommende Generation weiter. Diese Situation unterscheidet sich von der »normalen«, in der der Überzeugungstransfer durch das übliche Generationenproblem erschwert wird, erheblich. Wir können deshalb von einem »revolutionären« Zustand sprechen. Kennzeichnend für eine revolutionäre Wandlung des »allgemeinen Bewußtseins« ist die Veränderung der sprachlichen Bedeutungen zentraler, für Weltbild und Weltanschauung erheblicher Begriffe. So erleben wir die Veränderung von für das europäische Denken wesentlichen Begriffen. Diese Veränderung betrifft entweder die emotionale und/oder die semantische Bedeutung von Begriffen und Aussagen. Hierher gehören etwa folgende Begriffe:

● »Friede« verändert seine Bedeutung von Nicht-Krieg auf Konfliktfähigkeit hin.

● »Freiheit« verändert seine Bedeutung von ökonomischer und politischer Freiheit auf personale Freiheit hin.

● »Gerechtigkeit« verändert seine Bedeutung von Leistungsgerechtigkeit auf Bedürfnisgerechtigkeit hin: Rechte werden nicht primär durch Leistung, sondern durch Bedürfnisse erworben.

● »Demokratie« verändert seine Bedeutung, insofern das »Alle Gewalt geht vom Volke aus« wieder erfahrbar gemacht werden soll, gegen den Eindruck, nach dem alle Gewalt vom Staate ausgeht.

● »Treue« verändert seine Bedeutung von unbedingter Erfüllung hin zur bedingten Erfüllung, die nur eingefordert werden kann, wenn sie nicht beiden Partnern schadet. So würde etwa eine atomare Reaktion der USA auf eine sowjetische Intervention in Mitteleuropa, wenn sie die SU unmittelbar betrifft, nur beiden Ländern schaden. Oder eine Ehe, in der sich beide Partner voraussichtlich irreparabel auf lebenszerstörende Interaktionsmuster festgelegt haben, ist aus der Treuepflicht entlassen.

● »Konsum«, »Leistung«, »Wirtschaftswachstum« wechseln ihre semantische Bedeutung von Wertbegriffen zu problematischen Sachverhaltsbegriffen. Damit verbunden ist eine Änderung auch der emotionalen Bedeutung, die so weit gehen kann, daß es zu emotional negativen (aggressiven) Besetzungen kommt.

Auf diese Weise kommt es zu allen möglichen Formen der Ungleichzeitigkeit des Bewußtseins. Das Denken, Werten und Handeln der Vertreter des »alten Bewußtseins« kann sich den Vertretern des neuen Bewußtseins nicht mehr verständlich machen. Die Chance, den Prozeß des Bewußtseinswandels zu stoppen oder gar wieder umzukehren, ist außerordentlich gering. Es zeichnet sich vielmehr entfernt ein neuer Konsens im Wertebereich ab.

Wichtig ist es zu erkennen, daß sich die Werte oft in der sprachlichen Oberflächenstruktur nicht ändern. Dennoch können »Gerechtigkeit«, »Friede«, »Freiheit«, »Treue« … völlig andere Bedeutungen erhalten haben, ohne daß diese Verschiebung demoskopisch mit den üblichen Mitteln der Befragung ausgemacht werden könnte.

3. Die kritisch-verantwortete Begleitung des sich verändernden »allgemeinen Bewußtseins« ist die wichtigste Aufgabe der wissenschaftlichen Philosophie. In diesem Begleiten kann sie durchaus auch gelegentlich steuernd tätig werden. Die 11. These von *K. Marx* über *Feuerbach* ist heute, wo die Philosophie aus dem Elfenbeinturm esoterischer Weltinterpretation und inkompetenter Lebenshilfe herabgestiegen ist, eine Selbstverständlichkeit geworden: »Die Philosophen haben die Welt nur verschieden interpretiert, es kommt darauf an, sie zu verändern.« Diese Veränderung geschieht, indem an das allgemeine Bewußtsein Impulse abgegeben werden, die entweder seine Veränderung beschleunigen (bzw. verlangsamen), die Richtung der Veränderung (mit-)bestimmen und Wertbesetzungen rechtfertigen und verdeutlichen. In Zeiten des revolutionären Wandels des »allgemeinen Bewußtseins« kommt also der Philosophie eine besondere Bedeutung zu.

Um ihren Auftrag erfüllen zu können, muß sie nicht nur die Erkenntnisse, Theorien, Methoden der vielen weltbildrelevanten Einzelwissenschaften kennen, sondern sich auch um eine Sprache bemühen, die die Immigration ihrer Gedanken in das allgemeine Bewußtsein erlaubt.

4. Wenn im Folgenden über die Schaffung der Welt durch die Sprache gehandelt werden soll, muß zunächst einmal die Beziehung von Sprache auf Erkenntnis wenigstens in Grundzügen dargestellt werden. Es wird sich herausstellen:

● Erkenntnis ist sprachgebunden und

● Welt (wie sie sich in Bildern und Anschauungen repräsentiert) ist erkenntnisgebunden.

Zunächst muß einmal abgeklärt werden, was »Erkenntnis« bedeutet. (Über das, was »Sprache« bedeutet, wird im folgenden Kapitel gehandelt.)

»Erkenntnis« ist ein psychischer Prozeß, der im Raum der Sprache unter Vorgabe von Interessen und Erwartungen, von Erfahrungen und Erklärungen, eine Verbindung zwischen Objekt (= Erkenntnisobjekt) und Subjekt (= Erkenntnissubjekt) herstellt, so daß das Subjekt vermutet, es habe einen realen (erkenntnisunabhängigen) Sachverhalt oder einen erkenntnisunabhängigen Wert erfaßt. Diese Vermutung ist insofern irrig, als wir Sachverhalte nur als von unserem Erkenntnisvermögen präparierte erkennen. Objekt der Erkenntnis ist also keinesfalls der »Sachverhalt an sich«, sondern der Sachverhalt, wie er uns erscheint. Daß das nicht dasselbe ist, läßt sich leicht sichern: So sind etwa »Farben als erkannte« Oberflächenbeschaffenheiten von Sachverhalten, die das Licht bestimmter Wellenlängen reflektieren. Es wurde schon früh darauf verwiesen, daß wir Menschen sie nicht so wahrnehmen, wie sie sind, sondern wie sie uns erscheinen. Das Erkenntnissubjekt ist also keine bloß rezeptive Instanz, sondern produziert auf Grund von Anregungen der äußeren oder inneren Sinne (zu den letzteren gehören etwa Phantasie und Gedächtnis) seine Objekte. Ferner gehen Interessen und Erwartungen, Erfahrungen und Erklärungen als wesentliche Beiträge des Subjekts in die Erkenntnis ein.

»Interesse« bezeichnet eine Disposition, die Erkenntnis mit erhöhter Aufmerksamkeit auf einen bestimmten Sachverhalt oder eine Klasse solcher Sachverhalte richtet. Häufig erzeugen bewußte oder unbewußte Bedürfnisse solche Dispositionen. So wird ein Hungriger seine besondere Aufmerksamkeit auf alles Eßbare richten, oder ein psychisch-sensibler Mensch auf alles, was ihn verwunden könnte. Man unterscheidet allgemein »erkenntniskonstituierendes Interesse« (bei dessen Fehlen ein Sachverhalt unter wesentlichen Aspekten nicht erkannt wird) und ein »erkenntnisleitendes Interesse«, das aus den wahrgenommenen Sachverhalten die unter dem Anspruch des Interesses erheblichen selektiert und die anderen als unerheblich an die Peripherie des Bewußtseins abdrängt und so unerheblich macht, daß sie kaum erinnert werden. Wenn mein Interesse sich auf ein schnelles Erreichen eines Ziels richtet, werde ich kaum die Marke, Farbe, Innenausstattung ... eines Taxis erkennen. Wenn ich schnell ein Ziel erreichen will, werde ich ein Taxi aus allen Autos sicherer herauserkennen, als wenn ich durch die Stadt bummle.

»Erwartung« bezeichnet die Vorwegnahme zukünftiger Ereignisse in der Phantasie. Meist ist sie recht diffus und wenig bestimmt. Sie kann aber auch die Gestalt einer präzisen Vorstellung annehmen. Wenn wir erwarten, einen bestimmten Sachverhalt wahrzunehmen, werden wir ihn sehr viel wahrscheinlicher erkennen. Wenn wir erwarten einen bestimmten Menschen zu sehen, werden wir ihn sehr wahrscheinlich nicht »übersehen«. Wenn wir einen Tadel erwarten, werden wir ihn selbst da wahrnehmen, wo er nicht ausgesprochen wurde ...

»Erfahrung« bezeichnet die durch vergangene Erkenntnis erworbene Fähigkeit, sich zu orientieren, ohne auf ein hiervon unabhängiges theoretisches Wissen zurückgreifen zu müssen. In der »Erfahrung« wird also alles Wissen gespeichert, das zu einer erkennenden und wertenden Orientierung in der kosmischen und sozialen Welt nützlich, erfolgreich, wichtig ist. Neue Erkenntnisse mehren die Erfahrung. Es kann jedoch vorkommen, daß die Verarbeitung von Erkenntnissen zu Erfahrungen oder auch die Abstimmung von Erfahrungen mit dem Selbstbild oder Weltbild kontraproduktiv verläuft. Die so entstehende Orientierung im kosmischen wie sozialen Feld ist dann unteroptimal und nicht selten konfliktträchtig. Meine Erfahrungen mit Polizisten etwa können mich dazu bringen, in ihnen einen persönlichen Feind zu sehen, meine Erfahrungen mit Wespen können mich verleiten, vor ihnen eine panische, irrationale Angst zu entwickeln und sie – wo immer möglich – zu töten. Offensichtlich also bestimmen unsere Erfahrungen weitgehend unsere Erkenntnis oder die Interpretation des Erkannten.

Das gilt in besonderer Weise für die Erfahrungen unserer frühen Kindheit. Sie legen fest, ob wir uns selbst, anderen Menschen, Situationen vertrauen oder mißtrauen. Sie bestimmen unser Verhältnis zu unseren eigenen Fähigkeiten und deren Grenzen. Sie legen fest, ob wir wissen, wer wir sind, oder ob wir in allen unseren Erkenntnissen und Handlungen erst versuchen, dieses herauszufinden.

»Erklärung« bezeichnet eine mit den Erfahrungen verträgliche Deutung von Wahrnehmungen. Wir Menschen stehen unter erheblichen Erklärungszwängen. Alles, was geschieht, muß einen Grund haben, der das Geschehen uns verständlich erklärt. Vor dem Unerklärlichen empfinden wir Angst und Unsicherheit und versuchen, es, zum Teil mit recht ungeeignetem Instrumentar, erklärlich zu machen (und sei es nur durch die Pseudoerklärungen »Zufall«, »Pech«, »Glück«, »Schicksal«, »Gott«, »Engel«, »Teufel« …). *P. Watzlawick* (1978, 1981) hat in verschiedenen Schriften diesen zum Teil absurden Erklärungszwang dargestellt.

Ein weiteres konstitutives Element von Erkenntnis ist die Realitätsvermutung. Wir nehmen an, daß wir Sachverhalte (der kosmischen, sozialen, psychischen Welt) so erkennen, wie sie an sich sind. Daß diese Vermutung oft trügt, wurde schon gesagt. Das Ausmaß des Truges wird uns deutlich, wenn wir in der Reflexion über Erkenntnis erkennen, daß wir uns selbst nicht einmal in unserem Selbstbewußtsein erkennen, wie wir »tatsächlich« sind, sondern wie wir uns erscheinen.

In unserer Definition von Erkenntnis taucht deren Sprachverwiesenheit auf, die erst noch zu beweisen sein wird. Dennoch wollen wir hier festlegen, daß nicht-sprachverwiesene »Erkenntnis« »Wahrnehmung« genannt werden soll.

5. Wahrnehmen ist ein aktives Geschehen, in das das Subjekt seine Interessen, Erfahrungen, Erklärungen, Erwartungen miteinbringt. Die Einheit der Wahrnehmung ist der Sachverhalt (= eine sich in einer bestimmten Weise verhaltende Sache). Wir nehmen also nicht zunächst Gegenstände wahr. Diese werden durch eine Art »Abstraktion« (= die Heraussonderung des unter einem Gesichtspunkt Wesentlichen aus dem Unwesentlichen) sekundär wahrgenommen. Eine wahrgenommene Rose hat eine Farbe, eine bestimmte Anzahl von Blütenblättern, Staubgefäßen, einen Stengel, Stacheln ... Sie ist eine Sache, die sich in individueller Weise so und nicht anders verhält. Je nach dominierendem Interesse können wir etwa von Stacheln und der Anzahl von Blütenblättern ... absehen und so den Gegenstand »Rose« durch Abstraktion konstituieren. Aber die Aktivitäten des wahrnehmenden Subjekts, das, solange wir nicht von sprachbezogener Erkenntnis sprechen, auch etwa eine grasende Kuh sein kann, gehen noch weiter:

● Zunächst einmal werden auf Grund von Erfahrungen, Interessen, Erklärungsfähigkeiten einzelne Sachverhalte aus dem Informationswirrwarr, das uns unsere Sinne vermitteln, herausgelöst, und so eine Ordnung in Welt zuallererst gestiftet. Gründe können etwa die Eigenbewegung eines Form-Farbkomplexes im Chaos der Eindrücke sein. So nennen nicht wenige Kinder alles, was sich so bewegt, »Wauwau«. Es kann aber auch eine reale oder vorgestellte Funktion Wahrnehmungseinheiten herauslösen. So kann ein Stein als Schlagwerkzeug erkannt werden. Die wichtigste einheitstiftende Instanz ist jedoch – wie wir sehen werden – die Sprache. Sprachlose Wahrnehmung kennt also nur eine sehr begrenzte durch Erfahrungen, Instinkte, Interessen bestimmte Menge von Sachverhalten.

● Zum anderen werden Sachverhalte vom wahrnehmenden Subjekt in der Wahrnehmung mit anderen verbunden. Es werden also in und durch die Wahrnehmung Relationen gestiftet. Im einfachsten Fall sind das etwa »bedingte Reflexe« (= Reflexe, bei denen ein Auslöser an eine Reaktion gebunden wird, ohne daß die beiden »an sich« etwas miteinander zu tun haben; so kann man einen Hund dazu bringen, auf ein akustisches Signal hin Magensekrete zu bilden). In komplexeren Fällen werden etwa zwei Sachverhalte so aufeinander bezogen, daß der eine als Ursache des anderen wahrgenommen wird.

In jedem Fall hat das Wahrgenommene eine Bedeutung (ist es ein bestimmter Sachverhalt). Niemals ist es ein Irgendetwas (etwa ein »Seiendes«). Wahrnehmung ist also niemals voraussetzungslos, sondern schließt wenigstens implizit ein »subjektives Vorverständnis« mit ein.

6. »Vorverständnis« meint eine Disposition, die es erlaubt, Erkanntes im Wahrnehmen selbst zu verstehen. Wir nehmen also zumeist nicht zunächst wahr und verstehen dann, sondern der Wahrnehmungsinhalt ist in der Regel schon ein verstandener oder verständlicher. Im Erkenntnisbereich meint »Vorverständnis« ein Dreifaches:

● Ein Verstehen der Situation, in der wahrgenommen wird. Sie kann vorwiegend oder ausschließlich etwa kosmisch, psychisch, sozial, ästhetisch bestimmt sein. Meldet uns unser Vorverständnis eine soziale Situation, werden wir nicht unbedingt Schönheit (etwa einer Rose oder einer Symphonie) wahrzunehmen versuchen. Das Vorverständnis erlaubt uns also eine grobe Einteilung der zu erwartenden Wahrnehmungen nach bestimmten, nur begrenzt aufeinander zurückzuführenden Klassen von Sachverhalten. Aus dem Vorverständnis leiten sich bestimmte Erwartungen und Interessen her, andere werden nicht aktiviert oder zurückgedrängt.

● Es repräsentiert das »kategoriale System« des wahrnehmenden Subjekts. »Kategorien« sind Formen der Wahrnehmung, die aller Wahrnehmung vorausliegen. Das »kategoriale System« von Tieren ist weitgehend instinktoid definiert. So kann eine Kuh freßbare von giftigen Pflanzen unterscheiden. Bei uns Menschen sind die Kategorien meist sehr viel komplexer. Sie erlauben uns etwa die Wahrnehmung von Gegenständen (obwohl es sie an sich nicht gibt) oder die Bildung von Relationen, die in der realen Welt nicht gegeben sind, oder die Wahrnehmung, eines sei die Ursache des anderen, obschon die Eigenschaft »Ursachesein« nicht wahrgenommen werden kann (sondern nur die Verbindung zweier Sachverhalte erklärt). Spätestens seit *I. Kant* wissen wir um die Gefahr, die von solchen Kategorien ausgehen kann: Wir neigen dazu, sie als reale Eigenschaften von wahrgenommenen Sachverhalten anzunehmen. *Kant* sprach hier vom »transzendentalen Schein«, unter dessen Anspruch wir den Bedingungen der Möglichkeit der Wahrnehmung von Sachverhalten, Realität an sich zusprechen, obschon sie Bedingungen sind, die in der Struktur unseres Erkenntnisvermögens gründen und nicht im Sachverhalt an sich.

● Zum Vorverständnis gehört endlich ein Verstehen eines Sachverhalts als potentielles Element einer Klasse. Ein Sachverhalt wird also im allgemeinen nicht nur als Individuum wahrgenommen, sondern als ein Sachverhalt mit Eigenschaften, die ähnlich auch anderen Sachverhalten zukommen. Auf Grund dieser Ähnlichkeit kann man alle Sachverhalte mit einer ähnlichen Eigenschaft oder mit ähnlichen Merkmalen zu einer Klasse zusammenfassen. So ist es etwa möglich, die Blüten einer Rose und einer Lilie zu einer Klasse zusammenzufassen, der man den Namen »Blumen« geben mag.

7. Das Vorverstehen und damit die Wahrnehmungsfähigkeit eines Menschen hängen von der Art seiner Sozialisation ab. Dabei sei hier noch nicht über die Begrenzung der Wahrnehmungsfähigkeit durch die im Verlauf der Sozialisation ver-

mittelte Sprache gehandelt. Im Sozialisationsprozeß werden wichtige Inhalte und Grenzen des Vorverständnisses bestimmt. Hier sind vor allem zu nennen:

● Die Menge und die Gewichtung der kognitiven Situationen. So kann etwa die Situation »ästhetische Wahrnehmung« gar nicht ausgebildet oder die Situation »psychische Wahrnehmung« sehr verkümmert entfaltet werden. Ein Mensch erkennt dann kaum oder nicht identifizierbar eigene (und damit mittelbar auch nicht fremde) Emotionen und Bedürfnisse. Das Vorverständnis, was real ist und was nicht, was erheblich ist und was nicht, was nützlich ist und was nicht ... wird also über Interaktionsmuster (vor allem in der frühen Kindheit) vermittelt.

● Die Fähigkeit, Ähnlichkeiten zu erkennen und Klassen ähnlicher Sachverhalte nach nützlich oder unnützlich, nach erheblich oder unerheblich, nach brauchbar oder unbrauchbar ... zu ordnen, hängt ebenfalls von der Art der Bildung des Erkenntnisvermögens im Verlauf der Sozialisation ab. Offenbar ist es etwas anderes, ob ich in der Lage bin, die (problematischen) Ähnlichkeiten zwischen den im Sternbild der Zwillinge geborenen Menschen zu erkennen oder die Ähnlichkeit zwischen einer Ameise und einer Spinne oder die Ähnlichkeiten im Charakter von Staatsmännern ...

● Auch die Fähigkeit zur Realitätsprüfung wird sozial vermittelt. Es liegt ein grundsätzlicher Unterschied in der Bildung der kognitiven Fähigkeiten vor, ob ich in der Lage bin, »Gott«, »Ursache«, astrologische Kräfte, Atombomben, Kriegsgefahr, außerirdische Intelligenzen, »Schicksal« ... für real (also unabhängig von unserem Wahrnehmen und Erklären existierend) zu halten. Die Fähigkeit, dem Wahrgenommenen zu trauen oder zu mißtrauen, gehört ebenfalls hierher. Sie ist oft verbunden mit der mehr oder minder ausgeprägten Neigung, Vorurteile zu bilden.

● Auch die Muster des Verhaltens gegenüber unerwarteter

Wahrnehmung werden sozial vermittelt. Manche Menschen begegnen ihr mit gesteigertem Interesse, andere mit Furcht und Verunsicherung.

8. Im Folgenden sollen zwei Kategorien in ihrer konkreten Anwendung vorgestellt werden: die Kategorien »Gegenstand« und »Relation«. Kategorien werden nur im Horizont von Sprache erheblich und realisierbar. Wir wollen hier feststellen, daß immer da, wo Kategorien als formale Strukturen von Wahrnehmung aktualisiert werden, dies nur im Horizont von Sprache geschehen kann. Im Realisationsfall sind also Kategorien Bedingung der Möglichkeit von Erkenntnis überhaupt.

Als erste sei die Kategorie »Gegenstand« behandelt. Daß es keine »Gegenstände« als Objekte der Wahrnehmung gibt, wurde schon gesagt. Wir nehmen immer nur Sachen wahr, die sich und wie sie sich verhalten. Der Gegenstand (auch Eigenschaften, Tätigkeiten, Situationen ... können Gegenstände sein) wird also durch Abstraktion von »Unwesentlichem« geschaffen. Damit dieser Abstraktionsmodus funktionieren kann, muß die allgemeine Kategorie »Gegenstand« bereitstehen. So erkenne ich den Gegenstand »Haus«, indem ich von einer Fülle von Merkmalen (Art der Fenster, der Dachbedeckung, des Baumaterials, der Größe [innerhalb gewisser Grenzen]) absehe und nur die Geeignetheit zur Funktion »Darin-Wohnen« erkenne. Das »Haus« ist von einem Sachverhalt zum Gegenstand geworden. Aber die Einheit des Gegenstandes muß keineswegs durch die Funktion (hier des möglichen Wohnens) begründet werden. So erkenne ich den Gegenstand »Buche«, auch wenn praktische oder theoretische Interessen, auch wenn Erfahrungen und Erwartungen oder irgendwelche Erklärungsabsichten nicht im Spiel sind. Der Gegenstand »Buche« wird konstituiert durch Absehen (Abstraktion) von zahlreichen Merkmalen (belaubt, Stammdicke, Höhe, Nähe zu anderen Bäumen ...).

Sprachlich werden Gegenstände durch Namen, Sachverhalte durch Aussagen abgebildet. Namen (die Grundmuster der Sprache) entsprechen also nicht dem zunächst Wahrgenommenen. Sie bezeichnen etwas Wahrgenommenes, das auf Grund der Anwendung der Kategorie »Gegenstand« eine neue Einheit erhalten hat. Zwischen Sprache und Gegenstand besteht das Verhältnis wechselseitiger Konstitution. Erst durch die Benennung mit einem Namen wird der Gegenstand zum Gegenstand, der mit sich selbst identisch bleibt, auch wenn er vorübergehend oder dauernd nicht (mehr) wahrgenommen wird. Als Gegenstand kann also ein X die ihm zugrundeliegende Wahrnehmung überleben.

Die Benennung schafft Einheiten, die in der ursprünglichen Wahrnehmung nicht vorkommen. Sie können unabhängig von Erwartung und Interesse, von Erfahrung und Erklärung bestehen. In und durch die Namensgebung erhält also der Sachverhalt den Charakter eines Gegenstandes. In der abstrakten (= von »unerheblichen«, »nebensächlichen« Merkmalen und Eigenschaften absehenden) Gegenstandserkenntnis gelangt ein Sachverhalt erst zur intellektuellen und technischen Verfügung. Ohne Sprache bleibt ein Sachverhalt intellektuell und technisch unverfügbar. So geben wir einem Menschen oder einem Hund, einem Baum oder einem Stein einen Namen (etwa: »Alois Merkel«, »Waldi«, »diese Buche«, »dieser Ziegel«). In der Namensgebung sehen wir von allen möglichen Zufälligkeiten ab. So bleibt »Herr Merkel« er selbst, auch wenn er nicht rasiert ist, bleibt »Waldi« er selbst, auch wenn er Hunger hat, bleibt »diese Buche« sie selbst, auch wenn ich einen Zweig abbreche, bleibt »dieser Ziegel« er selbst, auch wenn er nicht mehr an dieser Stelle liegt. Durch die Namensgebung wird mir ein Sachverhalt auch als Gegenstand verfügbar, wenn er im Augenblick nicht wahrgenommen werden kann. Ich kann den zukünftigen Umgang mit ihm planen, ich kann ihn auch in Abwesenheit mit Emotionen besetzen, ich kann sein Bild in der Erinnerung willkürlich (und nicht nur unwillkürlich etwa im Traum) gegenwärtig machen. Es steht zu vermuten, daß mehr als 90 % der wahrgenommenen Sachverhalte vom erwachsenen Menschen gegenstandsmäßig reproduziert werden können. Somit werden sie als Gegenstände der Erkenntnis intellektuell und technisch verfügbar. Das gilt in besonderer Weise für jene Sachverhalte, die uns so wichtig sind, daß wir sie für den Aufbau unseres Bildes und unserer Anschauung von Welt verwenden. Hierher gehören Sachverhalte wie »Person«, »lebendig«, »Zukunft«, »arbeiten« aber auch alle von menschlicher Technik geschaffenen Sachverhalte, die ohne Sprachbeherrschung und der damit verbundenen intellektuellen Beherrschung und Verfügbarkeit nicht möglich sind. Nicht zufällig fällt die erste »technische Revolution« ins Paläolithikum, in dem Menschen die Fähigkeit erlangten, Mehrzweckwerkzeuge (das sind Werkzeuge, bei deren Erstellung ihr Zweck nicht konkret anschaulich vor Augen steht) zu schaffen, mit der Entwicklung von Sprache zusammen. Durch die Beherrschung von Sprache waren Menschen nicht mehr hilflos eingebunden in Welt, sondern konnten beginnen, sie nach ihren Vorstellungen zu wandeln. Aus Sklaven wurden Freie, »Welt« wurde schaffbar, wurde zum Gegenstand von Reflexion.

Die Beherrschung der Sprache erlaubt also die Anwendung von Fähigkeiten, die für die Bildung von Gegenständen (d. h. der Aktualisierung der Kategorie »Gegenstand«) zwingend notwendig und mit ihr engstens verbunden sind:

● Die Ablösung vom allgemeinen Eindruckshintergrund, ohne daß im Augenblick Interessen und Erwartungen, Erklärungen und Erfahrungen wahrnehmungsbegründend im Spiel sind. Diese Ablösung wird möglich durch Benennung.

● Die Synthese von einer Merkmalskombination zu einem Gegenstand, selbst wenn diese Einheit nicht durch Bewegung oder Funktion gesichert ist. Diese Synthese wird wiederum möglich durch Benennung, in der Merkmals- oder Eigenschaftskombinationen als Einheit zusammenbegriffen werden.

● Die Genidentität, durch die ein Gegenstand mit sich selbst identisch bleibt, auch wenn wir ihn »aus den Augen verlieren« und er sich in dieser Zeit erheblich wandelte. So bleibt der Mensch »Alois Merkel« mit sich selbst identisch von seiner Geburt an bis zu seinem Tode. Auch Identitätsbildung, die den Wechsel von sehr wesentlichen Merkmalen der Sinneswahrnehmung übersteht, wird durch Benennung erst möglich. Ein Hund wird sein Herrchen nur wiedererkennen, wenn Aussehen, Stimme und Geruch (also Sinneswahrnehmungen) sich nicht wesentlich geändert haben. Wir Menschen sind auf die Konstitution der Einheit von Sachverhalten durch die Sinneswahrnehmung nicht angewiesen, da wir mit sich selbst im Lauf der Zeit identisch bleibende Einheiten durch Benennung konstituieren und uns so erkenntnismäßig verfügbar halten können.

● Die Einordnung in eine Klasse von Gegenständen. Wir Menschen sind in der Lage, die Ähnlichkeit zwischen zwei Erkenntnisobjekten festzustellen und auf Grund dieser Ähnlichkeit den Gegenstand einer Klasse von Gegenständen zuzuordnen. So können wir etwa den Gegenstand »dieser Stein« der Klasse der Steine, der Baumaterialien, der Schlagwerkzeuge, der anorganischen Substanzen … zuordnen. Eine »Klasse« ist eine Menge von Gegenständen, die sich in wenigstens einem Merkmal ähneln und über dieses Merkmal zusammengefaßt werden. Sie wird konstituiert durch Benennung. Die Klasse ist nichts, das unabhängig von unserer (sprachverwiesenen) Erkenntnis besteht. Sie wird erst durch Erkenntnis gestiftet. Es »gibt« keine Klasse der Werkzeuge, sondern nur Hämmer, Zangen, Schraubenzieher, Schlagbohrer … Der Name »Werkzeug« ist also eine Produktion unseres an Erkenntnis gebundenen Sprachvermögens.

Es ist ein interessantes Gedankenexperiment, sich einmal vorzustellen, wir Menschen könnten nur Eigennamen und keine Klassennamen bilden. Wie würde dann unsere Welt aussehen? Vermutlich würden wir bald in der Vielheit der erkannten Sachverhalte intellektuell ersticken und psychisch total überfordert sein. Da das auch – in beschränktem Umfang – für Tiere gilt, entwickelten diese, um überleben zu können, instinktoide Muster aus, die es ihnen erlauben, in Entsprechung zu Klassen, Sachverhalte zusammenzufassen (etwa die Sachverhalte: »Artgenosse«, »Feind«, »freßbar« …).

Wir wollen Klassennamen »Begriffe« nennen.

9. Klassenbildungen setzen das Verfügen über die Kategorie »Relation« voraus. Es sei hier noch einmal betont, daß Kategorien nicht Eigenschaften des »Sachverhalts an sich« sind, sondern formale Muster unserer Erkenntnisvermögen (Sinne, Verstand, Vernunft), die aktualisiert werden, wenn in der Erscheinung des Sachverhalts bestimmte Merkmale gegeben sind. Ein Fußball ist also dem anderen nicht ähnlich »an sich«, sondern nur insofern beide Fußbälle als in wesentlichen Merkmalen ähnlich erkannt werden. Was »wesentlich« ist, bestimmt die Funktion (also die Möglichkeit, mit dem erkannten Gegenstand Fußball spielen zu können). Dazu gehören etwa Ähnlichkeiten in der Gestalt (annähernd rund), Größe, Festigkeit …

Die wichtigsten Relationen sind:

(a) »Identität«. Zwei Gegenstände erscheinen zunächst als verschieden, werden dann aber identisch gesetzt. Beispiel: Ein Mensch, den wir nach vielen Jahren wiedersehen.

(b) »Gleichheit«. Zwei Gegenstände erscheinen zunächst nicht zu einer Klasse zu gehören, werden dann doch einer

Klasse zugesprochen. Beispiel: Zahnbrücke – Flußbrücke.
(c) »Differenz«. Zwei Gegenstände sind in einem Sprachspiel nicht in eine gemeinsame Klasse einzuordnen. Beispiel: Zange und Baum. Es ist jedoch im Prinzip ein Sprachspiel konstruierbar, in dem beide zur selben Klasse (etwa der der materiellen Gegenstände) gehören.
(d) »Gegensatz«. Zwei Gegenstände haben solche Merkmale, daß der Besitz eines Merkmals den des anderen ausschließt. Man unterscheidet allgemein folgende Gegensatztypen: Kontradiktorischer Gegensatz (Beispiel: in bezug auf die Belebtheit besitzen ein Stein und eine Buche kontradiktorische Merkmale), konträrer Gegensatz (Beispiel: in bezug auf ihre Farbe besitzen zwei Kleeblüten die Farben weiß und rot. Hier sind anders als beim kontradiktorischen Gegensatz Übergänge möglich), polarer Gegensatz (Beispiel: Mann- und Frausein. Hier bilden die Gegensätze ein Paar, so daß das eine Merkmal nicht ohne das andere sein kann, obschon sie nicht aufeinander zurückgeführt werden können).
(e) »Inklusion«. Mehrere Merkmalskomplexe werden als einander subordiniert erkannt. Subordination herrscht zwischen einer Klasse und den in ihr enthaltenen Teilklassen. So gehören alle Schlagwerkzeuge als Teilklasse zur Klasse der Werkzeuge.
(f) »Konditionalität«. Zwei Sachverhalte werden so aufeinander bezogen, daß der eine nicht ohne den anderen sein kann (notwendige Bedingung) oder immer, wenn der eine da ist, auch der andere (hinreichende Bedingung). Beispiel: Immer, wenn es regnet, wird die Straße naß (hinreichende Bedingung). Nur wenn es kalt ist, fällt Schnee (notwendige Bedingung).
Hierher gehört auch die Relation »Kausalität«. Sie wird realisiert, wenn wir annehmen, daß ein Sachverhalt den anderen nicht nur bedingt, sondern auch hervorbringt. (Beispiel: Das Licht der Sonne bringt den Regenbogen hervor.)

(g) »Ähnlichkeit«. Konstituiert durch Interesse, Erwartung, Erfahrung oder Erklärung kommen einigen Sachverhalten gemeinsame Eigenschaften oder Merkmale zu. Die Ähnlichkeit ist, wie schon gesagt, die Voraussetzung für die Bildung von Klassennamen (Begriffen). Sie ist deshalb die wichtigste Relation. Wieder einmal empfiehlt es sich, ein Gedankenexperiment zu wagen. Wie würde »Welt« erkannt, wenn wir nicht über die aller Erkenntnis vorausliegende Fähigkeit verfügten, Relationen zu stiften? Wir würden keine Welt erkennen, sondern eine Fülle von nicht aufeinander zurückzuführenden Sachverhalten wahrnehmen. Welt würde ersetzt durch Chaos, da alle Ordnung erst durch die Relationskategorien gestiftet wird.

Die Kategorie der Relation ist nur unter sehr aufwendigen mentalen Prozessen zu realisieren. Wir können davon ausgehen, daß die Erkenntnisvermögen von Tieren keine Relationen stiften können. Jene mentalen Prozesse setzen voraus, daß Gegenstände (und nicht nur Sachverhalte) erkannt werden können.

Gegenstandserkenntnis ist aber an die sprachliche Technik der Benennung gebunden.

10. Oft führt die regelmäßige Verbindung von Merkmalen oder Eigenschaften bei einander in wichtigen Merkmalen oder Eigenschaften ähnlichen Sachverhalten dazu, »Gestalten« auszubilden. »Gestalten« sind Sachverhalte oder Gegenstände, die nur als ein in sich geschlossenes Ganzes zu verstehen sind. Gestalten haben also im Gegensatz zu anderen Sachverhalten genau definierte Merkmale. So haben etwa die angeborenen Schemata Gestaltcharakter (»Kindchenschema«). Es gibt aber auch erworbene »Gestalten«, etwa Bewegungsgestalten (Flugzeug, Tier, Sturm) oder Raumgestalten (Treppe, Haus, Straße) oder Hörgestalten (Melodie, Strophe, Sprache). Die Namen für Gestalten sind nicht nur

Klassennamen, deren Grenzen weitgehend willkürlich gezogen werden können. Diese Namen benennen vielmehr Klassen von Gegenständen, deren Gestalt (Kombination erheblicher Merkmale) weitgehend identisch ist. Vermutlich geht die sprachgebundene Gestaltbildung auf frühe und langanhaltende Erfahrungen der Menschen mit ihrer Umwelt zurück. Sie geschah, um den Mangel an instinktiven Gestalten zu kompensieren, ein Mangel, der behoben werden mußte, wenn Menschen in Welt überleben wollten. So ist es erklärlich, daß die Gestalterkenntnis bei den meisten Menschen – unabhängig von ihrer kulturellen Herkunft – sehr ähnlich ist. Man kann annehmen, daß die Fähigkeit zur Gestaltbildung angeboren ist und daß sie schon nach einigen wenigen Wahrnehmungen aktualisiert wird.

11. Im allgemeinen jedoch ist die Klassenbildung weitgehend abhängig von der Sprachsozialisation. Hier waren die Untersuchungen von *E. Sapir* (1961) und *B. L. Whorf* (1963) von bahnbrechender Bedeutung, wennschon sich nicht alle Teile der Theorien der »Sapir-Whorfschen-Relativität« als gut bestätigt erwiesen. Die von ihnen in Anlehnung an eine von *W. von Humboldt* (in dem unvollendeten Werk »Über die Kawi-Sprache auf der Insel Java« mit der umfangreichen, 1836 verfaßten Einleitung: »Über die Verschiedenheit des menschlichen Sprachbaues und ihren Einfluß auf die geistige Entwicklung des Menschengeschlechts«) aufgestellte »sprachliche Relativitätstheorie« behauptet, daß die sprachspezifischen formalen Strukturen einer Grammatik die Bewußtseinsstrukturen derer bestimmen, die über diese Sprache verfügen und so weitgehend Denken (und damit Weltbild und Weltanschauung) und soziales Handeln festlegen. Einige Beispiele, die *Whorf* im Vergleich der europäischen und der Sprache der Hopi, eines Indianervolkes, nennt, seien hier angeführt:

(a) Im SAE (dem Standard Average European) kann man Zahlen auch für nicht wahrnehmbare Sachverhalte verwenden. Man kann sagen »10 Soldaten« (das ist eine wahrnehmbare Anzahl) oder auch »10 Tage« (das ist keine wahrnehmbare Anzahl). Im Hopi ist diese zweite Bildung syntaktisch verboten. Es gibt nur konkrete Quantitäten. Abstrakte Quantitäten müssen funktional dargestellt werden. Statt zu sagen: »Sie blieben 10 Tage« muß es heißen: »Sie gingen nach dem 10. Tage weg.« »Während unsere Sprache die Vergegenständlichung jener Gegebenheit des Bewußtseins, die wir Zeit nennen, fördert, gibt es im Hopi kein Strukturschema, welches das Wesen der Zeit, das subjektive Später-Werden, verdeckt.« (80)

(b) Im SAE verfügen wir neben Individualsubstantiven (wie Haus, Kuh, Straße) auch über Materialsubstantive (wie Wasser, Mehl, Granit, Fleisch). Wollen wir sie auf einen Einzelfall anwenden, benötigen wir separierende Substantive. Wir sprechen dann von einem Glas Wasser, von einem Sack Mehl, von einem Stück Granit, von einem Stück Fleisch. Das Hopi kennt keine Materialsubstantive. »Wasser« bedeutet immer eine bestimmte Menge Wassers. »Sack Mehl« handelt im Hopi nicht über Mehl, sondern über einen Sack, der Mehl enthält, aber auch etwas anderes enthalten könnte (z. B. Mais). »Die Hopisprache bedarf keiner Analogien …, die zur Bildung einer Auffassung des Seienden als einer Vereinigung von formlosem Etwas und Form führen könnten.« (82)

(c) Im SAE verfügen wir über Phasensubstantive (Sommer, Morgen, Sonnenuntergang), die wir wie andere Substantive, die für physische Objekte stehen, benutzen. Wir können sagen: »am Morgen« wie »an der Ecke« oder »die Sommer waren regnerisch« wie »der Mann war freundlich«. Im Hopi sind Phasenbegriffe i. a. keine Substantive. Statt dessen muß man auf Grund syntaktischer Zwänge sagen: »Wenn es Morgen ist«, »Sommer ist es, wenn es warm ist«. »Es gibt keine

Verdinglichung der erlebten Dauer im Sinne eines Abschnitts, einer Spanne, eine Quantität. Die Begriffe der Zeit enthalten das ständige Späterwerden und sonst nichts. Daher gibt es im Hopi keine Basis für ein formloses Etwas nach Art unserer Zeit.« (84)

(d) Im SAE unterscheiden wir bei Verbformen drei Klassen von Zeiten: Vergangenheit, Gegenwart, Zukunft. So benutzen wir etwa das Präsens sehr verwirrend zur Darstellung des Schnitts zwischen Vergangenheit und Zukunft (»Ich sehe gerade jetzt einen Vogel«), zur Einordnung im Wahrnehmungsfeld (»Ich sehe ihn«), zur Bildung allgemein geltender Aussagen (»Wir sehen mit unseren Augen«). Im Hopi gibt es keine Verben, die Tempora ausdrücken. An ihre Stellen treten Gültigkeitsformen (sie machen deutlich, daß der Sprecher den Sachverhalt berichtet oder erwartet), Aspekte (sie bezeichnen Grade oder Tendenzen der Dauer – ihnen entspricht nichts im SAE) und Formen der Verbindung zwischen Gliedsätzen (etwa Vorzeitigkeit des im 1. Gliedsatz Berichteten vor dem im 2. Gliedsatz Berichteten). (85)

(e) Im SAE benutzen wir sehr viele räumliche Metaphern. (»Der Luftdruck steigt«, »Die Mühe war groß«, »Die Moral war niedrig«, »Der Sommer kommt«, »Das Kapital wächst«, »Der Dollar fällt« ... Sie beweisen, daß das SAE eine recht primitive Sprache ist. Vermutlich waren die ersten intellektuellen Leistungen der Menschheit gebunden an das räumliche Zusammensehen von Dingen, die an sich nicht zusammengehören (vgl. die Köhlerschen Versuche mit Schimpansen). Reste davon haben sich bis heute erhalten. Bei den Hopi gibt es keine Raumbegriffe zur Darstellung von Unräumlichem. Statt dessen verwenden sie »Tensoren«, die Intensität, Dauer, Folge, Tendenz bezeichnen. Die richtige Verwendung der Tensoren überschreitet (wieder eine Raummetapher) das Abstraktionsvermögen der meisten Benutzer des SAE. (87) Die Versuchung, räumliche Metaphern wörtlich zu nehmen und so etwa von »Transzendenz« oder vom »Jenseits« als etwas Realem zu sprechen, ist im Hopi erst gar nicht möglich.

Während das Weltbild der Benutzer des SAE im wesentlichen Dinge verknüpft und ordnet, ist der Kosmos der Hopi eine Abfolge von Ereignissen. (88) Die Vorbereitung auf Ereignisse spielt eine erhebliche Rolle (auch die innere Vorbereitung durch Beten und Meditieren) (90). Die Hopi wissen um die Kraft der Gedanken (91). Eine Wissenschaft, die Geschehnisse zu Gegenständen macht, ist ihnen unmöglich. Sie können nicht reflektieren über das Wesen von Zeit, von Liebe, von Freiheit … Zugänglich sind ihnen nur die Dauer konkreter Ereignisse, die Liebe, die zwei Menschen verbindet, das Gefühl von Freiheit, das sich bei fehlenden Zwängen einstellt. Sie kommen nicht auf den Einfall zwischen Materie und Form zu unterscheiden, wie wir es seit *Aristoteles* tun, weil wir von einem Glas Wasser (Glas = Form, Wasser = Materie) sprechen können und dabei annehmen, alles sei aus Materie und Form gebildet.

D. D. Lee (1936) untersuchte die Sprache der Wintus (auch ein Indianervolk). Ein Wintu kann z. B. nicht sagen: »Der Salm ist gut.« Das »ist gut« muß neben der genauern Angabe der Zeitigkeit auch noch sagen, woher er weiß, daß er gut ist. Es muß also etwa heißen: »Weil ich gerade hingesehen habe, weiß ich, daß der Salm gut ist.« Man stelle sich einmal vor, daß wir auch im SAE Qualitätsaussagen stets begründen müßten. Das würde zu einem erheblich verantworteterem Umgang mit Sprache führen.

Übrigens erfüllt das Hopi nahezu alle Forderungen, die *L. Wittgenstein* in seinen »Philosophischen Untersuchungen« an das verantwortete Umgehen mit Sprache gestellt hat. Er erkannte, daß die traditionelle europäische Philosophie durch die Heimtücken des SAE verführt, über Gegenstände handelt, die nur durch die Sprache geschaffen werden, verbunden mit der Illusion, sie seien real. »Die Ergebnisse der Philosophie sind die Entdeckung irgend eines schlichten Unsinns und Beulen, die sich der Verstand beim Anrennen an die Grenze der Sprache geholt hat. Sie, die Beulen, lassen uns den Wert jener Entdeckung erkennen.« (119) Die von ihm entwickelte Sprachanalyse versucht, die Mißverständnisse wegzuräumen, die dadurch entstehen, daß sie von der Syntax des SAE nicht ausgeschlossen werden.

W. Müller (1981) erzählt die Geschichte des christlichen Indianermissionars *John Heckewelder,* der im 18. Jahrhundert lange Jahre unter den Delawaren lebte. Im Bemühen, ihre Sprache zu erlernen, erkannte er, daß seine eigene Sprache nichts sei als Schluderei, »ins Ungefähre geredet, ins Undeutliche verwischt, wohingegen das Indianische mit höchster Sorgfalt den Gegenstand, die Situation, den Kontext nachzeichnete« (18). Die Indianersprachen differenzieren und konkretisieren in einer uns Europäern unbekannten und oft auch unzugänglichen Weise. So wird etwa der Begriff »Liebe« gefächert in sehr verschiedene Begriffe, je nach dem, ob es sich um die Liebe zu Eltern, Geschwistern, Kindern, zur Gattin … handelt. Vor allem erlauben die Indianersprachen aber eine geschmeidige Anpassung an die wechselnden Naturerscheinungen (Polysynthese), zu der wir Benutzer des SAE völlig unfähig sind. MÜLLER spricht hier gut von einer »Einschwingung in den ständigen Wandel« der Geschehnisse (21). Die Indianersprachen verhalten sich erleidend, weiblich-empfangend. Auch Träume und Visionen gelten als sinnlich wahrgenommen.

Es ist wohl unmittelbar einleuchtend, daß die Verwender einer solchen Sprache ein vom unseren sehr verschiedenes Weltbild haben müssen. Die Indianersprachen konstituieren andere und anders Gegenstände und Relationen. Im Horizont dieser Sprache gestaltet sich Welt anders als im Horizont des SAE. Die Welten sind anders und nicht aufeinander zurückzuführen, vermutlich nicht einmal für den anderen verständlich zu machen.

12. Gegenstände werden im allgemeinen nicht nur als einzelne erkannt, sondern auch als Mitglieder einer oder mehrerer Klassen und so mit Begriffen bezeichenbar. Die Klassenbildung geschieht weitgehend willkürlich. Eine Menge von Begriffen (Klassennamen) können einander ergänzen zu einem System, dessen Inhalte vom Verwendungszweck abhängen. So mögen die Sprachsysteme, die die Interaktionen zwischen einem Bauarbeiter und seinem Polier, zwischen einem Rekruten und seinem Unteroffizier, zwischen einem Studenten und einem Professor regeln und begleiten, sehr verschieden sein. Sie sind jedoch durch ihre Funktion weitgehend definiert. Seit *Wittgenstein* nennt man solche funktional definierten Sprechsysteme Sprachspiele. In verschiedenen Sprachspielen kann ein und derselbe Begriff sehr Verschiedenes bedeuten. Denken Sie etwa an den Begriff »Baum« in der Sprache des Spaziergängers, des Försters, des Sägereibesitzers, des Seglers, des Wüstenbewohners, des Obstgärtners, des Ökologen … In allen Fällen wird der Begriff »Baum« andere Merkmale enthalten (also einen anderen Inhalt haben). Das Sprachspiel legt häufig verschiedene Begriffsumfänge (= die Mengen der Gegenstände, die unter den Begriff fallen) fest. So kann in einem Sprachspiel eine Schere ein Werkzeug sein und in einem anderen ein kosmetisches Gerät.
In der Umgangssprache haben Begriffe keine festen Grenzen. Es gibt also oft keine Definitionen, die den Umfang des Begriffes exakt festlegen. *Platon* hat das für Begriffe wie »Tapferkeit« (im Laches) oder »Gerechtigkeit« (im ersten Buch der Politeia) ausgeführt, *Wittgenstein* für den Begriff »Spiel« (PHU 66−71). »Man kann sagen, der Begriff ›Spiel‹ ist ein Begriff mit verschwommenen Rändern.« (PHU 71) Auch sind etwa Farbbegriffe in der Umgangssprache nicht

definierbar. Der Übergang etwa vom Rot zum Orange oder zum Violett ist fließend.

Ausschließlich der Gebrauch bestimmt Inhalt und Umfang des Begriffs. Der Gebrauch orientiert sich an der Sprechsituation. Der Sprechende will sich unter bestimmten sozialen und psychischen Umständen verständlich machen. Begriffe sind also mehr oder weniger standardisierten Situationen zuzuordnen. In ihre Bildung gehen soziale und psychische, kognitive und kulturelle, emotionale und rationale Interessen, Erwartungen und Erklärungen ein. Diese vermengen und ordnen die Merkmale und bestimmen die Grenzen der Klassen.

In den (semantischen wie emotionalen) Bedeutungen der Begriffe verdichten sich die individuellen Erfahrungen, aber auch die Strukturen der soziokulturellen und sozioökonomischen Tradition, die die Sprache gestaltet haben. In einer Sprache (gemeint ist hier stets eine »Umgangssprache) birgt sich immer auch ihre Vergangenheit. Die »objektiven« Eigenschaften der Gegenstände (es handelt sich dabei immer um schon durch die kategorialen Strukturen verarbeitete Sachverhalte als erkannte) sind nicht der Grund der Begriffsbildung, sie limitieren sie allenfalls. So ist es schwer, dem Begriff »Haus« den Sachverhalt »Stuhl« zuzuordnen. Wohl können ihm so verschiedene Sachverhalte wie »Meer«, »Erde«, »Bett«, »Himmel«, »Geborgenheit« ... zugeordnet werden, da sie alle »Wohnung« sein können.

13. Die Bildung von Begriffen ist ein sozial und psychisch außerordentlich ökonomischer Vorgang. Sie erlauben es dem, der über sie verfügt:

● Merkmale auch auf andere Gegenstände derselben Klasse zu übertragen. Wenn man etwa weiß, daß »alkoholisches Getränk« ein Merkmal des Weines ist, muß man beim Übergang zu einem noch unbekannten Wein nicht erst diese Eigenschaft prüfen.

- Prognostische Handlungsorientierungen. Wenn man weiß, daß man mit einem Hammer Steine zerschlagen kann, braucht man diese Fähigkeit eines anderen Elements aus der Klasse der Hämmer nicht immer neu zu prüfen. Man kann sein Handeln auf diese Fähigkeit einstellen.

- Abstraktion von der Einzelung. Sie erlaubt es uns, über Weine oder Hämmer oder irgendeine andere offene (d. h. nicht in allen ihren Elementen bekannte) Klasse zu sprechen. Das aber ist die Voraussetzung für jede nicht-triviale Kommunikation.

- Abstraktion von der Sachverhaltlichkeit. Wir können Begriffe bilden, denen in einem bestimmten (oder auch in allen Sprachspielen) keine Erfahrung und damit keine Wahrnehmung entspricht. Hierher gehören vor allem alle Erklärungsbegriffe wie Gravitation, Inflation, Gruppe, Seele ..., die alle sehr nützlich sind, um bestimmte Wahrnehmungen zu erklären. Nur sollte man sorglichst darauf achten, daß man diese Wahrnehmungsablösung nicht vergißt und auf die von ihnen bezeichneten Merkmalskomplexe die Gegenstandskategorie anwendet. Die Versuchung zu solcher Vergegenständlichung ist jedenfalls sehr groß. Nicht wenige Menschen meinen, wenn sie über ein Substantiv (oder ein Verb oder ein Adjektiv) verfügen, würde das auch einen Sachverhalt bezeichnen. Sie sprechen dann etwa von »der Liebe«, »der Freiheit«, »dem Spiel«, »der Ursache« wie von realen Sachverhalten.

14. Es gab einmal eine Zeit, in der man ein magisch-religiöses Verhältnis zur Sprache aufbaute. Der Grund des Staunens war die Fähigkeit der Menschen, anwendbare allgemeine Begriffe zu bilden.
Der Ultrarealismus *Platons* und seiner Schule nahm an, daß es reale Ideen gäbe, an denen sowohl die realen Sachverhalte als auch der sie wahrnehmende Mensch teilhabe. So werde es verständlich, daß wir Menschen ein und denselben Begriff

auf eine Vielzahl von Sachverhalten anwenden können, insofern sie alle an ein und derselben Idee als Manifestationen dieser Idee teilhätten. Der Ultrarealismus muß konsequent fordern, daß wir Menschen eine geistige Vorstellung von den Dingen haben, die bei der Wahrnehmung der Sachverhalte, in denen sich die Idee darstellt, aktualisiert (gleichsam wiedererinnert) wird. Gegen den Ultrarealismus spricht, daß die Annahme von realem Allgemeinen (also von Ideen) doch sehr phantastisch ist (hier werden Erklärungsbegriffe mit Gegenstandbegriffen verwechselt, würden wir heute sagen). Andererseits müßten, wären realistische Begriffstheorien brauchbar, im Prinzip alle Menschen dieselben Begriffe haben. Das aber widerspricht der Erfahrung. Die Verwender des Hopi und des SAE verfügen über sehr verschiedene allgemeine Begriffe.

In der Vorstellung einer allgemeinen Vernunft, die, bei allen Menschen gleich, bei gleichen Erscheinungen zu gleichen Begriffen führen müßte, hat sich noch bis ins Heute ein Rest des Ultrarealismus gehalten.

Gegen die phantastische Theorie allgemeiner Ideen setzte der *Platon*-Schüler *Aristoteles* eine begriffsrealistische Theorie, nach der es nicht ein reales Allgemeines außerhalb, sondern innerhalb der Dinge gäbe. Dieses nannte er das »Wesen« der Dinge. Das Wesen sei in allen Dingen, die unter einen allgemeinen Begriff fallen, identisch und zwar (nicht als Ding, so doch als Prinzip von Dingen) real, d. h. auch unabhängig von unserer Erkenntnis existierend. Diese Ansicht wurde mit dem Eindringen der aristotelischen Philosophie ins europäische Mittelalter in der zweiten Hälfte des 13. Jahrhunderts führend. Sie fand in *Thomas von Aquin* ihren stärksten (wennschon auch gelegentlich zweifelnden) Vertreter.

Schon bald setzte sich in der ersten Hälfte des 14. Jahrhunderts eine neue Theorie durch, der Konzeptualismus. Er argumentierte, daß mit dem »Wesen« ein reales Etwas angenommen werde, für dessen Existenz es keine Hinweise gäbe. Es handele sich wieder um den unerlaubten Transfer eines Inhalts eines Erklärungsbegriffes in die Realität. Mit diesem einleuchtenden Argument hätte eigentlich der Begriffsrealismus enden müssen. Er hielt sich aber in den dem *Thomas* verpflichteten theologischen Schulen und wurde sogar gegen Ende des 19. Jahrhunderts mit der allgemeinen Bindung der katholischen Theologie an den Thomismus so etwas wie offizielle katholische Lehre.

Der Konzeptualismus wurde in der ersten Hälfte des 14. Jahrhunderts vor allem von *Petrus Aureoli*, *Durandus de S. Portiano* und *Wilhelm von Ockham* begründet. Diese Theorie nimmt an, daß wir über die Erkenntnis von Ähnlichkeiten zur Bildung allgemeiner Begriffe kommen. Für *Ockham* waren diese Ähnlichkeiten Eigenschaften, die den Dingen an sich zukommen, für *Aureoli* wurden sie erst durch die Erkenntnis gestiftet. Der Konzeptualismus nimmt an, daß die Begriffe geistige Inhalte sind, die durch Worte benannt werden.

Dem modernen Nominalismus ist diese Annahme »geistiger Inhalte« noch einer versteckten Metaphysik verdächtig, die Erklärungen mit Realität verwechselt. Vor allem *L. Wittgenstein* zeigte überzeugend für die prinzipiell nicht hinterfragbare Alltagssprache (jede Sprache, die über sie reflektiert, muß sich notwendig an ihr orientieren), daß die Annahme solcher »geistigen Inhalte« überflüssig ist. Ihre Bedeutung erhalten die Worte nicht durch die Begriffe, die sie bezeichnen oder benennen, sondern durch ihren Gebrauch – und sonst gar nichts. Dieses Begriffskonzept paßt sich nahtlos in die Einsichten der empirischen Linguistik ein. Sie und die moderne Denkpsychologie konnten übrigens empirisch sichern, daß die realistischen Begriffstheorien zu falschen Voraussagen über die Bildung allgemeiner Begriffe kommen. Es gibt also nicht das »Wesen« des Menschen, der Liebe, der

Freiheit, der Gerechtigkeit, und deshalb kann man auch nicht sinnvoll über »den« Menschen, über »die« Liebe, über »die« Freiheit ... sprechen, es sei denn man sei sich bewußt, über etwas zu reden, das es »nicht gibt«.

Ich mache mir im wesentlichen und mit einigen Ausnahmen (etwa in der Theorie der »Gestalten«, die in ziemlicher Unschärfe als »geistige Inhalte« bestimmt werden könnten) die Theorien des modernen Nominalismus zu eigen. Damit ist verbunden die Einsicht, daß die meisten in Europa (im Horizont des SAE) entwickelten Philosophien und Theologien auf einem falschen Verständnis von Sprache beruhen. Die meisten machen sich selbst heute nicht einmal die Mühe, über (ihre) Sprache zu reflektieren. Sie tun so, als ob seit *Aristoteles* das Begriffsproblem endgültig gelöst sei. Das ist nachweislich irrig.

Zwar kennt die sprachanalytische Philosophie gelegentliche Versuche, bezüglich abstrakter Gegenstände eine universalienrealistische Position zu rekonstruieren, doch sind sie für uns von geringem Interesse.

15. Häufig werden in der Sprache Klassennamen mit inhaltlich und nicht nur – wie zulässig – formal interpretierten Kategorien zu neuen Einheiten verbunden. Wir wollen hier von »kategorialen Schemata« sprechen. Diese Schemata sind nicht mehr Namen von Gegenstandsklassen, sondern bezeichnen auf hohem Abstraktionsniveau (sie sind nicht in Wahrnehmungen gegründet, sondern in schon recht abstrakten Gegenstandsklassen) generelle oder spezifische Formen der Gegenstände. Zu den generellen Formen gehören etwa die der Veränderung (wie Bewegung, Vergrößerung, Intensivierung). Hier wird die Kategorie »Gegenstand« mit einer Gegenstandsklasse verbunden. Verbindet man die Kategorie »Beziehung« mit einer Klasse von relationalen Gegenständen, kann man etwa ein Schema konstruieren das »Liebe«

heißt. Entsprechendes kann man für alle Formen menschlichen Verhaltens oder menschlicher Zustände machen (wie etwa Freiheit, Tapferkeit, Gerechtigkeit). Die Namen für Formen (die Schemata) werden jedoch oft wie Namen für Gegenstandsklassen (Begriffe) gehandhabt, obwohl es sich nur um »formale Gegenstände« oder »formale Relationen«, eben um Schemata handelt. So ist »die Liebe« nichts Reales, sondern allenfalls eine spezifische Form, unter der etwas als Wahrgenommenes real sein kann. Werden Erkenntnisformen und Erkenntnisinhalte miteinander verwechselt, entsteht die schon mehrmals beklagte philosophische Verwirrung.

Kategoriale Schemata erlauben es, nahezu völlig von allen Bezügen zur Wahrnehmung (»die Liebe« kann nicht wahrgenommen werden, sondern nur ein Zustand, in dem ich sagen kann »Ich liebe dich!«) und damit auch zur Realität abgelöste Wort- und Denksysteme zu bilden.

Die großen philosophischen Systeme des Idealismus gehören hierher. Sie können sich insoweit rechtfertigen, als sie annehmen, daß die Realität (das, was unabhängig von unserer Wahrnehmung existiert) bedeutungslos, völlig unerkenntlich, nicht zuhanden sei. Real sei vielmehr das, was unser Denken in Welt einbildet. Die Ansicht, daß Sprache Welt schafft, hat in der Leugnung der Erheblichkeit einer realen Welt eine absurde Konsequenz gefunden.

Solche Gedankensysteme, die sich um kategoriale Schemata ranken, ohne deren hohen Abstraktionsgrad zu sehen oder daraus die Folgen zu ziehen, wollen wir Ideologien nennen. Ideologien sind also »falsches Bewußtsein«, weil sie Schemata (also Formen) mit Inhalten möglicher Wahrnehmung verwechseln. Ideologien sind oft darum so gefährlich, weil sie

● sich für Erklärungen der realen Welt halten und sich deshalb leicht mit dem Anspruch allgemeiner Gültigkeit ausstatten,

• zu einer starken emotionalen Besetzung ihrer zentralen Schemata und Begriffe führen, die Erkenntnis ausschließt oder doch selektiert,

• unangreifbar machen, indem sie die (sehr effiziente) Technik verwenden, ein neues Schema (unter der Vorgabe, es handele sich um einen Begriff) einzuführen und über dessen geeignete Definition prinzipiell jeden auch nur denkbaren Einwand, jede auch nur denkbare »Gegenwahrnehmung« erfolgreich aus der Welt zu schaffen oder ins System integrieren zu können,

• oft ein hohes Maß an innerer Geschlossenheit und Einsichtigkeit vermitteln (und dann noch behaupten, was evident sei, sei wahr).

So mag es erklärlich sein, warum viele Millionen Menschen ihr Leben für eine Ideologie opferten und/oder bereit waren, andere um dieser Ideologie willen zu töten. Hohe Evidenz und starke positive Besetzung der eigenen Überzeugung, verbunden mit einer negativen aller anderen Überzeugungen, müssen nahezu zwingend diesen Ausgang haben. Und das alles nur, weil einige oder auch nur ein einzelner Opfer der Sprache wurde, die es ihm erlaubte, kategoriale Schemata als Begriffe zu behandeln. Auch in ihrer Verführung wird die Macht der Sprache deutlich.

16. Ein Mensch lebt meist in verschiedenen Gesellschaften und Verbänden. Jeder Gesellschaft und jedem Verband sind typische Klassenbildungen von Gegenständen und Schemata zuzuordnen. Jede Gesellschaft und jeder Verband hat ein eigenes Repertoire an Themen, die mit den ihnen entsprechenden Klassennamen und Namen für kategorialen Schemata behandelt werden. Menschen werden erst in einer bestimmten Gesellschaft und in einem bestimmten Verband sozialfähig, wenn sie deren Sprachspiele zureichend sicher beherrschen. Vor allem müssen sie gelernt haben, Dinge, die in die-

sem Teil ihrer Lebenswelt erheblich sind, einwandfrei (d. h. verständlich) zu bezeichnen. Das gilt nicht nur für die semantischen, sondern auch für die emotionalen Bedeutungen von Worten.

Die Bedeutung von Worten kann sich nun durchaus ändern. Sie ist alles andere als ein »überzeitliches geistiges Etwas«. Wir haben das schon beim Übergang von einem zum anderen Sprachspiel gesehen. Doch auch innerhalb eines Sprachspiels kann es zu mehr oder weniger schnellen Verschiebungen der semantischen und/oder emotionalen Bedeutungen kommen. Veränderungen des Interesses, der Erwartungen, der Erklärungen, der Erfahrungen führen zu solchen Bedeutungsverschiebungen. Einige Beispiele mögen das erläutern:

(a) Das Wort »Leistungsprinzip« wurde von *K. Marx* aus dem schulischen Bereich in den ökonomischen transportiert. Wie ein Schüler nicht nach Begabung oder Herkunft, sondern ausschließlich nach seiner objektivierbaren Leistung beurteilt werden sollte, so auch die ökonomische Arbeit. Hier sollten der Marktwert der Arbeit, der Nutzen der Arbeit für das Unternehmen, die Ausbildung des Arbeiters, die Funktion im Unternehmen … unberücksichtigt bleiben und allein die Leistung (d. h. das Maß der Erreichung von Zielvorgaben) bei der Zumessung der Entlohnung zählen. *Marx* machte also ein nicht an eine bestimmte ökonomische Verfassung gebundenes Führungs- und Motivationsprinzip zum allgemeinen Entlohnungsprinzip, um so die »Gleichheit« aller im Produktionsprozeß herzustellen. In der bundesdeutschen Nachkriegszeit behielt das Wort zwar seine semantische Bedeutung. Es wechselte aber die emotionale in dem gleichen Maße, wie seine Herkunft vergessen wurde. Sie wurde gar im Verlauf der siebziger Jahre so überwältigend, daß die semantische keine Rolle mehr spielte. Und so kommt es denn dazu, daß Menschen, die sich der marktwirtschaftlichen Ordnung verpflichtet fühlen, für das Leistungsprinzip als basalem Entlohnungsprinzip eintreten – und nicht ahnen, daß sie damit das Marktwert-Nutzwert-Prinzip und so den Arbeitsmarkt sicher zerstören. So kann Sprache Welt verändern.

(b) Das Wort »Waffe« wurde semantisch vom deutschen Gesetzgeber verändert, um das verfassungsmäßige Recht der Versammlungsfreiheit im Interesse einer politischen Richtung einzuschränken, die der antidemokratischen Überzeugung ist, alle Institutionen und Personen verhielten sich in dem Maße demokratisch, wie sie der Exekutive (Regierung …) das Agieren erleichtern. Der Art. 8 GG sichert allen Deutschen das Grundrecht zu, sich friedlich und ohne Waffen zu versammeln. Nun aber stören gelegentlich solche Versammlungen die Handlungsfähigkeit der Exekutive und ihrer Organe (der Polizei etwa). Auch ist nicht auszuschließen, daß einige Personen das Versammlungsrecht mißbrauchen. Um hier den Organen der Exekutive ihr Agieren zu erleichtern, erfand man Begriffe wie »passive Bewaffnung« (darunter versteht »man« etwa das Tragen von Schutzhelmen oder Schilden, um sich gegen die Schläge der Polizei zu schützen, die bekanntlich auch sehr friedliche Demonstranten treffen können). Hier wird die Klasse der Gegenstände, die mit »Waffe« bezeichnet werden können, willkürlich ausgedehnt, um das Grundrecht, sich ohne Waffen versammeln zu können, mit einem semantischen Trick zu unterlaufen.

(c) Das Wort »Nachrüstung« wurde neu eingeführt. Es sollte suggerieren, daß die SU einen Rüstungsvorsprung gegenüber den USA besäßen, den sie niemals in ihrer Geschichte gehabt haben. Unter dem Deckmantel dieses Begriffes konnte in den USA eine verstärkte Rüstungsproduktion beginnen, konnten manche europäischen Mitglieder der NATO dazu gebracht werden, die Stationierung neuer Waffensysteme auf ihrem Territorium zu dulden. Hier kann man sehr deutlich beobachten, wie die Einführung eines neuen Schemas das Denken vieler ideologisch verzerren und ihre Sprache weitgehend verändern kann. Die Worte: »Abschreckung«, »militärisches Gleichgewicht«, »Friedenssicherung«, »Abrüstung« ... erhielten unter dem Anspruch des neuen Schemas neue semantische und emotionale Bedeutungen.

(d) Das Wort »Berufsverbot« insinuiert, daß in der Bundesrepublik Personen mit politisch extremen Überzeugungen von Berufen ausgeschlossen werden, bei denen Staat oder Kirche anstellende Instanzen sind. Das ist zwar der Sache nach richtig, verkennt aber den Tatbestand, daß jeder Arbeitgeber im Rahmen der bestehenden Gesetze sich seine Mitarbeiter auswählen kann. Das Wort »Berufsverbot« insinuiert eine faschistoide Praxis und verändert so Bewußtsein. Nicht zufällig wurde das Wort unübersetzt in mehrere europäische Sprachen übernommen.

Neue Worte (benennen sie nun Gegenstandsklassen oder Schemata) sind also nicht nur Ausdruck eines sich ändernden allgemeinen Bewußtseins, sondern legen auch die Richtung der Änderung fest und verstärken sie. Zwischen gesellschaftlichem Wandel und dem Wandel der Wortbedeutungen besteht offensichtlich ein enger Zusammenhang.

Vor allem Worte, die in den Einflußbereich einer Ideologie geraten, unterliegen oft deutlichen emotionalen und/oder semantischen Bedeutungsveränderungen. So erhielten im Marxismus Worte wie »Kapital«, »Kapitalismus«, »Sozialismus«, »Kommunismus«, »Entfremdung«, »Natur«, »Klasse«, »Solidarität«, »Freundschaft« ... eine neue Bedeutung. So erhielten in Nazideutschland Worte wie: »Kommunismus«, »Jude«, »Imperialismus«, »Krieg«, »Kampf«, »Germanen«, »Vorsehung«, »Treue« ... eine neue Bedeutung.

Ich möchte Ihnen hier einige Texte aus *G. Orwells* »1984« vorlegen, nicht, weil sie eine klassische Antiutopie darstellen, sondern unser heutiges Wissen um die Funktion von Sprache bei der Schaffung sozialer Welten gut wiedergeben.

(a) Die Partei sagte, Ozeanien sei nie mit Eurasien verbündet gewesen. Er, Winston Smith, wußte seinerseits, daß Ozeanien noch nicht länger als vier Jahre mit Eurasien verbündet gewesen war. Aber wo war dies Wissen verankert? Nur in seinem eigenen Bewußtsein, das unausweichlich bald in Staub zerfallen mußte. Und wenn alle anderen die von der Partei verbreitete Lüge glaubten, dann ging die Lüge in die Geschichte ein und wurde Wahrheit. »Wer die Vergangenheit beherrscht«, lautete die Parteiparole, »beherrscht die Zukunft; wer die Gegenwart beherrscht, beherrscht die Vergangenheit ...«

Wirklichkeitskontrolle nannten sie es; in der Neusprache hieß es Zwiedenken. (44)

(b) Syme fuhr dann fort: »Siehst du denn nicht, daß die Neusprache kein anderes Ziel hat, als die Reichweite des Gedankens zu verkürzen? Zum Schluß werden wir Gedankenverbrechen unmöglich gemacht haben, da es keine Worte mehr gibt, in denen man sie ausdrücken könnte. Jeder Begriff, der jemals benötigt werden könnte, wird in einem einzigen Wort ausdrückbar sein, wobei seine Bedeutung streng festgelegt ist und alle seine Nebenbedeutungen ausgetilgt und vergessen sind ... Mit jedem Jahr wird es immer weniger Worte geben, wird die Reichweite des Bewußtseins immer kleiner und kleiner werden.« (64 f.)

(c) Ein mit der Neusprache aufwachsender Mensch würde nicht mehr wissen, daß »gleich« einmal die Nebenbedeutung von »politisch gleichberechtigt« gehabt hat oder daß »frei« einmal »geistig frei« bedeutet hatte, genauso wenig wie ein Mensch, der noch nie etwas vom Schachspiel gehört hat, die darauf bezüglichen Nebenbedeutungen von »Königin« und »Turm« kennen kann. (354)

Die in der Bundesrepublik übliche Diffamierung des politischen Gegners, der mit vom allgemeinen Bewußtsein als negativ empfundenen Worten bezeichnet wird, ist nur ein erster, aber ein erheblicher Schritt des schablonierten Denkens, wie es *Orwell* darstellte.

17. Es gilt hier einen verbreiteten Fehler zu verbessern. Nicht wenige Menschen nehmen an, daß Sprache sich stets lautlich vorstellen muß. Man kann die Namen von Gegenstandsklassen oder von Schemata auch anders darstellen, etwa durch Gesten (Taubstummensprachen) oder durch Schriftzeichen. Die Umweltanregungen von taub Geborenen sind deutlich geringer, weil 1. die akustischen Wahrnehmungen fehlen und 2. in den ersten Lebensjahren keine sprachvermittelte Sozialkoppelung möglich ist, doch reichen die Wahrnehmungen der anderen Sinne in der Regel aus, Sprache auszubilden. Die Deutung von Realität ist jedoch bei taub geborenen Menschen, wenn sie keine Fremddeutungen übernehmen, recht deutlich von der hörender Menschen unterschieden.

18. Neben der Sprache konstituieren auch enaktive und ikonische Komponenten die Bildung von Welt (vgl. dazu: *D. Geulen*, 1977, 185–187). Hier kommt es nicht zur Ausbildung von Begriffen, und die Weltkonstitution geschieht nicht durch Benennung.
Die für die Konstitution von Welt erhebliche enaktive Komponente unserer Wahrnehmung gruppiert Sachverhalte um die sie begleitenden Aktivitäten. In der Wahrnehmung selbst ist also eine einmal verstandene Aktivität enthalten, wie Symbolhandlungen der Liebe, des Hasses, der Gleichgültigkeit (z. B.: Schenken, Verfluchen, Übersehen). Von besonderer enaktiver Bedeutung sind die »illukutionären Sprechhandlungen«, in denen Sprache unmittelbar etwas bewirkt, etwa eine bestimmte soziale Situation. Hierher gehören Sätze, in denen eine Warnung, eine Bitte, ein Befehl, eine Entschuldigung, ein Versprechen ... ausgedrückt wird. Es gilt aber auch hier zu beachten, daß etwa »Verzeihen« kein »geistiger Akt«

ist, sondern ein sprachlicher. Es wird erst verziehen, wenn die Sprechhandlung »Verzeihung« getätigt wird.

Die Fähigkeit, enaktive Akte zu setzen und zu akzeptieren, ja auch nur zu erkennen, ist keineswegs bei allen Menschen gleich ausgebildet. Es ist aber leicht einzusehen, daß die Anschauung von Welt eines Menschen, in dessen Leben etwa illukutionäre Akte eine erhebliche Rolle spielen, anders geartet sein wird als die eines Menschen, der nur zu wenigen illokutionären Akten ein sinnvolles Verhältnis entwickelt. Die Frage, mit welchen inaktiven Aspekten in seiner Wahrnehmung ein Mensch etwas anfangen kann, wird weitgehend in seinen ersten Lebensjahren beantwortet.

Die ikonische Komponente der Wahrnehmung schafft Bilder von allgemeiner Bedeutung. Während sich die meisten Menschen kein konkretes Bild machen, wenn sie das Wort »Rose« verwenden oder hören, sondern erst längere Zeit benötigen, eine konkrete Rose zu imaginieren, so ist das bei »Ikonen« anders. Hier sind Wort und Bild eng miteinander verbunden. Hierher gehören etwa für viele Menschen Worte wie »Mutter« oder »Vater«, bei denen automatisch die eigenen Eltern imaginiert werden. Auch die Menge und die Art der Ikonen eines Menschen definieren das Bild und die Anschauung von Welt weitgehend mit.

19. Nicht alle Menschen sind im Erkenntnisbereich ähnlich begabt. Insofern von der kognitiven Begabung eines Menschen weitgehend seine Weltkonstitution abhängt, seien hier einige wichtige Typen aufgezählt.

(a) Man kann einen eher »imaginativen« von einem eher »konzeptuellen« Erkenntnistyp unterscheiden. Ein imaginativer Mensch neigt eher dazu, einzelnes wahrzunehmen. Oft spielen enaktive und ikonische Komponenten eine wichtige Rolle in seiner sozialen Welt. Es fällt ihm schwer, Gemeinsamkeiten oder Regelmäßigkeiten zu erkennen. Er liebt Anschauliches, Bilder. Der eher konzeptuelle Mensch neigt dazu, schnell zu verallgemeinern. Er erkennt leicht Regel- und Gesetzmäßigkeiten – selbst da, wo diese Erkenntnis trügt. Enaktive und ikonische Komponenten sind in seiner Welt kaum vorhanden oder spielen eine vergleichsweise unerhebliche Rolle. Er liebt Abstraktes, Ideen.

(b) Man kann ferner einen feldabhängigen von einem feldunabhängigen kognitiven Typ unterscheiden. Die Feldunabhängigkeit eines Menschen korreliert signifikant mit (1) analytischem Verhalten in Problemsituationen (im Gegensatz zu »globalen Sichtweisen«), (2) mit logischer Strukturierung von Gedanken (im Gegensatz zur assoziativen Strukturierung), (3) mit einem geringen Bedürfnis nach Unterstützung (im Gegensatz zur Teamverwiesenheit oder Gruppenabhängigkeit), (4) mit geringer sozialer Beeinflußbarkeit (im Gegensatz zur Beeinflußbarkeit durch fremde Meinungen, Überzeugungen, Anerkennungen), (4) mit einem stabileren Selbstbild und wohl definierten Ichgrenzen (im Gegensatz zu einem Selbstbild, das weitgehend von sozialen und emotionalen Situationen abhängt) und (5) mit der Fähigkeit, rationale und emotionale Inhalte in der Wahrnehmung, semantische und emotionale Bedeutungen in der Sprache zu unterscheiden. Der feldabhängige Mensch zeigt bevorzugt die in Klammern genannten Verhaltensmuster.

Auch hier fällt es nicht schwer einzusehen, daß die Weltbilder und Weltanschauungen, also die Welten der Angehörigen beider kognitiven Stile deutlich voneinander unterschieden sind. Diese Differenz macht sich zweifelsfrei auch in der Sprache bemerkbar. Meist ist schon nach wenigen Minuten Sprechens festzustellen, ob ein Mensch vor allem im Imaginativen und Feldabhängigen zu Hause ist. Seine Sprache bildet seine Welt ab.

III.

Sprache als Sinnsystem

1. Wir Menschen produzieren Wissenschaft aus mancherlei Gründen: etwa um Probleme zu lösen, die nach der Versuchs-Irrtums-Methode nicht oder nur zu langsam gelöst werden können, oder aus purer Neugier oder um unserem Intellekt die Möglichkeit zu geben, sich spekulierend der Welt zu bemächtigen. In ihren Ursprüngen suchte Philosophie nach solch spekulativer Weltbewältigung. Dieses Mühen verdichtete sich in einer Wissenschaft, die nahezu 18 Jahrhunderte lang nicht selten das allgemeine Bewußtsein durch Ideologiebildung erheblich bestimmte, die Metaphysik. Ursprünglich bezeichnete der um 70 v. Chr. von *Andronikos von Rhodos* eingeführte Name »Metaphysik« die Schriften des 250 Jahre zuvor verstorbenen *Aristoteles*, die den Werken über die Natur (der Physik) nachgeordnet waren. In diesen inhaltlich und methodisch sehr uneinheitlichen Schriften behandelte *Aristoteles* Themen wie »Über die ersten Gründe und Ursprünge« oder »Über das Seiende als Seiendes«, die locker verbunden waren durch das Bemühen, die begrifflichen Strukturen des Wissens herauszufinden. In der aristotelischen und platonischen Tradition bezeichnete »Metaphysik« die Lehre von den Eigenschaften, die allen Dingen gemeinsam sind. Während man sich in der aristotelischen Tradition zunächst bewußt hielt, daß es sich dabei nur um Erkenntnisstrukturen (wir würden heute sagen: um Kategorien) handelte, setzte die eher platonische Denkrichtung voraus, daß es sich um reale Eigenschaften handele, die dem Ding an sich zukämen. Das Denken des europäischen Mittelalters war weitgehend von der mangelnden Unterscheidung

von Merkmalen, die allen Seiendem als Seiendem zukommen und Merkmalen die allen Seiendem als erkanntem zukommen, bestimmt. Erst *I. Kant* unterschied wieder deutlich und konsequent zwischen beiden Welten, der »Welt an sich« und der »Welt als erkannte«. Er machte deutlich, daß nur die allgemeinen Strukturen der letzteren Gegenstand von Philosophie sein können, weil auch sie nur über Erkanntes handeln kann.

Zwar gibt es Versuche, auf dem von *Kant* grundgelegten Fundament wieder eine Metaphysik zu errichten, doch sind sie alle, wegen erheblicher idealistischer Einschlüsse, ohne praktische Bedeutung. Sie dispensieren sich in der Suche nach »überzeitlichen Wahrheiten« von so wichtigen Fragen, wie sie etwa mit der konkreten Sozialität oder der konkreten Weltlichkeit oder der konkreten Geschichtlichkeit der Menschen und ihrer Gesellschaften gegeben sind, wie die Informationsströme zwischen Menschen und Gesellschaften vermitteln, was denn überhaupt »Gesellschaft« bedeutet ... Der große Nachteil der Metaphysik war ihr weitgehender Mangel an Praxisinteresse. Sie ermöglichte weder eine ausgefaltete praxisrelevante Theorie der Person noch der Gesellschaft. Und so ist es denn verständlich, daß man sich ihrer entledigte. Sie ruht nun in der Rumpelkammer der Geschichte zusammen mit Alchimie oder Astrologie. Das ist insoweit betrüblich, als mit dieser Entrümpelung auch manch Praktisches zum Sperrmüll gelegt wurde, wie etwa die Lehre von den Ursachen, die innerhalb eines Ganzen spielen.

Zwar gibt es eine Vielzahl fruchtbarer Versuche, das berechtigte Anliegen der klassischen Metaphysik mit neuen Methoden, neuen Fragestellungen und neuen Inhalten wieder aufzunehmen, doch sind sie keineswegs unumstritten. Dagegen ist der Versuch, eine neue »Ontologie« (also einer Lehre von den gemeinsamen Merkmalen, Eigenschaften ... aller Gegenstände) mit einer generalisierten Systemtheorie vermutlich fruchtbar zu machen.

2. Schon früh tauchte im europäischen Raum eine Frage auf, die bis heute nur unbefriedigend beantwortet wurde, die Frage, wie sich eines zu vielem, wie sich das Ganze zu seinen Teilen verhalte. Das (aus Elementen zusammengesetzte) Ganze ist eines aus vielem. Verursachen die Teile das Ganze? Macht das Ganze erst, daß irgend etwas zum Teil wird? Und wie geschieht das?

Aristoteles führte am Beispiel des Staates aus, daß er vor seinen Teilen, den einzelnen Menschen, liege (Pol. 1,2; 1253a 19 ff.). Immer wieder taucht in der alten Philosophie die Feststellung auf, daß der Mensch »früher« sei als seine »Teile«: Leib und Seele. Das Problem liegt darin, daß das Ganze Funktionen besitzt, die keinem seiner Teile zukommen. So kann der Staat etwa Kriege führen, nicht aber ein einzelner. So kann ein Mensch handeln, nicht aber sein Leib (der kann sich allenfalls verhalten). So kann ein Mensch mehr als irgendeines seiner Elemente (etwa seine Organe, seine Knochen, seine Glieder ...). Das Ganze besteht also zwar aus Teilen, verfügt aber über Merkmale, Eigenschaften, Funktionen, die weder eines seiner Teile hat, noch durch die Addition der Aktivitäten der Teile erklärt werden können. Woher hat denn das Ganze diese Vermögen?

Die aristotelische Philosophie fand hier Antworten, die nicht vergessen werden sollten. Sie unterschied Ursachen, die von außen auf das Ganze tätig werden, von Ursachen, die die Beziehungen zwischen den Teilen und dem Ganzen und den Teilen regeln. Zu den äußeren Ursachen gehören die Wirk- und die Zielursache. Die Wirkursache ist eine Ursache, die durch ihre Aktivität etwas hervorbringt. Oft geschieht dieses Hervorbringen nach einem Plan, verfolgt es ein Ziel. Dieses Ziel bringt die Wirkursache oft erst zur Aktivität. Es ist in solchen Fällen also auch für das Entstehen eines Sachverhalts von Bedeutung. Wir sprechen deshalb von »Zielursache«. Laufen wirkursächliche Prozesse ohne Zielvorgabe ab, sprechen wir von »Zufall«. Hier sind viele philosophische Streitfragen angelegt, etwa die, ob die biologische Evolution zielorientiert verläuft oder zufallsorientiert.

Für unsere folgenden Überlegungen sind jedoch die inneren Ursachen von größerer Bedeutung. Der Aristotelismus unterschied zwei innere Ursachen: die Materialursache und die Formursache. Die Formursache verursacht durch Formieren, Informieren oder Gestalten. Im 1. Buch seiner Physik bedenkt *Aristoteles*, daß sich alle Veränderung in oder zwischen Gegensätzen vollzieht. Die Gegensätze stehen jedoch nicht unvermittelt einander gegenüber, sondern vermittelt. Wenn ein ungebildeter zu einem gebildeten Menschen wird, dann stehen sich Bildung und Unbildung nicht unvermittelt gegenüber, sondern sie werden vermittelt durch »Mensch«. Allem, das sich verändert, muß also etwas zugrunde liegen, das unverändert bleibt, obschon sich an ihm die Veränderung vollzieht. Dieses nennt *Aristoteles* »Materie« (»Materialursache«; hyle). Die beiden Gegensätze sind die Form (Formursache; morphe), die am Ende des Prozesses steht, und der Zustand der Sache vor ihrer Veränderung (steresis; vgl. Phys. I, 5−8; 138b−191b). Mit seiner Lehre von den inneren Ursachen legte *Aristoteles* die Grundlagen für die theoretische Beherrschung von Veränderungen in aus Elementen zusammengesetzten Dingen, insoweit die Veränderung nicht von außen (wirkursächlich) verursacht wird. Er konnte erklären, wie und warum sich verändernde Dinge mit sich selbst in der Veränderung identisch bleiben.

Als letzter hat wohl *I. Kant* die Bedeutung der inneren Ursachen gewürdigt. Er schreibt: »Zu einem Dinge … wird nun erstlich gefordert, daß die Teile (ihrem Dasein und der Form nach) nur durch ihre Beziehung aufs Ganze möglich sind …

Soll aber ein Ding in sich selbst und seiner inneren Möglichkeit ... eine Beziehung auf Zwecke erhalten ..., so wird zweitens dazu erfordert, daß die Teile desselben sich dadurch zur Einheit eines Ganzen verbinden, daß sie voneinander wechselseitig Ursache und Wirkung ihrer Form sind.« (KU 290 f.) Wir wollen die inneren Ursachen Formal- und Materialursache nennen. Ihre Funktionen will sich an einigen Beispielen erläutern:

(1) Eine Paarbeziehung (d. h. eine Beziehung zwischen zwei Personen als kleinste Form eines Verbandes) ist nicht bestimmbar als Summe von zwei Menschen. Sie bildet ein Ganzes, das mehr ist und mehr kann und anderes tut und anders funktioniert als jedes ihrer Teile. Die beiden Personen bilden nur die Materialursache des Paars. Interaktionen zwischen den beiden Personen bestimmen die Art, die Intensität, den Umfang der Paarbindung: sie verursachen sie informierend – als ihre Formursache. Die beteiligten Personen sind die Wirkursache der Interaktionen (insofern alle Handlungen nur von Personen getätigt werden können). Aber diese Personen selbst verursachen nicht eigentlich die Paarbindung, sie sind nur deren notwendige Bedingung. Die Paarbindung wird vielmehr verursacht von und durch die Interaktionen. Da diese aber nicht selbst handeln, können sie auch nicht wirkursächlich erheblich werden, sondern nur formursächlich.

(2) Die Handlungen einer Person (d. h. einer psychosomatischen Einheit) haben zwar diese als Wirkursache, doch sind solche Handlungen nicht wie andere Weltereignisse beschreibbar. Sie sind in einer besonderen Weise der handelnden Person zuzurechnen. Diese besondere Weise liegt darin begründet, daß die handelnde Person nicht nur als physischer Körper tätig wird, sondern als psychosomatische Einheit. Das bedeutet, daß auch psychische Aspekte in der Handlung zu berücksichtigen (zu »verstehen«) sind. Wir nehmen nun an, daß die Psyche Formursache der Handlung ist, daß psy-

chische Abläufe und Zustände (etwa aus dem Bereich des Erkennens, des Wollens, des Interesses, der Bedürfnisse, der Emotionen) die Handlung informieren und ihr so ihren Sinn geben.

3. Die Rolle der Metaphysik, insofern sie Eigenschaften reflektierte, die allen Dingen zukommen, wurde heute weitgehend von der Systemtheorie übernommen. Alle Sachverhalte unserer Erfahrung sind aus Elementen zusammengesetzte Ganze. Die modernen Systemtheorien differenzieren die Begriffe »das Ganze« und »die Teile« weiter und erlauben der Theorie so präzisere Anwendungsmöglichkeiten (Erklärungen und Prognosen). Eine Definition von System wird die Einsicht der alten Metaphysik berücksichtigen, daß die Elemente, insoweit Elemente, nichts sind als eben Elemente und keine Sachverhalte, die zunächst an sich bestehen, um sich dann als Teile eines Ganzen zu diesem zusammenzuschließen. Mit *N. Luhmann* wollen wir definieren: »Systeme sind umweltoffene, umweltempfindliche, Umwelteindrücke verarbeitende und -kompensierende Leistungseinheiten.« Diese Definition macht deutlich, daß »das Ganze« nur in Hinordnung auf seine Umwelt bestimmt werden kann, mit der es in einem wechselseitigen Verursachungsverhältnis steht. Diesen Gesichtspunkt sah die alte Metaphysik nicht in gleicher Deutlichkeit. Auch die Bestimmung eines Systems als Leistungseinheit entspricht nicht ganz den alten Vorstellungen. Sie ist aber gefordert, wenn die wechselseitige Konstitution System/Umwelt ernstgenommen wird. Die wichtigsten Leistungen des Systems sind:

● Einheitsstiftung durch Grenzziehung gegenüber der Umwelt,

● Selektion von an sich möglichen Beziehungen der Systemelemente untereinander, aber auch der Wechselverursachungen mit der Umwelt,

● Ordnung der selektierten Beziehungen.

In der »aristotelischen Systemtheorie« wäre auch ein »Glas
Wasser«, dessen Formursache »Glas« und dessen Materialursache »Wasser« ist, ein solches System, zu dessen Einheit
Materie und Form ursächlich beitragen. Wir wollen jedoch
hier nicht von »System« sprechen, da nicht alle Systembedin-
gungen erfüllt sind.

4. Mit Systemen begegnen wir einer dritten Kategorie (nach
den Kategorien »Gegenstand« und »Relation«). Es handelt
sich hier um eine Art qualitativer Einheit, insofern die Einheit eines Systems nicht bloß eine quantitative Größe ist,
sondern vorwiegend qualitative Merkmale enthält, wie aus
der Eingangsdefinition ersichtlich. Zu einem System gehören
material zwar eine Vielzahl von Gegenständen, doch ist es
selbst ein Sachverhalt, der nicht als Gegenstand zureichend
erfaßt werden kann, insofern Systemen Außenrelationen wesentlich sind.
Insofern wir Systeme als kategoriale Sachverhalte bestimmen, wäre es falsch, sie als ontologische (soll heißen: als unabhängig von unserer Erkenntnis existierende) zu bestimmen. Der Begriff »System« benennt eine Klasse von Erklärungen über bestimmte aus Vielheiten konstituierte Einheiten. Wegen seiner Universalität dürfte es sich nicht um einen
der üblichen »Erklärungsbegriffe« handeln, sondern um eine
Kategorie, die aller konkreten Erkenntnis und Erklärung
vorausliegt. Daß die Annahme von Realsystemen in der Praxis sehr vernünftig sein kann, ist damit nicht bestritten, sondern beweist die Brauchbarkeit des Begriffs.

5. Im Folgenden sollen wichtige systemtheoretische Thesen
vorgestellt und auf Sprechhandlungen angewendet werden.
Eine Einführung in die Systemtheorie erscheint beim gegenwärtigen Reflexionsstand über die verschiedenen Funktio-

nen der Sprache unverzichtbar. Es ist nicht möglich, zureichend begründet über die verschiedenen Möglichkeiten der Sprache zu handeln, ohne ein gewisses Maß an theoretischer Begründung einzubringen. In einigen wesentlichen Punkten folgen wir hier der Systemtheorie von *N. Luhmann* (1984).

Im Horizont der gegebenen Definition von »System« soll die Bestimmung zunächst für unsere Zwecke verschärft werden. »System« bezeichne eine geordnete Menge von durch stabilisierte operativ verwendbare Differenzen zwischen spezifischen Sachverhalten und deren Umwelten erzeugten Elementen. Diese Definition begründet eine »dialektische Systemtheorie«. Deren Anwendungsfälle sind vermutlich auf Systeme beschränkt, die entweder selbst personal sind (wie Menschen) oder aber Personen als wirkursächliche Produzenten ihrer Elemente haben (wie Kommunikation). »Dialektisch« nennen wir eine Systemtheorie dann, wenn sie Systeme und Systemelemente einspannt in operative Gegensätze (etwa vom Typ »Differenz«), so daß die entgegengesetzten Momente

● nicht ohne einander sein können,

● dennoch aber nicht aufeinander wirkursächlich zurückzuführen sind

● und aus der Spannung zwischen den Gegensätzen Elemente oder Systeme entstehen.

Die hier operativ erhebliche Differenz ist die zwischen Sachverhalten und deren Umwelten. Das Gemeinte sei an einigen Beispielen erläutert:

● Die Differenz zwischen einem Ottomotor und Inhalten seiner Umwelt (Getriebe, Vergaser …) ist operativ verwendbar. Es kann daraus ein Verbrennungsmotor (als Element des Systems »Auto«) entstehen.

● Die Differenz zwischen einem Wort und seiner Umwelt (andere Worte, nicht-sprachliche Gegenstände) kann operativ praktisch werden und zur Bildung eines Satzes (als eines Systems) führen.

● Die Differenz zwischen einem kommunikativen Ereignis und seiner Umwelt (Personen, Interaktionen) kann operativ praktisch werden und zur Bildung eines sozialen Systems (vom Typ »Kommunikationsgemeinschaft«) führen. Wir sprechen hier von Sachverhalten und deren Umwelt. Der Sachverhalt kann jedoch schon unter anderer Rücksicht ein System oder ein Systemelement sein. Ebenso begegnen uns in der Umwelt des Systems andere Systeme oder Elemente von Systemen wie aus den Beispielen deutlich geworden sein mag.

Es sollen hier aber auch Beispiele genannt werden, in denen zwar aus heteromorphen Teilen zusammengesetzte Einheiten vorliegen, nicht aber Systeme:

● So werden Systeme nicht begründet allein durch gleichartige Verhaltensmuster von Personen. Wenn im Intercity Frankfurt-Köln 600 Menschen sitzen, dann haben die meisten von ihnen sehr verschiedene Ziele und Absichten, die sie mit der Reise verbinden. Dennoch sind sie durch Erwartungen (der Zug bringe sie pünktlich und heil ans Ziel), durch gemeinsame Tätigkeiten (Einsteigen und Platznehmen) miteinander verbunden. Sie bilden also eine zusammengesetzte Einheit. Nicht aber konstituieren sie ein System, weil keine operativ verwendbaren Differenzen die Bildung der Elemente verursachen.

● Eine Wissenschaft besteht zwar aus einer Menge von irgendwie aufeinander bezogenen Sätzen. Bestimmt man diese Sätze als Elemente der Wissenschaft, ist nicht einzusehen, welches die operativen Differenzen sein könnten, die diese Elemente verursachen.

Obschon Sprache sehr verschieden systemtheoretisch aufgearbeitet werden kann, beschränken wir uns in diesem Kapitel auf Sprechakte. Sprechakte können aus einem einzigen Wort bestehen (etwa einem Hilferuf, einem »Bitte« ...). Sie können aber auch längere Wort- oder Satzfolgen umfassen. Wichtig ist nur, daß sie als »gegenwärtige Sprechereignisse« verstanden werden können, die keine eigentliche Dauer haben (also keine innere Vergangenheit oder Zukunft), sondern »im Nu« getätigt werden.

Es gilt hier den verbreiteten Irrtum zu vermeiden, daß »Denken« eine Form »inneren Sprechens« sei. Obschon Denken auf Sprache hingeordnet ist, hat es nicht unmittelbar mit Sprache zu tun. Wir haben schon gesagt, woher dieser Irrtum kommen könne. Wenn man mit den realistischen Begriffstheorien Begriffe als »mentale Entitäten« bestimmt, dann wird Sprache ins Denken fast notwendig eingelagert. Daß beide Handlungen nichts Unmittelbares miteinander zu tun haben, ist deutlich erfahrbar, wenn Sie versuchen, einen Ihnen »klaren« Sachverhalt in Worte zu fassen. Die sprachliche Codierung (d. h. die Übersetzung von Gedanken in Worte) ist, mag der Gedanke auch noch so deutlich sein, ein gelegentlich mühseliges Unterfangen. Das gilt vor allem dann, wenn keine Routinen, keine eingefahrenen und oft erprobten Geleise zur Verfügung stehen.

Wenn wir in diesem Kapitel von Sprache als System sprechen, ist der Sprechakt, d. h. der Codierungsakt gemeint. Diese Codierung geschieht in aller Regel weitgehend oder vollständig vorbewußt. Im Sprechakt, selbst, wenn er aus nur wenigen Worten besteht, müssen wir Tausende von semantisch und syntaktisch erheblichen Selektionen vornehmen. Die voll bewußte Produktion eines Sprechaktes (wie sie gelegentlich in der Poesie vorkommen mag) wird sehr lange Zeit in Anspruch nehmen.

Vom Sprechakt zu unterscheiden ist seine Aktualisierung in der konkreten Verbalisierung – also im Aussprechen. Diese Aktualisierung gehört zwar in der Regel zum Sprechakt dazu, ist aber von ihm sorglichst zu unterscheiden. So ist es durchaus möglich, einen organisierten Sprechakt nicht zu aktualisieren. Ich weiß dann zwar genau, was und wie ich etwas sagen will, sage es aber aus gleich welchen Gründen nicht.

6. Ein System bedarf stets einer Umwelt. So ist ein Auto ohne Benzin, Luft, Straße ... kein System, sondern ein Konglomerat von eigentümlich geformten zueinander passenden Teilen. So ist das akustische Resultat eines Sprechakts, ohne daß ihn jemand sprechen oder hören könnte, kein System, sondern eine sinnlose Lautfolge. Ebenso absurd wäre es, Systemen beliebige (und nicht ihnen entsprechende) Umwelten zuzuordnen (etwa einem Auto eine Wolke). System und Umwelt bestimmen also einander weitgehend.

Es gilt also sorglichst zwischen der *Welt* zu unterscheiden, in die ein System eingelagert ist und seiner *Umwelt*. Zur systemischen Umwelt gehören nur solche Sachverhalte, mit denen das System wechselwirken kann. Zu seiner Welt jedoch alles, auch das nicht zur Wechselwirkung fähige. So ist eine Straße für das System »Auto« Umwelt, eine Wolke jedoch reine Welt.

Systeme erhalten sich, indem sie ständig die Grenze zur Umwelt neu erzeugen. Die Grenzziehung ist also nicht ein einmaliges Ereignis, sondern geschieht im Selbstvollzug des Systems ständig neu. Die Grenze dient dem System zur Selbstdefinition, die also – in Entsprechung zur Grenzziehung – immer neu im Systemvollzug geschieht.

Der Sprechakt definiert sich also selbst durch die nur stets im Augenblick gültige Grenze gegenüber seiner sprachlichen (also etwa gegenüber den möglichen Bedeutungen der nicht oder noch nicht realisierten Worte) und seiner unsprachlichen Umwelt (also etwa der sozialen und emotionalen Situation des Sprechers oder des Hörers). Seine Identität erhält er mit, durch und in der Grenzziehung. Ähnliches gilt auch für andere Systeme. So ist etwa ein personales System definiert durch die stets variable und in jedem personalen Vollzug sich ändernde Grenze zwischen Selbst- und Objektrepräsentanzen.

Die Umwelt eines Systems ist eine. Sie erhält ihre Einheit durch das System. Die Umwelt eines personalen Systems ist die Welt. Sie wird erst zu einer durch die Grenzziehung des personalen Systems gegenüber seiner Umwelt. Sie ist aber auch genau eine. Es gibt nicht mehrere Welten, in denen ein Mensch lebt – allenfalls mehrere miteinander unverträgliche Teilwelten. So hat auch der (d. h. immer: dieser) Sprechakt nur seine eigene, ihm typische Umwelt.

Die Umwelt hat keine definierbaren Außengrenzen. Sie kann durch immer neue Sachverhalte ergänzt werden. Insofern sie keine definierten Außengrenzen hat, ist sie weder ein System noch ist sie transzendierbar. Transzendenz bedeutet stets Grenzüberschreitung. Wo aber keine Grenzen sind, können auch keine überschritten werden. So gibt es also für personale Systeme keine Welttranszendenz und für sprachliche keine Transzendenz seiner sprachlichen und nicht-sprachlichen Umwelt. Dagegen verweisen die Grenzen eines Systems stets auf ihr Außen. Doch solche Grenzüberschreitung nennt man gemeinhin nicht »Transzendenz«.

In der Umwelt eines Systems kann es Systeme geben, die mit ihm in spezifischer Weise Beziehungen aufzunehmen vermögen. So kann es zur Bildung von »Übersystemen« (Hypersystemen) kommen. Ein Sprechakt kann auf einen anderen folgen oder einen anderen provozieren (etwa als Frage). So kann ein »kommunikatives System« als sprachliches Hypersystem entstehen. Sind solche Hypersystembildungen ausgeschlossen, kann ein System über ein anderes und dessen Umwelt nicht verfügen. Es kann es allenfalls zerstören und so Raum für eine neue Systembildung schaffen. So wird ein Eingriff einer Gesellschaft in eine andere entweder zur Bildung eines Hypersystems führen oder aber zur Vernichtung des anderen in seiner gegenwärtigen Verfassung.

Ein System kann aber nicht nur durch Fremdsysteme innerhalb seiner Umwelt zerstört werden, sondern auch durch andere Geschehnisse in seiner Umwelt. So kann etwa ein Sprechakt zerstört werden, wenn seiner Realisierung keine entsprechenden Worte zur Verfügung stehen oder wenn sich herausstellt, daß kein potentieller Hörer vorhanden ist.

An allen Aktivitäten des Systems sind System und Umwelt zusammen beteiligt. Sie bilden eine Einheit. Dabei wird das System primär als Formursache, die Umwelt oder einige Umweltteile primär als Materialursache erheblich. Es wäre jedoch falsch, nicht auch die umgekehrte (inverse) Kausalität zu berücksichtigen. Auch die Umwelt informiert das System, das in diesem Fall Materie der Informationskausalität wird. Wir wollen hier von »wechselseitiger innerer Verursachung« sprechen.

Offensichtlich wäre es unangemessen anzunehmen, daß das System oder die Umwelt des Systems wirkursächlich tätig werden, weil so die Einheit von System/Umwelt nicht gewahrt bliebe. Sie wird vielmehr hergestellt durch die wechselseitige Verursachung von System und Systemumwelt, die zureichend adäquat nur durch innere Ursachen beschrieben werden kann. Diese Einheit begrenzt die Wirkursachen, zu denen – abstrakt gesehen – System oder Umwelt für sich genommen fähig wären. So kann etwa ein Sprechakt zusammen mit einem personalen System (als einem Umweltteil) etwas bewirken (etwa in einem Befehl, einer Bitte, einer Frage ...), was weder allein das System noch seine Umwelt bewirken könnten. Auf der anderen Seite beschränkt aber eine konkrete Umwelt die in einer anderen Umwelt an sich möglichen Systemaktivitäten.

7. Systeme enthalten Elemente, die aus der operativen Differenz zwischen Sachverhalten und deren Umwelten hervorgebracht werden, und wenigstens drei Typen von Relationen.

- Die Systemelemente konstituierende Relation zwischen Sachverhalten und deren Umwelten (operative Differenzen sind Beziehungstypen).
- Die Relationen der Elemente untereinander.
- Die Relationen, die das System mit der Umwelt verbinden (etwa nach Art von Valenzen vorstellbar).

Elemente und Beziehungen bestimmen das Maß der Komplexität des Systems. So ist ein Sprachsystem komplexer als ein anderes, das (a) mehr Elemente (Worte, Sätze) besitzt, die (b) durch mehr Relationen etwa zur Umwelt (Berücksichtigung der Umweltkomplexität also etwa der psychischen und sozialen Situation von Sprecher und Hörer) bestimmt werden.

Von »organisierter Komplexität« sprechen wir, wenn die Beziehungen zwischen Elementen nicht mehr beliebig aufgebaut werden können. Organisierte Komplexität verbietet also bestimmte Relationen. Oft bedeutet ein Mehr an organisierter Komplexität ein Weniger an Entropie. Säuger sind als komplexere Systeme organisiert als etwa Würmer. Die physiologischen Funktionen sind stärker spezialisiert, es gibt davon (generisch) mehr, die Zahl der Elemente ist größer. Ein System »Säugerorganismus« ist vom thermodynamisch wahrscheinlichsten Zustand weiter entfernt als das System »Wurmorganismus«. Organisierte Komplexität besagt, daß nicht mehr jedes Element mit jedem zusammengeschlossen werden kann. Höher organisierte Komplexität ist oft höherer Ordnung verwandt.

Organisierte Komplexität bedeutet stets Selektion. Selektion setzt Kontingenz voraus. Es wären im Prinzip auch andere Relationen zu selektieren, obwohl so ein anderes System zustande kommen könnte. Selektion bedeutet also auch immer Risiko, insofern die günstigste Form des Ausschlusses von an sich möglichen Relationen verfehlt werden kann. Systeme werden nur in Ausnahmefällen alle ungünstigen Relationen selektieren. Sie werden also nur zufällig optimal organisiert sein.

Die Sprachkompetenz eines Menschen wird durch die Selektion von Relationen zwischen Worten und Sätzen, die der psychischen und sozialen Situation, in der Kommunikation abläuft, voraussichtlich nicht gerecht werden oder in diesen Situationen etwa psychisch unmöglich sind, zur Sprachperformanz. Die konkrete Performanz ist nur selten optimal. In aller Regel kommt es zu partiellen Fehlanpassungen an die psychische und/oder soziale Situation.

Systeme reduzieren nun Komplexität. Das kann dadurch geschehen, daß sie Komplexität in der genannten Weise »organisieren«. Das kann aber auch geschehen, indem neue Zusammenhänge mit weniger Relationen erzeugt werden. In beiden Fällen kommt es im allgemeinen zur Ausbildung von Strukturen.

»Strukturen« bezeichnet feste Muster, nach denen sich Systeme organisieren und reproduzieren. Die Struktur eines Sprechaktes ist bestimmt durch Syntax und Semantik. Gelegentlich verwechselt man Strukturen mit Systemen. So gibt es gelegentlich Darstellungen, nach denen ein »Sprachsystem« durch syntaktische Regeln und semantische Bedeutungen definiert wird. Es handelt sich dabei jedoch nicht um ein Sprachsystem, sondern um die Strukturen eines Sprachsystems, die ihrerseits systemtheoretisch beschrieben werden können. Das so bestimmte System ist jedoch das einer Syntax/Semantik einer Sprache.

Die Strukturen geben dem Sprachsystem so etwas wie überzeitliche Form. Sie sind aber in jedem Fall behilflich, die Komplexität sinnvoll zu reduzieren, indem sie bestimmte Verbindungen von Elementen verbieten (so ist etwa der durch die Wortfolge »Cäsar war eine Primzahl« bestimmte Sprechakt strukturell verboten).

Die Umwelt eines Systems ist stets komplexer als das System

selbst, denn einer der Gründe jeder Systembildung ist die vorteilhafte Minderung der Komplexität innerhalb eines Systems. Auf der anderen Seite muß dieser Vorteil der größeren Einfachheit und der Bildung einer stabilen Einheit mit einigen Nachteilen erkauft werden. So kann ein System auf manche Weltereignisse nicht spezifisch, sondern nur unspezifisch oder gar nicht reagieren, selbst wenn eine spezifische Reaktion für den Systemerhalt oder die Systemstabilität wünschenswert wäre. So kann ein Sprachsystem nicht adäquat auf Emotionen (Liebe, Haß, Hoffnung, Angst ...) des Sprechers reagieren, weil sie sich seinem Instrumentar entziehen. Sprache greift stets zu kurz. Emotionen sind in wesentlichen Anteilen sprachtranszendent, gehören also nicht zu seiner Umwelt.

Wegen des Komplexitätsgefälles zwischen Umwelt und System kann ein System sich auch nicht seine Umwelt beliebig einrichten. Umwelt bedeutet für jedes System auch Schicksal und Gefährdung.

Die Komplexitätsunterlegenheit des Systems wird vom System durch Selektion ausgeglichen. Bestimmte Umweltbegegnungen werden vermieden, andere werden gesucht, je nachdem ob eine für ein bestimmtes Umweltereignis spezifische, das System nicht überfordende Reaktion möglich ist oder nicht.

Die Minderung der Komplexität innerhalb eines Systems besorgt zugleich ein Informationsdefizit, das es dem System unmöglich macht, sich selbst oder seine Umwelt vollständig zu beschreiben. Die Reflexion auf ein System ist also niemals innerhalb des Systems möglich. Es muß dazu ein Hypersystem aufgebaut werden, das das zu beschreibende als Teilsystem besitzt. Reflexion eines Systems über sich selbst (»Autoreflexion«) ist also ein Widerspruch (contradictio in terminis). Systeme können also ihre eigene Komplexität (und damit sich selbst) nicht erfassen, sondern allenfalls problemati-

sieren. So kann ein Sprechakt nicht über sich selbst reflektieren. Um über ihn zu reflektieren, muß er in andere Sprechakte (als Hypersystem) eingebunden werden. Ein Satz kann
nicht sinnvoll über sich selbst reflektieren, dazu bedarf es
weiterer Sätze. Die Möglichkeit zur Reflexion über ein System ist also nicht eine Systemeigenschaft, sondern ist begründet in der Umwelt des Systems, die allerdings mit dem
System in wechselseitiger innerer Kausalität verbunden ist.

8. Ob etwas Element eines Systems ist, wird durch das System selbst bestimmt. (So hatte schon die scholastische Philosophie das Ganze bestimmen lassen, was eines seiner Teile
war, denn Teile erhalten, insofern Teile, ihre Bestimmung
erst vom Ganzen her.) Entsprechendes gilt auch für Systeme.
Elemente bestehen also nicht für sich. Ihre Einheit ist innerhalb des Systems nicht ontologisch, sondern funktional in
Hinsicht auf das System zu bestimmen. Eine ontologische
Bestimmung eines Elements ist nur aus dem Systemaußen
(der Umwelt) möglich. So ist eine Person innerhalb eines
Verbandes als dessen Element nicht als ontologische Einheit,
sondern gleichsam als Knotenpunkt innerhalb des Bezie-
hungsgesamts eines Verbandes zu interpretieren. Stellt man
sich aber ins Systemaußen ist eine ontologische Bestimmung
von Person – etwa im Rahmen einer psychologischen Theorie – möglich, wennschon auch wenig wahrscheinlich, da das
allgemeine Bewußtsein eine funktionale Interpretation heute
eher nahelegt.
Insofern ein System die Einheit seiner Elemente als auch die
der Relationen, die zwischen den Elementen zugelassen werden, selbst bestimmt, kann man von einer Autopoiesis des
Systems (der Schaffung des Systems durch sich selbst) sprechen (Luhmann, 1984, 43).
In der Autopoiesis kann sich das System an veränderte In-
und Umweltsituationen anpassen. Diese Anpassung ge-

schiet unter Berücksichtigung der Inhalte und der Formen von Umwelt und der eigenen Komplexität und Strukturen. Verbunden ist mit der Anpassung eine Veränderung der Systemkomplexität und mittelbar also auch der Umwelt. Es dürfte nicht leicht möglich sein, die Evolutionslinie, die durch die Anpassungen markiert ist, teleologisch (d. h. als auf ein bestimmtes Ziel hin gerichtet) zu deuten. Das einzige Ziel der Evolution eines Systems ist seine optimalere Anpassung an veränderte In- oder Umwelten, nicht aber das Erreichen eines bestimmten idealen Zustandes. So kann das System »Familie« sich an veränderte Inwelt- oder Umweltbedingungen anpassen (etwa an die ausbrechende Pubertät eines Mitglieds oder an eine Inflation in der ökonomischen Umwelt), doch wird diese Anpassung optimal bei verschiedenen Familien sehr verschieden verlaufen. Die Veränderung der in der Familie ablaufenden Interaktionen hat nur ein Ziel: die Stabilisierung des Systems »Familie«.

Welcher Typ von Relationen innerhalb eines Systems bevorzugt aktualisiert oder welcher Typ selektiert wird, ergibt sich neben der Differenz System/Umwelt vor allem aus den Bedingungen der Bewährung im Verlauf von Anpassungsprozessen (Selbst- und Umweltanpassung).

Die Systemevolution geschieht bevorzugt, wenn es zur Ausbildung von Teilsystemen gekommen ist. So wird gesellschaftlicher Wandel oft eingeleitet durch die Ausbildung von Teilsystemen (Randgruppen, Subkulturen). Das System bildet dann so etwas wie die »innere Umwelt« der Teilsysteme. Hier können über die Formen wechselseitiger innerer Kausalität die Teilsysteme ihre inneren Umwelten verändern und damit das System. So können etwa terroristische Gruppen ihre innere Umwelt so verändern, daß das System in seinen Reaktionen auf die Gruppen faschistisch wird.

9. Zwar kann man nicht sinnvoll von Selbstreflexion der Sy-

steme sprechen, wohl aber gibt es Systeme, die zur Selbstreferenz fähig sind.

»Selbstreferenz« bezeichnet die Eigenschaft eines Ganzen (eines Prozesses, eines Systems, eines Elements), sich auf sich selbst beziehen zu können. In dieser Selbstreferenz geschieht im allgemeinen die Autopoiesis.

Die Selbstreferenz ist nicht paradox, wenn bei identischem Materialobjekt eine Aufspaltung in zwei Formalobjekte möglich ist. Paradox ist die Selbstreferenz des Satzes: »Dieser Satz ist falsch«, da er keine Unterscheidung in zwei Formalobjekte zuläßt. Nicht-paradox dagegen ist etwa die Selbstreferenz des Selbstbewußtseins. Zwar ist sein Materialobjekt das »Selbst«, aber dieses kann zugleich, wenn auch nicht unter der gleichen Rücksicht, Subjekt und Objekt sein. Das Selbstbewußtsein kann sich also selbst zum Objekt haben. Der Satz: »Ich bin mir meiner bewußt« ist also nicht paradox, obschon »ich« und »meiner« auf den gleichen Gegenstand verweisen, doch einmal ist er formales Subjekt (»ich«) und einmal formales Objekt (»meiner«). Gelegentlich sind sprachliche (logische) Paradoxa auch aufzulösen, indem man zwischen objektsprachlicher und metasprachlicher Aussage unterscheidet. So ist die Aussage: »Ich lüge« als metasprachliche Aussage (d. h. als Aussage über eine andere Aussage) nicht paradox, wohl aber als Aussage über sich selbst. »Selbstreferenz« meint aber »Selbstbezug«. Sie spielt also auf genau einer sprachlichen Ebene. Die Interpretation des »Ich lüge« als Metaaussage: »In der Aussage ›Ich lüge‹ habe ich gelogen, also ist sie falsch, und ich habe mit ihr die Unwahrheit gesagt« hilft hier nicht weiter. Sie bleibt paradox.

»Selbstreferenz« meint aber auch die Möglichkeit, in der Bezugnahme auf sich selbst Elemente und elementare Operationen hervorzubringen.

Was bedeutet nun aber »Selbstreferenz« bezogen auf einen Sprechakt? Sie bezeichnet die Erfahrung, daß in seiner Organisation der Sprechakt sich auf sich selbst bezieht. Soll etwa der Sprechakt »Diese Rose ist schön« gebildet werden, dann entsteht zunächst einmal das Teilsystem »Rose« und seine (hier vor allem interessierende sprachliche) Umwelt. Dazu gehören alle Namen, die semantisch und syntaktisch mit »Rose« verträglich sind (etwa »rot«, »großblütig«, »schön«). Auf Grund einer kognitiven Vergewisserung in der nicht-sprachlichen Umwelt scheint der Name »schön« besonders adäquat zu sein. Er bildet unter dem Einfluß des ersten ein zweites Teilsystem. Im System »Sprechakt« werden die beiden Teilsysteme miteinander verbunden (sprachlich darge-stellt durch das »ist«). Die Teilsysteme werden dabei zu Ele-menten des Systems. Während des gesamten Aufbaus des Sprachsystems hat dieses sich auf sich selbst beziehen müs-sen, um es in Worte zu übersetzen, die nach den Regeln der Semantik und Syntax miteinander verträglich sind, so daß eine semantisch und syntaktisch stimmige Einheit entstand. Die von *L. Tesniere* begründete Dependenzgrammatik, die neben der generativen Grammatik die bedeutendste moderne Grammatiktheorie entwickelt, machte es sich zur Aufgabe, die hinter der linearen Erscheinungsform der Sätze verborge-nen strukturellen Beziehungen zwischen den Worten darzu-stellen. Die innere Architektur eines Satzes wird zumeist als Baumdiagramm (Stemma, Stammbaum) abgebildet. Als Kernpunkt des Satzes wird oft das Prädikat angenommen, von dem alle anderen Satzelemente abhängen. Ein Beispiel mag das Gemeinte verdeutlichen. Es sei gegeben die lineare Redekette: »Romeo schenkt seiner Julia eine schöne Rose.« Die innere Struktur des Satzes wäre dann etwa so darzustel-len:

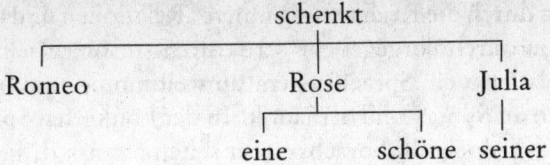

Es können aber auch Prädikat und Subjekt als gleichberechtigte Kerne des Satzes behandelt werden. Die innere Struktur sähe dann so aus:

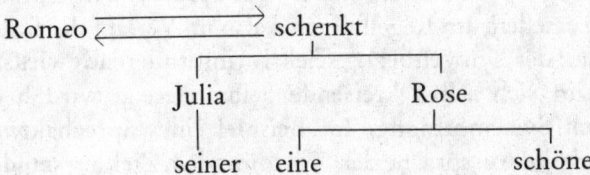

Der Nachteil der Dependenzgrammatik, daß in ihrer Darstellungsweise die sprachlichen Elemente in beliebiger Reihenfolge auftreten, wurde durch das Konstituentienstrukturmodell weitgehend behoben. Es setzt Subjekt (Nominalphrase) und Prädikat (Verbalphrase) gleichberechtigt nebeneinander.

Den modernen Grammatiktheorien liegt meist die Einsicht zugrunde, daß zwar der Sprechakt »im Nu« aufgebaut wird, die Worte aber einander zeitlich folgen. Die zeitliche Folge in der sprachlichen Oberflächenstruktur ist nicht identisch mit der logischen Folge der Organisation der Satzelemente zueinander. In der logischen Phase der Bildung eines Sprechaktes muß dieser Akt sich ständig auf sich selbst beziehen, um einen »sinnvollen Satz« zu produzieren. In diesem und durch diesen Selbstbezug entsteht das sprachliche System.

Insofern selbstreferent, also auf sich selbst bezogen, sind Systeme geschlossen. Die Stabilisierung und Definition des Systems wird nicht durch die Grenze zur Umwelt gesichert, sondern durch die Realisierung innerer Relationen und deren Selektion durch vorgegebene Strukturen. Insofern selbstreferent, ist also ein Sprachsystem umweltimmun und orientiert sich an Syntax und Semantik. In der konkreten Sprechpraxis ist jedoch ein Sprachsystem selten streng (d. h. ausschließlich) selbstreferent. Es bezieht sich vielmehr auch auf seine Umwelt. Dieser Bezug wird realisiert, wenn aus der Menge der sematisch und syntaktisch erlaubten Worte und Wortbindungsregeln einige selektiert werden, um Umwelt (dazu gehört auch die Inwelt des Sprechenden) sprachlich darzustellen. Im Regelfall wird also im Verlauf der Selbstreferenz der Umweltbezug selektiv (informierend) wirksam.

Die in sich selbst kreisende Selbstreferenz wird beendet durch Systemöffnung. Im Beispiel eines Sprechaktes also durch die Aussprache der Worte mit dem Ziel, verstanden zu werden. Wirk- und zielursächliche Kausalität stellt Verbindung mit der Umwelt her. Das System hat sich nicht mehr selbst zum Objekt, sondern es wird zum Objekt.

Im Vollzug der Selbstreferenz verändern sich sowohl das beziehende Subjekt und das zum Objekt gewordene bezogene Subjekt. Die Aufspaltung des Systems in formales Subjekt und formales Objekt (bei Bewahrung der materialen Einheit und Identität) ist operativ-produktiv. Wie schon erwähnt, kommt es dabei zur Autopoiesis (Selbstschöpfung) des Systems als dieses. Die vorgegebenen Sachverhalte (Bedeutungen, syntaktische Regeln, aber auch kognitive Inhalte und psychische und soziale Gegebenheiten) führen zu einer Neubestimmung von Elementen und Relationen durch das System. Insofern autopoietische Systeme mit ihrer Umwelt in doppelter innerer Kausalität verbunden sind, sind sie auch autodynamisch. Die Definition der Grenzen und die Migration von Kausalität von innen nach außen und umgekehrt wird von der Umweltsituation weitgehend bestimmt.

10. Ein Sprachsystem habe Sinn, wenn es eine Anschlußaktivität zuläßt, die in seinem Erwartungshorizont liegt. »Erwartungshorizonte« spielen stets im sozialen Feld. Die Nachfolgehandlung, die auf einen Sprechakt folgt, muß also im Erwartungshorizont des Sprechenden liegen. Im Regelfall muß sie schon die autopoietische Selbstreferenz mitbestimmen.

Sie gibt das Motiv her, sich auf Strukturen zu beziehen. In der Produktion des Sprechaktes wird jedoch in jedem Fall der Sprecher die wirkursächliche Kausalität vom Ziel erwarteter Anschlußhandlungen des Hörers her bestimmen. Doch auch der Hörer setzt voraus, daß eben dieses beim Sprecher abläuft, daß er sich also (ihm) verständlich machen oder doch in seinem Erwartungshorizont liegende Reaktionen auf seinen Sprechakt evozieren will.

Sinn ist also nichts an sich, sondern die Eigenschaft eines Systems, anschlußfähig zu sein. Sinn muß also stets in der Autopoiesis des Systems selbst produziert werden. Das geschieht durch die Selektion von geeigneten Bedeutungen und syntaktischen Regeln. Die Voraussetzung von Sinn ist also das Bestehen eines Überschusses an Möglichkeiten. Ja, Sinn verweist grundsätzlich auch auf andere Möglichkeiten, selbst auf die Möglichkeit des Unsinns, der Anschlußunfähigkeit des Sprechaktes. Das bedeutet aber, daß die notwendige Voraussetzung für Sinn die Kontingenz des Systems ist. (»Kontingenz« bezeichnet die Eigenschaft von Sachverhalten, Kategorien, kategorialen Schemata ... einerseits möglich und andererseits nicht notwendig zu sein.) Kontingenz ermöglicht eine Zielorientierung und eine auf diese Orientierung folgende Selektion (aus dem Bereich der alternativen Möglichkeiten). Selektionen aber können stets unteroptimal ausgehen oder auch ganz mißlingen. So ist die Chance des Sinns nur zu haben über die realistische Möglichkeit des Unsinns.

Der Sinnanspruch des Systems hat auch Folgen für dessen

Umwelt. Nur solche Umweltimpulse werden verarbeitet, auf die eine sinnvolle Reaktion möglich ist. Vom Sinn des Systems erhält die Umwelt Sinn. Es wird alles aus ihr ausgeschlossen, das nicht sinnvoll im System verarbeitet werden könnte. Umwelt ist also nur insofern erheblich, als sie dem System verfügbar ist. Unverfügbare Umwelt gefährdet das System. Sie wird deshalb an Welt abgegeben. Die Grenzen zwischen Welt (der unverfügbaren und der dem System fremden) verändern sich jedoch ständig, indem mit jeder Änderung des Systems auch die Umwelt aus der Menge »Welt« neue Elemente beziehen kann (es handelt sich dann um ein »offenes System«). Andererseits können auch ehemalige Umweltereignisse umwelttranszendent werden (d. h. aus der Umwelt ausgeschlossen, vom System nicht mehr erreicht werden). In jedem Fall wird jedoch das System versuchen, die Umwelt solange wie möglich mit Sinn auszustatten. Wie intensiv diese Zwänge der Sinnbegabung von Umwelt sind, wurde schon behandelt. Unser Erkenntnisvermögen weigert sich, Sachverhalte wahrzunehmen, die unsinnig sind.

Umwelt ist nur das, was vom System und seinen Aktivitäten erreicht werden kann. Es gibt sicherlich psychische und soziale, physikalische und biologische ... Sachverhalte, die von Sprachsystemen nicht erreicht werden können. Sie sind zwar nicht »an sich« sinnlos, wohl aber für das System. Hier wären etwa zu nennen: Emotionen, soziale Spannungen, die Struktur der Materie ...

Der Sinnanspruch, der in die Systemverursachung eingeht, möchte bestimmte Anschlußhandlungen nahelegen und andere unwahrscheinlich machen oder gar ausschließen. Sinn bedeutet also auch immer die Intention, anschlußfähig zu bleiben. Der Verzicht auf Anschlußfähigkeit ist identisch mit der Entscheidung für Sinnlosigkeit.

Insofern Sinn Erwartungen nicht nur an das System, sondern auch an die Umwelt beinhaltet, übergreift er die Differenz von System und Umwelt. Er ist die Klammer, die beide aneinander bindet, die Brücke, über die der wechselseitige Transfer von Information stattfindet.

Sinnlos sind nur solche Sprechakte, die nicht zu Anschlußhandlungen führen, die im Erwartungshorizont des Sprechers liegen. Es gibt jedoch Sprechakte, deren Sinn nicht das decken kann, was sie meinen. Sie sind zwar voller Sinn, aber nicht sinnvoll, nicht anschlußfähig. Hierher gehören etwa Aussagen über religiöse Erfahrungen oder Aussagen über Emotionen, aber auch »Aussagen der Kunst«, die Sinn haben können, ohne daß Anschlußhandlungen (außer Schweigen) möglich sind. Sprachtranszendenz hat oftmals Sinn, ohne sprachlich sinnvoll sein zu können.

11. »Information« bezeichnet einen Transfer von Daten vom Geber zum Empfänger, der einen Zustand der »Uninformiertheit« des Empfängers mindert oder behebt. Das Maß der Information ist die Größe der im Datentransfer behobenen Ungewißheit. So ist die Speisekarte eines guten Restaurants informativer als die einer Werkskantine, da sie mehr Überraschungen bereithält. Information wird möglich, wenn Sinnzustände (also die Erwartungen möglicher Anschlüsse) ausgewählt werden. Diese Selektion geschieht zum einen über die Strukturen eines Systems. Zum anderen aber auch durch die Erwartungen von System und Umwelt. Informationen aktualisieren also den Strukturgebrauch und die Erwartungen von System und Umwelt. Dieses geschieht über wechselseitige innere Ursachen. Die Information informiert primär Strukturen und Erwartungen, sekundär aber wird sie auch von diesen gestaltet (informiert).

Information (als Formursache) kommt immer dann zustande, wenn ein selektierendes Ereignis im System auftritt. Sie führt zu einer Auswahl unter den an sich möglichen Systemzuständen. Die Selektion kann erfolgen im selbstreferentiellen Prozeß, in einem Prozeß der Anpassung an systemimmanente Gegebenheiten (wie Strukturen, Komplexität, dominante Relationen …) oder an Ereignisse, die von der Umwelt ins System hinein verursachend erheblich werden. Andererseits verändert jede nicht vom System produzierte Information, insofern sie vom System aufgenommen werden kann (also etwa aus seiner Umwelt kommt), den Systemzustand.

Eine Gruppe (als soziales System) kann durch die Art der in ihr ablaufenden Interaktionen (z. B Streit) Informationen an ihre Umwelt liefern. Sie muß aber auch Informationen, die aus der Umwelt kommen (etwa die Nachricht, daß eine Nachbargruppe bestehende Konflikte mit ihr austragen will) verarbeiten. In solcher Verarbeitung ändern sich die Interaktionen in der Gruppe und damit der Gruppenzustand.

Insofern ein System in der Lage ist, Informationen zu verarbeiten, erweitern sich seine Möglichkeiten in wenigstens zwei Richtungen: (1) Auch an sich Nicht-Vorhandenes kann, weil möglicher Gegenstand von Information, ursächlich erheblich werden. So kann die Information über das Fehlen eines Sachverhalts die Systemorganisation erheblich beeinflussen. Nimmt der Sprechende in der Produktion eines Sprechaktes wahr, daß der andere sich nicht für seine Mitteilung interessieren wird, kommt es zu Ausbildung eines anders gearteten Sprechaktes oder aber zum Fortfall der sprachlichen Realisation des Aktes. (2) Können auch Strukturen als Quellen innerer Information Wirkungen haben, insofern Abweichungen (Differenzen) von den Strukturvorgaben wahrgenommen werden können. Die Information überlistete also die Ohnmacht des Nichts, des Fehlens von etwas, indem sie sie zu ihrem Gegenstand und damit zu einem informationellem Etwas machen kann. Zum andern kann sie Nicht-Ereignisse (wie etwa Strukturen) zu informationellen Ereignissen wandeln und so ursächlich erheblich machen. Insofern Systeme zur Wandlung von Nicht-Ereignissen in informationelle Ereignisse fähig sind, können sie aus eigener Macht sich selbst Kausalität (an erster Stelle formursächlicher, dann aber auch wirkursächlicher Art) beschaffen und sich damit von Impulsen aus der Umwelt weitgehend abkoppeln. Das ist vor allem dann wichtig, wenn die Umwelt unverarbeitbare oder zu wenig Impulse an das System gibt. Ein Sprechakt (als Sprachsystem) kann also in sich selbst Ursachen für seine Nachfolger schaffen, selbst, wenn Impulse aus der Umwelt ausbleiben. Es entsteht ein Sprachsystem, das aus mehreren Sätzen besteht. Wir sprechen dann meist von einer »assoziativen Kettung« der Sätze. In der Produktion des einen wird Kausalität für die des anderen bereitgestellt, ohne daß die Satzfolge von der Umwelt nahegelegt würde. Der Informationstransfer von einem Satz zum anderen ist vermutlich eine Voraussetzung für das »Sprechdenken«, bei dem während der Aktualisierung des einen Sprechaktes der andere organisiert wird – und das nicht selten so, daß beide eine systemische Einheit bilden.

Die Information aus der Umwelt, die über das »Ankommen« eines verbalisierten Sprechaktes berichtet, erlaubt einem System, die Möglichkeit seiner Wirkung zu speichern. Das aber ist die Bedingung für die Ausbildung von Strukturen. Ereignisse (der Inhalt von Information) sind einmalig und also unwiederholbar. Eine Information, die wiederholt wird, ist keine mehr. Wenn ich zum zweiten Mal an einem Tag über den Sieg von Bayern München über die Frankfurter Eintracht am letzten Samstag höre, geschieht beim zweiten Mal keine Information, weil das Maß der Information gleich Null ist. Es wird keine Ungewißheit behoben.

Informationen hinterlassen jedoch ihre Spuren und gehen somit nicht verloren. Sie verändern ursächlich den Systemzustand. Das System reagiert auf sie mit der selektiven Aktivierung von inneren und äußeren Relationen. Informationen von hohem Informationswert können, vor allem wenn sie aus einem ähnlichen Gebiet kommen, zur Veränderung von Strukturen führen. So kann etwa ein wiederholtes Mißverständnis dazu führen, daß die semantische Bedeutung eines Wortes geändert wird. Verwendet etwa ein Sprecher das Wort »Kommunismus« (an sich zutreffend) zur Kennzeichnung einer bestimmten Art von Eigentumsverteilung, die er unter bestimmten ökonomischen und politischen Bedingungen für sinnvoll hält, wird er in den USA oder der Bundesrepublik oder dem Vatikan auf völliges Unverständnis stoßen, weil in diesen Staaten, im Bemühen der Selbstdefinition der politischen Systeme, »Kommunismus« eine ideologische Bedeutung erhalten hat und weitgehend einfach für »feindliche Ideologie« steht.

Das Verhältnis von Information zur Systemkomplexität ist nicht eindeutig. Wird durch die Information erst ein bislang nicht vorhandenes Möglichkeitsschema geschaffen (etwa daß »Kommunismus« kein Muster der Verteilung von Eigentum bezeichnet, sondern den universellen Typus einer feindlichen und systemwidrigen Ideologie), wird sicherlich psychische Komplexität vermehrt, wenigstens so lange, bis sich die bisherige Bedeutungsbegabung an die allgemeine angepaßt hat. Widerspricht die Information erheblich den Erwartungen, wird allenfalls zunächst, bis zur Änderung der Erwartungshaltung, die psychische Komplexität vermehrt. Die Information, daß eine politische Partei keine Spenden von der Großindustrie angenommen habe, ist so unwahrscheinlich, daß sie zunächst Verwirrung, zumindest aber ungläubiges Erstaunen auslösen wird. Das aber sind Signale, die anzeigen, daß die Komplexität des psychischen Systems eines Menschen zugenommen hat. In aller Regel versucht dieses System aus Gründen der »Einfachheit des Lebens« (oft als »psychisches Trägheitsprinzip« bezeichnet), die vermehrte Komplexität abzubauen, indem es seine Erwartungen an die allgemeinen Überzeugungen anpaßt.

Es kann aber auch mit der Information eine Minderung der psychischen Komplexität verbunden sein. Werden durch die Information keine neuen Relationen oder gar Elemente verursacht, wird auch die geltende Struktur nicht in Frage gestellt, dann reduziert sie oft psychische Komplexität, insofern sie aus mehreren vorhandenen und bereitgestellten Möglichkeiten eine festmacht und die anderen ausschließt. So kann die Information des Bayern-Sieges Komplexität mindern, weil sie die vorher bereitgestellte Möglichkeit eines Verlierens oder eines Unentschiedens ausschließt.

Die weitaus meisten Menschen versuchen sich von Informationen fernzuhalten, die die Komplexität des psychischen Systems erhöhen. So lesen sie etwa nur jene Zeitungen, die ihrer eigenen Vorurteilsstruktur entsprechen und somit im allgemeinen nur Informationen bringen, die Komplexität mindern, psychisch also entlasten, Spannung abbauen.

Was aber hat die Zunahme der Komplexität des psychischen Systems (das ja für ein sprachliches System Umwelt ist), mit der Systemkomplexität der Sprache zu tun? Der autopoietische Prozeß, der sich an einer der möglichen Vielheiten, der von der sprachlichen Umwelt eines Systemelements erlaubten Anschlüsse orientiert, wird im konkreten Vollzug durch Rückbindung an die Umwelt von einer oft offenen Menge möglicher Anschlüsse nur noch einige wenige verwenden können. Auch hier hat sich also Komplexität (oft drastisch) durch die Information aus der Umwelt über formursächliche Prozesse gemindert.

12. Das System »Sprechakt« (oder allgemein »Sprache«) wird aus instabilen Elementen gebildet, die für sich keine Dauer haben. Sie vergehen im Entstehen. Das Sprachsystem verdankt seine Stabilität nicht seinen Elementen, sondern der Wechselwirkung zwischen sprachlichem und psychischem System. Eine Sprechhandlung verändert die Strukturen des

psychischen Systems der Person, die den Sprechakt wirkursächlich hervorbrachte. Insofern das System »Sprache« aus seinen Elementen besteht und auch durch seine Umwelt nicht zur Dauer angehalten wird, unterliegt es also stets dem sofortigen Zerfall und muß sich selbst stets wieder neu autopoietisch hervorbringen. Es handelt sich dann jedoch nicht um dasselbe, sondern um ein neues, ein anderes System. Daß die Folgen der Sprache in personalen und sozialen Systemen erheblich und lang dauernd sein können, wurde schon im ersten Kapitel deutlich gemacht. Jedes Element eines sprachlichen Systems ist also bestimmt in seiner Kausalität. Es ist aber unbestimmt in bezug auf seinen sprachimmanenten Anschlußwert (d. h. es determiniert nicht die logisch folgenden Worte), noch durch die in ihm liegenden Erwartungen auf Anschlußhandlungen der Umwelt. Erwartungen als auch tatsächliche Anschlüsse sind recht kontingent. Ein so labiles System wie das der Sprache, muß, um sich einigermaßen zu stabilisieren, stets aus der sprachlichen wie unsprachlichen Umwelt Informationen entnehmen und sich an ihnen aktiv oder reaktiv orientieren. Diese Orientierung erzeugt eine zureichende Stabilität, um die Funktion des Systems zu realisieren und Anschlußzustände sinnvoll zu berücksichtigen. Sprachsysteme sind also außerordentlich empfindlich gegenüber Umwelteinflüssen – in genau dem Maße, als sie auf sie angewiesen sind.

IV.

Sprache in kommunikativer Funktion

1. »Kommunikation« kommt aus dem Lateinischen (»communicatio«). Es deckte ein weites Feld von Bedeutungen ab, in dem etwa die deutschen Worte: »Verbindung«, »Mitteilung«, »Austausch«, »Umgang«, »Gemeinschaft« liegen. In die Sprache der Philosophie wird es über den platonischen Begriff der Teilhabe (an den Ideen) eingebracht. *Thomas von Aquin* bezeichnet mit »communicatio« die Mitteilung des göttlichen Seins in der Schöpfung. Ins Deutsche wird das Wort »Kommunikation« zum ersten Mal als philosophischer Fachbegriff von *K. Jaspers* eingebracht. Er bezeichnet eine geschichtliche, durch Mitteilung gebildete Gemeinschaft gegenseitigen bewußten Verständlichwerdens als Kommunikation (1935, 72). Wir sprechen heute hier lieber von »Kommunikationsgemeinschaft«. In der »existentiellen Kommunikation« werden Menschen in der Spannung von Selbstsein und Hingabe total ergriffen und schaffen einander. In den Sozialwissenschaften und der Psychologie ist »Kommunikation« ein elementarer Grundbegriff und bezeichnet den Austausch (von Informationen, von Handlungen ...) als grundlegende Notwendigkeit für die Erhaltung und Entfaltung menschlichen psychischen und sozialen (politischen, ökonomischen, kulturellen) Lebens.

Gemeinhin unterscheidet man:

● intrapersonale Kommunikation, bei der ein Austausch zwischen verschiedenen psychischen Instanzen einer Person stattfindet (etwa im Erkenntnisprozeß, im Aufbau von Motiven, Emotionen, Interessen, Bedürfnissen),

- interpersonale Kommunikation, bei der ein Austausch stattfindet zwischen zwei oder mehreren Personen (etwa im Gespräch) und
- mediengebundene Kommunikation, in der ein Austausch stattfindet zwischen einer (kleinen) Gruppe von Kommunikatoren (etwa Journalisten) und der meist größeren Gruppe der Rezipienten (etwa den Lesern einer Zeitung).

Alle Kommunikation verläuft prozeßhaft in wenigstens drei Phasen: (1) die Phase der Encodierung (die Verschlüsselung der Information in Worte), (2) die Phase der Signalisierung (Übermittlung) und (3) die Phase der Decodierung (der Entschlüsselung, der Interpretation).

In der ersten und dritten Phase tragen die Worte und Sätze subjektive Bedeutungen. Das sind jene Bedeutungen, die im Laufe der persönlichen Anwendungsgeschichte mit einem Wort oder einem Satz verbunden worden sind. Je verschiedener die Erfahrungen waren, die im Kontext des Wortes oder des Satzes von zwei Menschen gemacht worden sind, um so mehr werden die beiden subjektiven Bedeutungen voneinander abweichen. Die subjektiven Bedeutungen setzen sich aus zwei Komponenten zusammen: einer semantischen und einer emotionalen.

In der zweiten Phase kann man die »objektive Bedeutung« der Worte oder der Sätze auszumachen versuchen, indem man sie durch objektive Vorgaben (Lexika, Grammatiken) aufschlüsselt. Es ist sehr selten, daß die drei Bedeutungen (subjektive Bedeutung des Sprechers, objektive Bedeutung, subjektive Bedeutung des Hörers) übereinstimmen. Wir werden uns mit diesem Problem im folgenden Kapitel beschäftigen müssen.

Wir wollen uns in diesem Kapitel auf die Darstellung der interpersonalen Kommunikation beschränken. Dabei soll angenommen werden, daß die beteiligten Personen nicht als Agenten von Gruppen oder Gesellschaften tätig werden (in diesem Fall spricht man geeignet von intra- und intersozietärer Kommunikation).

2. Subjekt der Kommunikation ist also die menschliche Person. »Person« ist ein Begriff, dessen geeignete Definition von den die Sprache leitenden Interessen abhängt. So wird ein Jurist, ein Philosoph, ein Psychologe, ein Soziologe, ein Theologe ... den Begriff für seine Zwecke geeignet definieren. Im Bereich sprachphilosophischer Überlegungen bietet sich eine funktionale Bestimmung an. Ich verstehe im Folgenden unter »Person« die geordnete Menge von Typen aktiver und reaktiver Interaktionsangebote und der Reaktionen auf fremde Interaktionsangebote aus der realen oder imaginierten sozialen Umwelt, zu denen ein Mensch in bestimmten sozialen, physischen und psychischen Situationen fähig ist. Person wird also bestimmt von der Interaktionsperformanz eines Menschen. Diese ändert sich mit den physischen, psychischen und sozialen Bedingungen. Vor allem schafft jede gelungene oder mißlungene kommunikative Szene veränderte kommunikative Performanz.

»Person« wird hier als selbstreferentielles Sinnsystem verstanden. Elemente sind die »Erfahrungen«, die aus der Differenz zwischen Interaktionsangeboten und deren Umwelten hervorgehen. Diese Erfahrungen beziehen sich in ihrem Entstehen mittelbar auf sich selbst. Sie bauen sich im Ablauf der Verarbeitung der Differenz zwischen Interaktionen und deren Umwelten auf, indem sie sich auf (andere) Erfahrungen beziehen und so zu sich selbst kommen. Einzelne Erfahrungen sind zwar nicht selbstreferentiell, wohl aber die Menge aller Erfahrungen eines Typos, die ein Mensch gesammelt hat.

Ferner bedeutet »personales System« auch immer soziale Anschlußfähigkeit. Anders wären Interaktionen nicht möglich. Im personalen System verdichten sich also alle Erfahrungen mit gegebenen und angenommenen Interaktionsangeboten zu einer Einheit. Diese Einheit hängt ab von der Art der gelungenen und mißlungenen Interaktionen. Sie ist also weitgehend bestimmt durch ihr soziales Schicksal.

3. Objekt der Kommunikation ist die in Verstehens- und Verarbeitungserwartung mitgeteilte Information. Wir unterscheiden Verstehens- und Verarbeitungserwartung. Dabei ist durchaus berücksichtigt, daß jedes Verstehen als aktive Tätigkeit der Decodierung schon Verarbeitung bedeutet. Aber diese Verarbeitung ändert noch nicht den Zustand des personalen Systems des Hörenden. Erst die weitere Verarbeitung der Information, die – obgleich sie verstanden wurde – durchaus verweigert werden kann, beschreibt das Objekt der Kommunikation zureichend. Der Sprecher erwartet zumeist kein Verstehen, das dann aus dem Kontext der personalen Erfahrungen eliminiert, sondern in ihn integriert wird. Das aber geschieht in der Informationsverarbeitung. Wenn im Folgenden von »Verstehenserwartung« gesprochen wird, dann in dem Sinn, daß erwartet wird, das Verstandene werde auch personal verarbeitet, also in den Kontext der bisherigen Erfahrungen eingesetzt und nicht abgewehrt. Nur für solch verarbeitende Information ist zureichende Anschlußfähigkeit gesichert. Formursache des Kommunikationsobjekts ist die Mitteilung, Materialursache die Information, Zielursache die Verstehenserwartung, Wirkursache das Kommunikationssubjekt.

In jeder Kommunikation werden also drei Selektionen erheblich (vgl. dazu und zum Folgenden: Luhmann, 1984, 196 f.):

• Die Selektion der Information wählt aus der offenen Menge der zur Verfügung stehenden Informationen eine aus.
• Die Selektion der Mitteilung wählt aus den verschiedenen Möglichkeiten, eine Information darzustellen, eine aus.

● Die Selektion der Verstehenserwartung bestimmt aus den möglichen Anschlußreaktionen einige als angemessen.
Es gilt jedoch festzuhalten, daß die drei Selektionen nicht auf derselben Ebene spielen. Die beiden ersten betreffen innere Kausalität, die letztere äußere.

4. Der Inhalt der Kommunikation ist die Information. Wir unterscheiden wenigstens vier nicht aufeinander zurückführbare Informationsmaterien, wenngleich sie mit verschiedenen Anteilen in nahezu jeder Kommunikation vorkommen:
● die Information über objektive oder subjektive Daten, mit dem Ziel, diese bekanntzumachen und zur Verarbeitung anzubieten,
● die Information über die kontaktive Situation, die zwischen den Kommunikationspartnern besteht, oft verbunden mit der Intention, sie zu ändern (etwa zu verstärken),
● die Information über das eigene Selbst, meist mit dem Ziel der Anerkennung, des Lobes, der Akzeption und
● die Information über »verborgene Appelle« etwa der Art: »Ich möchte, daß du mich ernst nimmst!«, »Ich möchte, daß du aufmerksam zuhörst!«, »Ich möchte, daß du eine bestimmte Einstellung änderst!«
Während der erste Typ der Information eher funktionale Aufgaben hat, sind die drei folgenden Typen eher mit personalen Aufgaben befrachtet. Eine noch zu behandelnde Schwierigkeit kommt aus unserer Zeit, die die Bedeutung des ersten Informationstyps für die Kommunikation weit überschätzt und die anderen sehr vernachlässigt. Es gelten jedoch folgende triviale Regeln, deren Nichtbeachtung Kommunikation erheblich stören kann:
(1) Sind auf der Kontaktebene Unsicherheiten vorhanden, werden Daten nicht optimal gegeben, genommen und verarbeitet. Handelt es sich bei diesen Unsicherheiten gar um solche, die in Beziehungsstörungen gründen, ist mit einer sinn-

vollen Datengabe, -nahme und -verarbeitung nicht zu rechnen.

(2) Alle Menschen bedürfen der mehr oder weniger ausdrücklichen Selbstdarstellung, um psychisch und sozial gesund zu bleiben. Wird dieses Bedürfnis nicht wahrgenommen oder wird es regelmäßig frustriert, kommt es zu erheblichen Beziehungsstörungen. In der Selbstdarstellung geht es um die Mitteilung der eigenen aktuellen oder habituellen psychischen und sozialen Situation und Orientierung. So werden mitgeteilt die eigenen Bedürfnisse und Emotionen. Sie bestimmen weitgehend den Rahmen, in dem sich die augenblickliche kommunikative Performanz realisieren will. Ein trauriger Mensch ist z. B. zu anderen Interaktionsmustern bereit und fähig als ein lustiger; ein Mensch, der starke Anerkennungsbedürfnisse hat, zu anderen als ein Mensch, der eine zureichende Menge von Anerkennung aus seiner Selbstachtung bezieht ... Nicht selten werden die Selbstdarstellungen als Datengabe maskiert. Das wird besonders deutlich, wenn die Selbstdarstellung die Form einer »Eigenerzählung« annimmt (etwa als Bericht über die letzten Ferien, über familiäre Ereignisse ...). In diesen Fällen handelt es sich jedoch meist um Darstellungen des habituellen Selbst (bestimmt durch die stabilen Selbstrepräsentanzen) und nicht des aktuellen, die mit ausgeprägten unausgesprochenen Appellen verbunden sind. Die haben meist das Ziel, Anerkennung, Bewunderung, Neid auszulösen. In den meisten Fällen führen die vorwiegend selbstdarstellenden Informationen zu einer Spiegelreaktion. Der oder die Hörer beginnen ebenfalls mit Selbstdarstellungen.

(3) Die nicht-datenbezogenen Informationen werden sehr oft unbewußt gegeben und – bei zureichend entwickelter sozialer Sensibilität – auch unbewußt zutreffend wahrgenommen und sinnvoll reaktiv verarbeitet.

5. Im kommunikativen Vollzug wird die Information vervielfältigt. Als Materialursache (Materie) bleibt sie erhalten, als von der Formursache informierte (als mitgeteilte also) erschöpft sie sich, wenn sie verstanden (verarbeitet) wurde. Sie bleibt dann weiter erheblich, insofern sie bleibend das Kommunikationssubjekt informiert (d. h. seine psychischen und sozialen Einstellungen und Orientierungen mitbestimmt).

In und durch die Mitteilung wird sie sprachlich gemacht, d. h. codiert. In der Codierung kommt es zu einer Bildung eines sprachlichen Systems, über dessen Eigenschaften im vorigen Kapitel gehandelt wurde. In die Organisation der Mitteilung gehen Verstehenserwartungen ein, die dafür sorgen, daß eine ausreichende Orientierung der Mitteilung an den sprachlichen Strukturen (Syntax und Semantik) erfolgt, so daß es zu einer Einbettung der mitgeteilten Information (als einem sprachlichen System) in den sozialen Kontext (als Teil der Umwelt des sprachlichen Systems) kommt. Wir sehen, daß kommunikative Systeme sprachliche Systeme (Sprechakte) als Elemente haben. Die Differenz zwischen den Sprechakten (oder allgemeiner: zwischen den Anschlußhandlungen) ist ausgesprochen produktiv, insofern sie über die Verstehenserwartung konstitutiv in den kommunikativen Akt miteingeht und ihn weitgehend bestimmt. Die Tatsache, daß ein und dieselbe Information auf sehr verschiedene Weise mitgeteilt werden kann, ist sicherlich, verbunden mit der Selektion von Information, eine Quelle der Manipulation durch Sprache. Die Selektion der Information und die Selektionen, die die Art der Mitteilung bestimmen, versuchen, mehr oder weniger bewußt, die Orientierungen und Einstellungen des Hörenden (oder des Lesenden) zu beeinflussen. Das ist nun in jedem Kommunikationsangebot unvermeidlich der Fall. Das bedeutet, daß der implizite Wunsch, Orientierung, Einstellung und damit letztlich Verhalten zu ändern, jedem Kommunikationsangebot immanent und wesentlich ist. Unsittlich wird solche Veränderungsabsicht erst, wenn der Schaden des Beeinflußten

- gewollt ist,
- fahrlässig herbeigeführt wird oder
- ohne zureichend begründete Güterabwägung in Kauf genommen wird.

Um eine verantwortete Güterabwägung leisten zu können, ist das Verfügen über eine sittlich verantwortet übernommene ethische Theorie notwendig (vgl. dazu: Lay 1983).

Selbstverständlich ist auch, daß in allen Kommunikationsangeboten alle vier Informationsschichten realisiert werden. So kann man etwa der Werbung, die Kommunikationsangebote macht, den Versuch, Kontakt herzustellen, sich selbst oder ein Produkt oder eine Dienstleistung darzustellen, versteckt zu appellieren, nicht verbieten. Alles dies ist unvermeidlich in jedem Kommunikationsangebot enthalten.

Der Fall der Werbung macht übrigens deutlich, daß Verstehenserwartung und Verarbeitungserwartung nicht identisch sind. Ein Leser einer Illustrierten kann eine Werbeaussage verstehen, ohne sie zu verarbeiten, ohne daß es also zu einer Neuorientierung seiner Einstellungen oder Motive oder Bedürfnisse oder Emotionen kommt. Ob nicht doch immer eine unbewußte Neuorientierung erfolgt, ist umstritten. Ich möchte sie jedoch nur da annehmen, wo dem Kommunikationsangebot ein latentes oder bewußtes Bedürfnis entspricht oder ein solches Bedürfnis geweckt wird. Nur in diesen Fällen erfolgt eine Anschlußreaktion, wird also das Kommunikationsangebot aufgenommen und beantwortet.

Man muß jedoch zwei verschiedene Antwortmuster unterscheiden: Im einen wird die Kommunikation durch eine offensichtlich im kommunikativen Kontext stehende Reaktion weitergeführt, im anderen Fall besteht die Antwort in einer Neuorientierung, die erst später zu verändertem Verhalten führen kann, so daß die Beziehung zum so aufgenommenen

Kommunikationsangebot nicht mehr deutlich – meist nicht einmal bewußt – ist. Wir handeln in diesem Kapitel nur über den ersten Reaktionstyp.

6. Insofern der Hörer das Verhalten des Sprechers als Kommunikationsangebot vermutet, setzt er voraus, daß der Sprecher die drei Selektionen vorgenommen hat und erwartet, daß sie seinen Anschlußhandlungen zugrunde gelegt werden. Der Sprecher setzt voraus, daß der Hörer nicht vollständig durch die Erfahrungen seiner Vergangenheit determiniert ist. Fehlt die Hörervermutung über die stattgehabte Selektion beim Sprecher, wird er den vom Sprecher produzierten Sprechakt nicht als kommunikatives Angebot verstehen. So ist etwa ein reaktiver und keiner selektiven Tätigkeit des Sprechenden entstammender Fluch kein kommunikatives Angebot und wird auch kaum so verstanden. Andererseits ist das Wissen um die drei Selektionen bei vielen Menschen, seien sie Sprecher oder Hörer, oft sehr wenig ausgebildet. Sie gehen nicht selten implicite davon aus, daß der Sprecher ihnen alle sie interessierenden oder für sie wichtigen Informationen wenigstens auf Befragen liefern wird. Sie gehen davon aus, daß der Sprecher jene Art der Mitteilung wählt, die in der entsprechenden psychischen und sozialen Situation die Mitteilung am wenigsten verfälscht. Mitunter identifizieren sie sogar Information mit Mitteilung. Diese Annahmen können sinnvolle Kommunikation außerordentlich erschweren, weil sie die doppelte Kontingenz, die in jedem kommunikativen Akt unvermeidlich gegeben ist, verkennen:
(1) Alle Information ist kontingent. Sie ist nicht notwendig. Kann geschehen oder auch nicht, kann selektiert werden, kann verkürzt werden, kann nicht gewichtet, nicht zutreffend geordnet ... werden.
(2) Alle Mitteilung wird bestimmt von den psychischen und sozialen Bedürfnissen, Emotionen, Erwartungen, Interes-

sen ... des Sprechenden, die schon weitgehend (meist unbewußt) die Selektion der Information besorgt. Die Selektionen, die von der Verstehenserwartung her kommen, sind nachhaltig geprägt durch das Menschenbild des Sprechers im allgemeinen, dem Bild, das er sich vom Hörer und seinen Interessen, Bedürfnissen, Emotionen, Orientierungen ... im besonderen macht. Dieses alles wird aber nicht so wahrgenommen, wie es ist. Sie erinnern sich noch an das Wort des *Aristoteles*, nach dem alles, was wahrgenommen wird, auf die Weise des Wahrnehmenden wahrgenommen wird.

Heute sprechen wir hier meist von Projektionen und Selektionen in der Wahrnehmung. Sie werden besonders erheblich in der Wahrnehmung der psychischen und sozialen Situation anderer Menschen. Wir nehmen diese nur wahr durch den Filter unserer eigenen Orientierungen, Interessen, Bedürfnisse und Emotionen. Das gilt aber auch für den Hörenden. Er nimmt den Sprechenden und das Gesprochene auf ähnliche Weise gefiltert (selektiert und projiziert) wahr. Der kommunikativ kompetente Mensch weiß um diese Mechanismen und stellt sich darauf ein.

Die Annahme, daß der Hörer nicht durch die Erfahrungen seiner Vergangenheit soweit determiniert sei, daß er im kommunikativen Geschehen diese Determination nur noch realisieren könne, indem er nach dem Reiz-Reaktionsmuster reagiert, ist ebenfalls für Kommunikation notwendig. Es gilt hier jedoch den Irrtum zu vermeiden, alle Indetermination setze »Entscheidungsfreiheit« voraus. Es ist leicht einzusehen, daß das nicht der Fall ist. Im Bereich des Lernens über Versuchs-Irrtums-Strategien wird nur fehlende Determination vorausgesetzt. Auch Tiere lernen so Verhalten in allen Bereichen, die nicht durch instinktive, angeborene Muster unmittelbar oder mittelbar (wie bei Prägungen) reguliert sind. Das würde erklären, warum die Menge der erheblichen Erfahrungen in einem Menschenleben sehr oft tatsächlich indeterminierte Bereiche zugunsten von Routine reduziert. In diesem Fall ist die Kommunikationsfähigkeit offensichtlich erheblich verkürzt.

Kommunikation im eigentlichen Sinn bleibt auf die indeterminierten Zonen begrenzt. In determinierten Zonen erfolgt allenfalls eine mehr oder weniger stereotype Reaktion, die mit Kommunikation kaum etwas gemein hat. Vor allem werden die personalen Schichten der Informationsgabe, -nahme und -verarbeitung kaum realisiert. Es kommt bestenfalls zu einer Gabe, Nahme und Verarbeitung von Daten.

7. Insofern Verstehenserwartung und Verstehen für Kommunikation wesentlich sind, ist Kommunikation ein selbstreferentieller Prozeß. Während der Produktion eines kommunikativen Aktes muß die Referenz auf die drei Selektionen immer mitlaufen, um ihn anschlußfähig (also sinnvoll) zu machen. Ähnlich wie bei sprachlichen Systemen handelt es sich bei kommunikativen um Systeme, die sich – unter Hinsicht ihrer inneren Verursachung – autopoietisch im Verlauf der Selbstreferenz selbst hervorbringen. Wirkursächliche Selbsthervorbringungen sind hier wie dort selbstredend nicht gemeint. Das »causa sui«, das »Ursache-seiner-selbst-Sein« im Sinne einer wirkursächlichen Selbsthervorbringung hat seine Geschichte im Platonismus – angewandt auf »das Eine« *(Plotin)* oder »Gott« *(Marius Victorinus)* oder »Seele« *(Augustinus)* – und im Idealismus *(Descartes, Hegel, Spinoza, Heidegger)*. Wir wollen keine dieser Positionen übernehmen.

Ein Kommunikationssystem besteht also aus Ereignissen als Elementen, die durch Einbeziehung in den Zusammenhang mit anderen Ereignissen (Elementen) dieses Systems auf sich selbst Bezug nehmen. Selbst das erste Kommunikationsangebot nimmt über die Anschlußerwartung Bezug auf sich selbst. Die erwartete Anschlußhandlung spiegelt gleichsam schon das erste Kommunikationsangebot sich selbst wider und erlaubt in dessen Entstehen eine permanente Modifikation.

Die reflexive Kommunikation (Metakommunikation) macht kommunikative Systeme zu ihrem Objekt und ist dabei selbst ein kommunikatives System. Es wird meist eingesetzt, wenn es zu Kommunikationsstörungen kommt, die durch veränderte Mitteilungstechniken oder -strategien behebbar zu sein scheinen. Auch könnte vorgetäuschtes Verstehen reflexive Kommunikation auslösen. Es ist aber darauf zu achten, daß es sich dabei nicht um Autoreflexion (ein in sich widersprüchliches Unterfangen) handelt.

Insoweit Kommunikation ein selbstreferentieller Prozeß ist, aktualisiert er im Sinne innerer wechselseitiger Kausalität keine Umweltbeziehungen. Der Einheit des selbstreferentiellen Systems entspricht, insoweit selbstreferentiell, keine Einheit der Umwelt. Absorbiert jedoch die Selbstreferenz nicht alle innere Kausalität des Systems, wird deutlich, wie sehr Kommunikation auch im Bereich innerer Kausalität auf Umwelt angewiesen ist. Sie bezieht ihren Informationsbedarf aus dieser Umwelt.

Sicher kann ein kommunikatives System sich selbst Information besorgen und sich so im Bereich innerer Kausalität weitgehend von Umwelt emanzipieren. Das geschieht etwa in manchen philosophischen Systemen, die so umweltimmun sind, daß sie nicht von Umwelt in Frage gestellt werden können. Genauerhin: Sie schaffen sich eine Umwelt, die ihren Inhalten entspricht. Daß dabei die Umwelt des personalen Systems »Mensch« kaum mehr berührt wird, zeigt die völlige politische, ökonomische, soziale und kulturelle Sterilität dieser Philosophien. Sie laufen in sich zurück, besitzen oft ein hohes Maß innerer Evidenz und bilden sich nicht selten ein, im Besitz endgültiger wahrer Aussagen zu sein. Solches wahnhafte Entgleisen ist so lange harmlos, wie es nicht irgendwelche Ansprüche an andere Menschen stellt. Das aber ist gelegentlich durchaus der Fall. Ein solches geschlossenes System kann sogar die »herrschende Doktrin« werden und dann zur Ausbildung einer geschlossenen Gesellschaft führen. Der Marxismus oder das »politische Christentum«, wo und insoweit sie zu »Staatsreligionen« geworden sind, seien hier erwähnt.

Auch der Aufbau kommunikativer Phantome beruht auf sich selbst genügender und sich von der Umwelt personaler Systeme ablösender Kommunikation, die sich selbst ihre Umwelt schafft und nicht selten versucht, Verhalten von Personen phantomgerecht zu bilden (vgl. S. 20).

Im Bereich äußerer Kausalität ist Kommunikation niemals autark, weil wirkursächlich auf die ständige Produktion durch nicht-kommunikative Systeme (Personen) angewiesen.

Obwohl Kommunikationssysteme an sich also offen sind, insoweit sie Information und Wirk- und Zielursächlichkeit aus der Umwelt beziehen, können sie eigene Grenzen entwickeln, ohne in sich selbst zurückzulaufen und eine esoterische (das heißt nur ihren Bedürfnissen entsprechende und nur ihnen verständliche) Umwelt zu produzieren. Hierher gehören vor allem Grenzen, die erlaubte von unerlaubten Themen und Darstellungsmustern trennen. Die Grenzen legen also fest, was zumutbar ist und was nicht. Insofern die Zumutbarkeitsregeln die kommunikativen Systeme durchaus überdauern können, wird es sich hier nicht selten um Standardbildungen vom Muster operativer Strukturen handeln.

Es gibt jedoch auch Grenzen, die nicht Strukturcharakter haben, sondern ausschließlich durch den momentanen psychischen und sozialen Zustand der Beteiligten oder die momentane psychische oder soziale Situation, die von der Kommunikation selbst geschaffen wurde, gezogen werden. Wenn ein

Mitglied traurig ist, liegt ein albernes Kommunikationsangebot meist außerhalb des Zumutbaren. Hat sich im Verlauf der
Kommunikation ein Klima der Besorgnis eingestellt, so sind
heitere Bemerkungen oft nicht zumutbar ...

8. Wiederholt gelungene Kommunikation eines bestimmten
Musters legt es nahe, die Formen des Musters als Normen
oder Standards festzumachen. Bestimmte Selektionsmuster
erweisen sich in bestimmten sozialen Situationen als besonders erfolgreich. Sie werden zu kommunikativen Strukturen.
Hierher gehören vor allem:
(1) Die Übereinstimmung von Inhalt (Information und das
Was der Mitteilung) und Ausdruck (das Wie der Mitteilung).
Insofern der Inhaltsaspekt weitgehend soziokulturell stan-
dardisiert wurde, ist er oft wenig problematisch. Nicht aber
der Ausdrucksaspekt. Das Wie der Mitteilung wird meist nur
in der Familie durch Belohnung angemessener Wies erlernt,
und zwar nach den Standards, die in dieser Familie gelten. Sie
wechseln nicht selten von Familie zu Familie. Schon allein die
Intensität des Ausdrucks ist außerordentlich verschieden und
korreliert vermutlich mit dem Maß des in der Familie erlaubten (d. h. nicht negativ sanktionierten) Zeigens von Gefühlen
und Stimmungen.
Die in den Familien erlernten Standards im Ausdruck sind
nun keineswegs allgemeingültig. Da aber starker Ausdruck
eher sozial abgelehnt wird als schwacher, bildet sich gesellschaftlich ein Standard mit stark reduziertem Ausdruck aus.
Das ist insoweit bedenklich, als Gefühle und Stimmungen
eine erhebliche Funktion für die intra- und interpersonale
Kommunikation haben. Sie markieren Grenzen und Möglichkeiten aktueller kommunikativer Abläufe. Das reduzier-
te Ausdrucksgeschehen kann also Anlaß mancher kommunikativer Störungen sein.
(2) Zuhören sichernde Normen. Hierher gehören alle Nor-

men, die ausmachen, was sprecher- und höreradäquates Verhalten ist. Vor allem werden hier die Normen höreradäquaten Verhaltens erheblich. Werden sie verletzt, kommt keine sinnvolle (adäquat anschlußfähige) Kommunikation zustande. Ein Kommunikationspartner verhält sich hörerinadäquat, wenn er während des Zuhörens etwas tut, das der Sprecher mit der Aktivität »Zuhören« nicht verbinden kann (wenn er etwa mit einem Bleistift spielt, mit den Füßen wippt, an die Decke schaut, in Unterlagen blättert ...). Nicht wenige Menschen in Führungspositionen glauben sich solche Flegeleien leisten zu können. Sie irren sich.

(3) Die Möglichkeit, zu widersprechen. Ist in einem kommunikativen Ablauf die Möglichkeit des Widerspruchs ausgeschlossen, handelt es sich nicht um Kommunikation, sondern um das Verkünden von Dogmen, das Geben von Anordnungen und Befehlen, das Monologisieren in fremder Gegenwart. Widerspruch muß also stets eine mögliche Anschlußhandlung sein.

(4) Die Ausbildung sozialer Systeme. Gemeint ist mit »soziales System« nicht eine Kommunikationsgemeinschaft. Diese hat die gleiche Dauer wie das kommunikative System. Gemeint ist vielmehr eine Strukturbildung, die in der Regel den einzelnen kommunikativen Systemen vorgelagert ist und durch Erfolgs- wie Mißerfolgserfahrungen nur langsam geändert wird. Es handelt sich hierbei also um Systeme, die durch Standards und Normen zusammengehalten werden, deren Beobachtung auch und vor allem für sinnvolle kommunikative Systeme erheblich ist.

Es fällt nicht schwer, alle sozialen Gebilde hier einzureihen, da sie – wenn auch nicht unbedingt historisch, so doch logisch – ihren Ursprung haben in der Absicht und der Funktion, Austausch (Kommunikation also in weiterer Bedeutung) zu sichern. Mag es sich um den sprachlichen, den kulturellen, den ökonomischen Austausch oder Tausch handeln, stets wird Kommunikation realisiert. Kommunikation ist also nicht nur das Miteinander-Sprechen, sondern auch das Miteinander-Arbeiten, das Miteinander-Spielen oder das Miteinander-Tauschen von Waren gegen Geld oder Arbeit gegen Geld. Um den Kommunikationsbegriff nicht allzusehr zu strapazieren, schlage ich vor, von »Kommunikation« nur zu sprechen, wenn es sich um symbolvermittelten Austausch handelt, wobei »Symbol« Sprachsymbol (und nicht etwa »Geld«, das als ökonomisches Wertsymbol verstanden werden kann) meint. Handelt es sich um irgendeine Form des Austausches, wollen wir von »Interaktion« sprechen. Die wichtigsten Typen sozialer Systeme, die als Strukturen von Interaktionen (und damit auch von Kommunikation) erheblich sind, mögen folgende sein:

(a) Die Paarbeziehung. Wir Menschen haben zu anderen Menschen ein ambivalentes Verhältnis. Auf der einen Seite benötigen wir sie, um uns in ihnen zu spiegeln und unsere erotischen, sozialen und aggressiven Bedürfnisse zu realisieren und unseren entsprechenden Emotionen ein Thema und einen Partner zu geben. Auf der anderen Seite stellen sie unser Selbstbild in Frage, gefährden unsere Vorurteile, unsere Orientierungen und Einstellungen, unsere Wertbesetzungen und unsere existentiellen Entscheidungen, indem sie uns kritisieren oder uns unverständliche Interaktionsangebote machen oder uns mit Meinungen belästigen, die wir für falsch, gefährlich, einfältig … halten.

In der Paarbeziehung öffnen wir unsere Grenzen beschränkt. Sie ist eine Beziehung zwischen Personen – und nicht nur das: Die Elemente des sozialen Systems »Paarbeziehung« sind Personen (personale Systeme). Die Grundemotion in der Paarbeziehung ist der »thrill« (eine Angstlust), die das ständige Pendeln des Systems um einen unerreichbaren Gleichgewichtszustand sicherstellt. Paarbindung realisiert sich stets in der Dialektik von Nähe und Distanz.

Das Paradigma der Paarbeziehung ist die Mutter-Kind-Beziehung. Alle unsere weiteren Paarbeziehungen werden wir in einiger Entsprechung der von uns als Kind erfahrenen Beziehung zur Mutter aufbauen. In der Mutter-Kind-Beziehung werden so elementare und wichtige, einander polar entgegengesetzte Einstellungen und Zustände erlernt wie Autonomie−Heteronomie, Macht−Ohnmacht, Liebe−Haß, Entfernen−Rückkehren, Klammern−Flüchten, Hingabe-−Freiheit, Egozentrik−Alterozentrik. Offensichtlich spielt die Fähigkeit, sich in diesen Spannungsfeldern sicher und biophil zu bewegen, eine große Rolle für die Kommunikationsfähigkeit eines Menschen. Die hier grundgelegten Standards bleiben meist zeitlebens erhalten und können nur durch natürliche oder künstliche Lebenskrisen (wie etwa von der Psychoanalyse produzierte) verändert werden − wobei die Richtung der Veränderung weitgehend offen ist. Die Paarbeziehung ist der ernsthafte Feind der Egozentrik.

Beteiligen sich mehr als zwei Personen als Elemente an einer Systembildung, nennen wir dieses System einen Verband.

(b) Die Gruppe hat zu Elementen keine Personen, sondern die Beziehungen zwischen Personen. Insofern diese Beziehungen durch Standards stabilisiert sind, ist eine Gruppe oft sehr stabil. Zudem versucht sie ihrerseits die Beziehungen zwischen Personen zu standardisieren, um so ihre eigene Sicherheit zu vermehren und die Bindung der Personen an die Gruppe zu intensivieren. Die Elemente, die eine Gruppe ausmachen, werden zumeist geordnet. Dabei kann es vorkommen, daß in der vernetzten Ordnung Punkte, die durch bestimmte Beziehungen definiert sind, zunächst unbesetzt bleiben. In diesem Fall wird die Gruppe alles tun, sie sekundär zu besetzen. So konstruieren die meisten Gruppen Beziehungsnetze, in denen die Positionen »Führer«, »Außenseiter«, »Sündenbock«, »Mitläufer« wohl definiert sind. Durch die Interaktionsmuster, die in der Gruppe ablaufen, werden dann diese zunächst vielleicht leeren Netzpunkte von der Gruppe besetzt. Die Personen, die dann diese Netzpunkte (»loci«) besetzen, müssen an sich nicht einmal die dafür geeignetsten sein. Sie können etwa durch kommunikative Phantombildung erst dazu geeignet gemacht werden.

Alle Rollen, die in der Gruppe verteilt werden, bezeichnen nicht Persönlichkeitsmerkmale, sondern Beziehungstypen. Es scheint mir wichtig zu sein, dies zu erkennen, weil es sonst zu unteroptimalen Interaktionen kommen würde. Auch ist die Selbstdefinition einer Person über eine Rolle sehr problematisch. Sie bestimmt sich dann nicht von ihren primären Selbstrepräsentanzen her, sondern von solchen, die erst sekundär über institutionalisierte Beziehungsmuster angeboten werden.

Paarbeziehungen sind die genuinen Feinde der Gruppe, weil sie erhebliche Anteile der Person aus dem Netzwerk und Beziehungsgeflecht lösen und der Person eine Selbstdefinition erlauben, die mit der der Gruppe nicht verträglich ist. Gruppen fordern aber, daß sich jedes ihrer Mitglieder die Schuhe anzieht, die sie für es gefertigt hat.

Das Paradigma der Gruppe ist die Bande. Die paradigmatische Emotion ist die Kameraderie (eine Variante der erotischen Emotionen). Die Emotion »Kameraderie« erlaubt und fordert starken Einsatz füreinander, ohne daß Sympathiebindungen bestehen müßten.

Gruppenbildungen waren nötig, als Menschen als Großwildjäger zu überleben versuchten. Vermutlich sind alle Gruppen nach diesem Urbild gestaltet. Die Kameraderie der Jägerhorden ist Urbild der Kameraderie zwischen Soldaten, Schülern, Strafgefangenen, Homosexuellen, Alkoholkranken, Ordensleuten … Sie erlaubt es ihnen, unter weitgehender Aufopferung ihrer Individualität in einer feindlichen Umwelt zu überleben.

Das kommunikative Verhalten von Menschen in Gruppen ist

oft ein sehr viel anderes als das in Paarbindungen. Es ist weniger spontan, genormter, rollenspezifischer. Im allgemeinen akzeptiert die Gruppe auch sehr viel weniger Themen als das Paar. Die Gruppennormen und -standards stabilisieren jedoch alle Formen der Interaktion, die durch die Gruppenbindung erfaßt sind. Wer sich an diese Strukturen – immer bezogen auf seine Rolle – hält, hat große Chancen, daß die Anschlußhandlung des oder der anderen in seinem Erwartungshorizont liegt.

(c) Die Organisation. Organisationen entstanden einmal als Zweckbündnisse von Gruppen im Dienst des Überlebens. Organisationen sind die »Außenseite« von institutionalisierten Gesellschaften. Solche Gesellschaften verfügen über relativ stabile Strukturen (Normen und Standards). Gelegentlich identifiziert man sie einfachhin mit ihrer Institutionalität und spricht von »Institutionen«.

Organisationen regeln die Beziehungen zwischen Gruppen. Ihre Elemente sind also nicht Gruppen, sondern die Beziehungen zwischen Gruppen. Bezogen auf Personen oder auf soziale Systeme, deren Elemente Personen sind, sind ihre Elemente definiert als Beziehungen zwischen Beziehungen.

Da sie nun die Freiheitsräume von Gruppen und mittelbar auch die von Personen weiter einschränken, müssen sie Instrumente ausbilden, um mit der wegen der Freiheitsbeschränkung latent oder offen freigesetzten Aggressivität von Personen oder Gruppen fertig zu werden. Viele Kulturleistungen dürften von Organisationen hervorgebracht worden sein, um die gegen sie gerichtete Aggressivität zu beherrschen. Hierher gehören Sprache und Schrift, Gesetze und Ethiken, Mythen und Religionen, Privateigentum und Hierarchie.

Der Zweck der Organisation war einmal ein rein funktionaler. Sie sollte das Zusammenleben von Gruppen ermöglichen oder doch erleichtern. Heute haben sich Organisationen von dieser Funktion abgelöst. Sie haben im allgemeinen nur zwei Ziele: das der Selbsterhaltung und das der Expansion nach außen und innen. Oft sind sie zum Selbstzweck geworden und produzieren Not, wo sie doch solche mindern sollten, produzieren Gefahr und Unfreiheit, wo sie doch beide verringern sollten. Es wäre falsch, dieses den Organisationen anzulasten. Wir Menschen »funktionieren« nun einmal so. Wenn wir Agenten von Institutionen geworden sind, handeln wir zwingend im Sinne des Selbsterhalts oder der Expansion der Organisation. So ist es etwa töricht, einer christlichen Kirche anzulasten, sie verhalte sich wie jede andere Organisation. Sie kann nicht anders. Selbst, wenn es einmal ihr Ziel war, für ein Gottesreich zeichenhaft zu wirken, kann sie dieses Ziel, einmal zur Organisation geworden, nur noch mittelbar verfolgen, indem sie Menschen, die diese Aufgabe übernehmen, schützt, ihnen innere und äußere Sicherheit bietet.

Auch Organisationen ermöglichen sinnvolle Kommunikation, schränken aber zugleich Kommunikation ein. Sie ermöglichen sinnvolle Kommunikation, indem sie Normen vorgeben und sicherstellen, daß der, der diese Normen beachtet, gute Chancen hat, daß die Anschlußhandlung im Rahmen des Erwarteten liegt. Sie beschränken Kommunikation, indem sie die Menge der erlaubten oder doch sozial belohnten Themen weiter begrenzen und andere Themen erst gar nicht zur Kommunikation und damit zum allgemeinen Bewußtsein, das weitgehend von Institutionen verwaltet wird, zulassen.

9. Im Kontext eines kommunikativen Systems begegnen wir einer vierten Selektion: der Wahl zwischen Annahme und Ablehnung einer Information oder einer Mitteilung. Die Information kann abgelehnt werden, weil sie den Interessen, Erwartungen, Stimmungen, Kenntnissen, Gewichtungen …

des Hörenden nicht entspricht. Die Mitteilung kann abgelehnt werden, weil der Hörende ihre Form oder ihren Produzenten ablehnt. So werden häufig Informationen abgelehnt:

- weil sie dem eigenen Vorurteil widersprechen,
- weil sie mit der Information, über die ein Hörer verfügt, nicht verträglich sind,
- weil der Hörer nicht Selbstdarstellung, sondern Datengabe erwartet,
- weil der Hörer seine Ruhe und seinen Frieden haben will,
- weil der Sprecher dem Hörer allgemein oder in dieser Situation unsympathisch ist.

Mit der Ablehnung von Information oder Mitteilung muß die Selektion nicht schon als mißglückt gelten. Auch die Ablehnung kann eine sinnvolle Anschlußhandlung sein – und das nicht nur aus der Sicht des Hörers. Viele Menschen halten Kommunikation für mißlungen, wenn es zur Ablehnung von Information oder Mitteilung kommt. Offensichtlich sind sie der irrigen Meinung, daß Ablehnung Kommunikation abbricht, daß sie selbst nichts aus solcher Ablehnung lernen könnten. Sie sind rechthaberisch und verstimmt, wenn sie nicht Recht haben, wenn ihr kommunikatives Angebot nicht akzeptiert wird. Es ist eine der schwierigsten Aufgaben des Kommunikationstrainings, nicht nur Ablehnungen sinnvoll und produktiv zu verarbeiten, sondern auch den Grund der Ablehnung sicher ausmachen zu können. Es ist eine völlig andere kommunikative Situation gegeben, wenn die Ablehnung auf Grund anderer Informationen oder anderer Gewichtung von Informationen durch den Hörer erfolgt, oder aber weil emotionaler Widerstand oder Antipathie eine Annahmesperre verhängen. Die saubere Erhebung des Ablehnungsgrundes ist oft deshalb besonders erschwert, weil viele Ablehner ihre Ablehnung auf der Datenebene begründen, selbst dann, wenn sie in Antipathie oder emotionalen Widerständen gründet.

Annahme und Ablehnung von Information und/oder Mitteilung gehören nicht zum kommunikativen System selbst, sondern sind Eigenschaften von Anschlußhandlungen. Solche (auch ablehnende) Anschlußhandlungen können bei Erweiterung des kommunikativen Systems jedoch ohne weiteres in dieses integriert werden.

Vor allem im Fall der Ablehnung ist es wichtig zu beachten, daß Kommunikation nur erhalten bleibt (und nicht abgebrochen wird), wenn der nicht akzeptierende Hörer seinen Eigenzustand (seinen rationalen oder emotionalen Widerstand, seine Antipathie) ausmacht und reflektiert. Das ist nicht immer leicht, da solche Reflexion einigen psychischen und gelegentlich auch sozialen Aufwand bedeutet. Das »einfache« Ablehnen, ohne sich selbst den tatsächlichen Grund der Ablehnung einzugestehen, beendet in aller Regel Kommunikation.

Im Verlauf der Kommunikation können implizite oder auch explizite Forderungen auftauchen, die den Hörer in die Richtung von Annahme oder Ablehnung drängen. Wird zum Beispiel eine Information als geltend behauptet, impliziert das eine Pression in Richtung auf ihre Annahme. Solche Pressionen verdichten sich um das »ist«, das Hilfszeitwort also, das in vielen Aussagen dem Aussagesubjekt eine Eigenschaft zuspricht. Seit *Parmenides* dieses Verbindungswort zum eigenen Aussagesubjekt machte (er sprach von »dem Seienden«), hat sich als Nebenprodukt der repressiven Kommunikation mit ihrer unbedingten Behauptung der Information im »ist« eine Metaphysik entwickelt, die es sich zur Aufgabe machte, die allgemeinen Gründe und Eigenschaften »des Seienden« herauszufinden.

Es ist dagegen daran festzuhalten, daß Repression Kommunikation entarten läßt, insoweit sie Ablehnung zu einer illegitimen Anschlußhandlung machen will. Kommunikation ist nur möglich, wenn die Kontingenz der Information ernst genommen wird. Information unterliegt also stets der Selektion durch den Sprecher. Die Information, die in unüberholbar wahren Aussagen steckt, verträgt aber keine Selektion. Sie muß, wenn sie tatsächlich den Charakter der überzeitlichen Wahrheit besäße, vermittelt werden. Die Selektion kann dann bestenfalls noch entscheiden, ob die Information kommunikativ eingebracht werden soll oder nicht. Repressive Kommunikation ist allenfalls noch frei in der Wahl der Art der Mitteilung.

10. Es gibt zwei verschiedene Methoden, im Verlauf der Kommunikation Konsens herzustellen: (1) die Methode des Überzeugungstransfers und (2) die Methode der Konsensbildung durch gemeinsamen Erkenntnisfortschritt. Sicherlich wären hier auch alle Methoden zu nennen, die emotionale Widerstände oder Antipathien abbauen. Sie seien hier nicht behandelt. Hier geht es um die Konsensbildung unter der Voraussetzung, daß keine erheblichen Beziehungsstörungen vorliegen.

(1) Die Methode des Überzeugungstransfers. Diese verbreitete Methode der Konsensbildung wird heute als einzige anläßlich von Dialektik- oder Kommunikationsseminaren gelehrt. Ihre erfolgreiche Anwendung setzt voraus, daß der Überzeugende selbst von der Information, die er transferieren will, überzeugt ist. Das bedeutet, daß er sie auch emotional integriert und positiv (»libidinös«) besetzt hat. Die Information muß ihm also etwas bedeuten, muß ihm wichtig sein. Hier wird schon die Gefahr sichtbar, die zu Formen repressiver Kommunikation führen kann: Der Überzeugende hält seine Information für unbedingt zutreffend. Ein Zweifel des Hörers kann also nur aus Unwissenheit oder Bosheit entstehen, schlimmstenfalls gründet er in einer unteroptimalen Weise der Mitteilung.

Organisiert sich gegen den Überzeugungstransfer Widerstand, so gilt es Techniken zu beherrschen, den Grund des Widerstands zu erkennen und ihn zu beheben.

Im Überzeugungstransfer findet also Kommunikation in Subordinationsrelation statt. Der Überzeugte ist oben, der zu Überzeugende ist unten. Er muß an sich Herrschaft geschehen lassen, insofern die Kommunikation einseitig strategisch organisiert wird. Der Überzeugende hat gesiegt, wenn er überzeugt hat. Es gibt also Sieger und Besiegte, wie in jeder Interaktion, die in Subordinationsrelationen abläuft.

Die Methode des Überzeugungstransfers ist die einzige, wenn sich ein Mensch in unbedingtem Recht, in unbedingtem Besitz wahrer Erkenntnis oder zutreffender Orientierung wähnt. In aller Regel kommen solche intoleranten Einstellungen nur zustande, wenn ein Mensch die sokratische Antinomie nicht beherrscht, nach der Wahrheit und Gewißheit zwei sehr verschiedene Dinge sind. Der so Überzeugende schließt in aller Regel aus der Tatsache, daß er selbst nicht mehr an einer Information sinnvoll zweifeln könne, auf ihre (allgemeinverbindliche) Wahrheit. Dieser Schluß ist nach *Sokrates* der Ursprung aller Dummheit, allen Wahns und aller Intoleranz.

(2) Die Methode des gemeinsamen Erkenntnisfortschritts. Diese Methode wird praktisch in einem kommunikativen Verfahren, das wir »Diskurs« nennen. Im Diskurs sind sich alle Beteiligten der Vorläufigkeit ihrer Meinungen bewußt. Sie sind bereit, sie aufzugeben, wenn zureichend wichtige Gründe für eine solche Aufgabe sprechen. Nun nehmen fast alle Menschen für sich diese Fähigkeit, sich von guten Gründen überzeugen zu lassen, in Anspruch. Doch sehr zu Unrecht. In konkreten kommunikativen Situationen spielen sie Gründe, die gegen ihre Meinung sprechen, herunter, leugnen die in ihnen steckende Information oder halten sie für einseitig unausgewogen, für manipuliert oder unerheblich. Tatsächlich ist die Diskursfähigkeit der meisten Menschen au-

ßerordentlich gering, ja in erheblichen Angelegenheiten nicht vorhanden. Diskurs ist die wichtigste Form der Frieddialektik. In ihm gehen die Partner in Koordination miteinander um. Keiner hält sich oder seine Meinung für dem oder den anderen überlegen.

Wir alle lernen fast ausschließlich noch das Kämpfen. Über die Versuchs-Irrtums-Methode erworben, beherrschen manche Menschen ein gutes Repertoire an Regeln der Kampfdialektik, wie sie etwa in der Konsensbildung über Überzeugungstransfer eingesetzt werden. Die Techniken der Friedkommunikation werden außer bei belanglosen wechselseitigen Selbstdarstellungen (Cocktailparty-Gesprächen) kaum mehr verwendet. Die zentrale soziale Kategorie ist der Kampf, mit dem Ziel, ihn zu gewinnen. Daß auf dieser Ebene Kommunikation langsam verkümmert und zu einer Sache automatischer Nachahmer (»Kommunikationstechnologie«) gemacht wird, darf nicht verwundern. Ich bin, meines Wissens, im deutschen Sprachraum der einzige, der Wirtschaftlern und Politikern die so wichtige Kunst des Diskurses vermittelt. Hier allein handelt es sich um das, was die Antike und das Mittelalter unter »Dialektik« verstanden.

Im Diskurs gibt es nur einen gemeinsamen Gegner, das ist die unteroptimale Beantwortung einer Frage, die unteroptimale Lösung eines Problems. Wird eine Frage unteroptimal beantwortet, ein Problem unteroptimal gelöst, haben alle am Diskurs Beteiligten verloren. Ich denke, wir müssen alle wieder die Kunst lernen, nicht in anderen Menschen, sondern in ungelösten Problemen unseren Gegner zu sehen. Nur wenn uns das gelingt, werden wir eine Chance erhalten, Frieden zu stiften in Familien, in Unternehmen, im Staat, zwischen den Parteien und Blöcken. Die Wahrscheinlichkeit, daß die Diskurs-Fähigkeit zwischen Politikern so schnell hergestellt wird, daß an ihrer Kommunikationsunfähigkeit nicht die zivilisierte Welt untergeht, ist jedoch nicht sonderlich groß.

Im Diskurs wird die verantwortete und begründete Ablehnung einer Information zu einer wichtigen Quelle der Konsensbildung. Insofern sich im Diskurs Menschen nicht mit einer kontroversen Meinung oder Problemlösung identifizieren, verliert keiner an Gesicht, wenn sich »seine« Meinung nicht durchsetzt.

In einer Welt, in der so viel von Teamfähigkeit, von kooperativem Führen ... gesprochen wird, sollte man sich bewußt sein, daß beides nur möglich ist, wenn Fragen beantwortet und Probleme gelöst werden im Diskurs. Die kommunikative Teamunfähigkeit läßt denn auch das Gerede vom kooperativen Führen als das erscheinen, was es tatsächlich bezeichnet: einen irrealen Wunschtraum, ein unerreichbares Ideal, eine Beschwichtigung für die Mitarbeiter, ein Renommierstück nach draußen. Die Entpersonalisierung von Problemen und Antworten, von Fragen und Lösungen, ist die notwendige Voraussetzung eines Diskurses. Wir neigen aber im Gegenteil dazu, Lösungen und Antworten zu personalisieren (d. h. sie an bestimmte Personen zu binden) und so eine optimale Antwort oder Lösung unmöglich zu machen, da sie Menschen das Gesicht verlieren läßt.

11. In jeder Kommunikation ist notwendig das »Paradox der Unaufrichtigkeit« (Luhmann 1984, 208) enthalten. Der Verdacht der Unaufrichtigkeit jedes kommunikativen Beitrages ist prinzipiell nicht aufzuheben. Man kann nicht sagen, daß man meint, was man sagt, sondern es allenfalls beteuern. Man kann auch nicht sagen, daß man nicht meint, was man sagt. In beiden Fällen liegt das Paradox der verbotenen Selbstreferenz vor, wie es etwa gegeben ist in den selbstreferenten Sätzen: »Dieser Satz ist falsch!« – »Dieser Satz ist unverständlich!« – »Dieser Satz ist wahr!« Ein Satz kann auch nicht sinnvoll von einem anderen sagen, daß er wahr ist, denn dann setzt er voraus, selbst wahr zu sein. Und so weiter.

Wahrhaftigkeit ist also keine Eigenschaft von Aussagen, sondern allenfalls von Menschen. Sie kann aber nicht kommunikativ ausgemacht werden (vermutlich kann sie überhaupt nicht sichergestellt, sondern nur vorausgesetzt, geglaubt, vermutet werden).

Jeder Mensch kann sich jederzeit irren, kann sich täuschen. Er kann niemals (also auch nicht in der Kommunikation) davon ausgehen, daß beides unmöglich wäre. Tut er es, setzt er sich nicht nur dem Verdacht der Unaufrichtigkeit aus, sondern ist unaufrichtig (aus welchen Gründen auch immer). Affirmiere ich einen Satz absolut (behaupte ich also seinen Inhalt nicht nur als mir gewiß, sondern auch als wahr), impliziert solches Vorgehen eine absurde Paradoxie. Die absolute Affirmation behauptet also nicht nur das Zutreffen eines Sachverhalts, sondern auch, die Chance dieses Zutreffen sinnvoll in Frage zu stellen, sei nicht vorhanden.

Die Philosophen, die die sinnvolle (nicht-paradoxe) Möglichkeit absoluter Affirmation behaupten, begründen ihre Meinung zumeist mit einem Trick. Wenn ich absolute Affirmation ausschließe, dann tue ich das absolut. Das heißt ich affirmiere absolut. Dieser Trick ist insofern leicht zu durchschauen, als keiner, der die absolute Affirmation wegen ihrer inneren Paradoxie ablehnt, dieses durch einen absolut affirmierten Satz tut, sondern die letzliche Unentscheidbarkeit auch seiner Aussagen akzeptiert. Wobei diese Unentscheidbarkeitsbehauptung ihrerseits wieder unentscheidbar ist. Und so weiter. Oder aber er läßt wahre Aussagen nur auf der Metaebene (also im Sprechen über Sprache), nicht aber auf der Objektebene zu. Auch dann kann die Leugnung der Möglichkeit wahrer Sätze (auf der Ebene des Objektsprachlichen) durchaus nicht paradox sein.

Es sollte alle Menschen, die sich im Besitz endgültiger Wahrheiten wähnen, stutzig machen, daß im Bereich des Überprüfbaren und der Erklärungen über Überprüfbares noch niemals eine Aussage gebildet wurde, die nicht im Laufe der Zeit aufgegeben werden mußte. Die Immunität der Spekulation gegenüber der Widerlegung durch Erfahrung sollte nicht zur Konsequenz haben, hier den Raum ewiger Wahrheiten anzusiedeln.

12. Kommunikation ist nicht unbedingt an Sprache gebunden. Es gibt auch unsprachliche Symbole, die Information in (oft unbewußter) Verständigungsabsicht mitteilen. Hierher gehören alle Mittel des Ausdrucks: ein Lächeln, ein hochgenommenes Kinn, ein Erröten, ein fragender, liebender, dankender, zweifelnder ..., Blick, eine bestimmte Form zu schreiben, sich zu kleiden, sich zu geben ... In jeder unmittelbaren Kommunikation (also der nicht-medienvermittelten) laufen solche nicht-verbalen Anteile mit. Es gibt nicht nur nicht-verbale Kommunikationsangebote, sondern ganze nicht verbale kommunikative Systeme (etwa im Petting realisiert).
Dennoch ist die sprachliche Kommunikation ausgezeichnet, denn sie allein erlaubt Metakommunikation (Kommunikation über Kommunikation). Wegen dieser Chance, eventuell unteroptimale oder mißglückende Kommunikation doch noch metakommunikativ korrigieren oder retten zu können, kann die sprachliche Kommunikation erhebliche Risiken auf sich nehmen, der der unsprachlichen verwehrt sind. Solche Risiken sind etwa mit folgenden kommunikativen Szenen verbunden:
● die Information ist außergewöhnlich unwahrscheinlich zutreffend,
● die Redundanz (d. h. das Maß an Wiederholung der Information) wird sehr gering gehalten,
● die psychische und soziale Situation der Partner wird nicht erst geprüft,
● die Mitteilung kommt nicht über bewußte Selektion zu-

stande, wird also nicht strategisch organisiert, sondern wird in ihrem Aufbau »dem Zufall« überlassen (d. h. der unbewußten oder vorbewußten sprachlichen Organisation).

Die Reflexivität kann ausgeschlossen werden. So vertragen etwa viele Metaphern (»Er steht wie ein Fels im Meer«), beabsichtigte Zweideutigkeiten oder Wortspiele, viele Witze keine reflexive Prüfung. Es wird hier durch die Form der Mitteilung die Information vermittelt, daß Nachfragen oder Reflexionen keinen Sinn haben, d. h. keine adäquaten Anschlüsse sind.

Die Bedeutung der Metakommunikation wird gelegentlich überschätzt. Viele Vertreter der Ansicht, daß sich kommunikativ verursachte Konflikte metakommunikativ beheben lassen, irren sich, insofern die durch mißlungene Kommunikation aufgebauten Widerstände selten vorwiegend rational sind. In aller Regel wird gegen den anderen Menschen oder gegen die Kommunikation mit ihm ein emotionales Widerstandssystem aufgebaut, das sich nicht selten zu einer Antipathie verdichtet, die kaum mehr metakommunikativ behoben werden kann. Oft ist eine metakommunikative Strategie auch schon allein deshalb ausgeschlossen, weil der, der sie vorschlägt, einen Dominanzanspruch stellt. Er übt Herrschaft aus, indem er sich zum Herrn über den Konflikt aufschwingt. Besteht aber zwischen Menschen ein Antipathiefeld, werden Herrschaftsansprüche meist heftig abgewehrt.

13. Die Einheit des kommunikativen Systems ist bestimmt durch die Möglichkeit seiner Negation. Gemeint ist hier nicht die Ablehnung einer Information oder einer Mitteilungsgestalt, sondern des kommunikativen Prozesses überhaupt. Die kleinste kommunikative Einheit ist also ein kommunikatives Geschehen, das keinen Nachfolger hat. Es ist das in der Regel ein nicht aufgenommenes Kommunikationsangebot. Zum Abbruch der Kommunikation können führen:

- Desinteresse (etwa an einer Werbeaussage),
- soziale Erschöpfung (ein Mensch kann nicht ständig kommunizieren, er benötigt die gelegentliche Absonderung),
- Konflikte,
- thematische Entleerung (das Thema erscheint erschöpft und ein sinnvolles Nachfolgethema stellt sich nicht ein),
- emotionale Überbeanspruchung (starke Emotionen wie Trauer, Angst, Niedergeschlagenheit).

Das größtmögliche kommunikative System ist ein lebenslänglicher kommunikativer Prozeß, der niemals abgebrochen, sondern allenfalls gelegentlich unterbrochen wurde. Abgebrochen wird er von außen durch den Tod eines Partners.

Im Gegensatz zu einem sprachlichen System hat ein kommunikatives stets Dauer. Es hat eine für den Systemaufbau und die Systemorganisation wichtige Vergangenheit (in der sich alle Erfahrungen der beteiligten Personen einfinden und verdichten). Es hat eine Gegenwart, in der es bestimmte emotionale und soziale Situationen aufbaut, in der es Personen durch Informationen und Mitteilungen verändert. Es hat eine Zukunft, in der neue kommunikative Systeme vorbereitet werden, deren Existenz von dem gegenwärtig realisierten abhängt. Vielleicht ist die Vergangenheit eines Menschen durch kaum etwas anderes bestimmt als durch das Schicksal der Kommunikationen, die andere Menschen mit ihm eingegangen sind, und der Kommunikationsangebote, die ihm andere und er anderen gemacht hat. Vielleicht ist die Zukunft eines Menschen nichts anderes als die Menge der ihm möglichen Kommunikationsangebote und das Schicksal der gelingenden und mißlingenden Kommunikationen, die auf ihn warten. Vielleicht bekommen Begriffe wie »Vergangenheit« und »Zukunft« erst vom kommunikativen Geschick ihre Bedeutung.

14. Mit den zugelassenen, bevorzugten, tolerierten, zurückgewiesenen, unterdrückten Themen sowie der Festlegung, welche Beiträge zu welchem Thema gehören, sagen die Kommunikationspartner etwas über sich selbst aus. Geschieht die positive oder negative Selektion von Themen und Beiträgen durch die soziale Kommunikationsstruktur (etwa eine Gruppe), sagt diese Selektion sehr viel über die Eigenschaften der Struktur aus. Sie verrät Vorurteile, Tabus, Bedürfnisse, Kenntnisse, Erfahrungen, Hoffnungen, Erwartungen, Orientierungen.

Themen können Bindungswirkung haben, insofern sie Bewußtsein gleichschalten und Interessen, Bedürfnisse, Hoffnungen, Orientierungen auf einen Nenner bringen helfen. Das gilt ganz besonders für alle Themen, die moralisch positiv oder negativ gewertet werden.

Themen ordnen Kommunikation und stellen einzelne Beiträge in einen erklärlichen Zusammenhang und erleichtern so deren Verständnis. Insofern Themen die einzelnen kommunikativen Systeme überdauern können, haben sie nicht selten den Charakter von Strukturen, obschon sie in der Regel von sozialen Strukturen selektiert und definiert werden.

Man unterscheidet geeignet zwischen offenen und versteckten Themen. Die versteckten laufen, über assoziative Brücken mit den offenen verbunden, unterbewußt mit. Ein Auslöser in eigener oder fremder Rede kann sie auf das Niveau des Bewußtseins bringen und so zum offenen Thema machen.

Themen sind gesättigt, wenn keine neuen Beiträge zum Thema mehr vorkommen. Man geht dann zu einem anderen Thema oder zu anderen Kommunikationspartnern über.

Vermutlich ist der Wandel im Bereich wissenschaftlicher Theorienbildung gelegentlich auf solche Themensättigung zurückzuführen. Eine bestimmte Theorie hat keine neuen Anwendungsfälle mehr, sie wird langweilig. Unter der Voraussetzung, daß eine andere Theorie bereit steht, wendet sich oft eine Wissenschaftlergruppe dieser neuen Theorie zu – und das, obschon Theorien nicht widerlegt werden können.

Bezogen auf eine Gesellschaft, die eine sozio-kulturelle Einheit bildet, bestimmt der Vorrat an möglichen Themen den Inhalt der Kultur. Die Kommunikation hat dann und hier die Funktion, die Kultur zu (re)produzieren, zu aktualisieren und so lebendig zu bewahren und zu stabilisieren. »Kultur« bezeichnet hier das von interagierenden Menschen in der Auseinandersetzung mit der Natur und Fremdkulturen in Theorie und Praxis Hervorgebrachte. Zur Kultur gehören Sprachstrukturen, Religionen und Mythen, moralische und ethische Systeme, Recht und die Weisen, es zu produzieren, zu verwalten und durchzusetzen, Handwerk, Kunst und Wissenschaft, Vorurteile und Ideologien, Philosophien und die Überzeugung der eigenen Überlegenheit. Kommt es zu unverhofften Begegnungen mit einer technisch überlegenen Kultur, ist ein Kulturschock die nicht seltene Folge. Im Kulturschock werden alle Inhalte der Kultur in Frage gestellt – vor allem aber die normativen. Das bedeutet auch oft einen Wandel der bevorzugten oder verbotenen Themen.

15. Kommunikation selbst ist nicht Handlung, sondern nur die Mitteilung in der Kommunikation hat Handlungscharakter. Das bedeutet, daß modernen Handlungstheorien nur ein Aspekt der Kommunikation zur Verfügung steht. Handlungstheoretisch kann Kommunikation also nur aus Mitteilungsfolgen mittelbar erschlossen, nicht aber unmittelbar erfahren werden. Die ihr zugrundeliegenden Selektionen sind nicht als Handlungen beobachtbar. Handlungstheoretisch ist nur die Wirkursachenebene erfaßbar und theoretisch zu deuten. Wie wir gesehen haben, geht damit Wesentliches in der Interpretation von Kommunikation verloren, die nur über

Abläufe innerer wechselseitiger Kausalität zutreffend gedeutet werden kann.

Während die Einheit des Verstandenen oder des Verstehbaren eine kommunikative Einheit definiert, denn allein diese Einheit ist negierbar, ist die Einheit der Handlung durch die persönliche Zurechenbarkeit bestimmt. Handlungen können sich, wegen der mangelnden Berücksichtigung innerer wechselseitiger Kausalität bei der Konstitution ihrer Einheit, nicht selbst produzieren oder sich auf sich selbst beziehen (sie kennen also keine Autopoiesis und keine Selbstreferenz).

16. Der Zweck der Kommunikation ist nicht Konsensbildung. Konsens herzustellen ist der Zweck des Überzeugungstransfers oder des Diskurses, also sehr spezifischer Kommunikationsgestalten. Wenn aber nicht Leistungen, die die Integration sozialer Systeme sichern, Sinn von Kommunikation sind, was ist dann ihre Funktion?

Sicherlich sind Transferleistungen (etwa die von Normen oder anderen kulturellen Errungenschaften) eine wichtige Aufgabe von Kommunikation. Darüber hinaus hat Kommunikation aber sicherlich auch diese Funktionen:

(1) Sensibilisiert sie soziale Systeme für Störungen des Gleichgewichts, für Konflikte, für den Vergleich mit anderen sozialen Systemen und der optimalen Interaktion mit solchen Systemen.

Die symbolvermittelte Interaktion »Kommunikation« ist ein, wenn erst einmal beherrscht, leicht zu handhabendes Werkzeug zur Regulierung von Krisen und Konflikten, sei es, daß sie intra- oder intersozietär angelegt sind oder ablaufen. Insofern in der Kommunikation nicht nur ein diagnostisches, sondern auch ein therapeutisches Instrument zur Verfügung steht, können sehr viele unbedenkliche Situationen zugelassen werden, in deren Folge Krisen und Konflikte zu erwarten stehen. Damit erspart das soziale System seinen

Elementen und Mitgliedern eine Menge von repressiven Eingriffen in ihre Interaktionen, die ansonsten unvermeidbar wären, um das System zu stabilisieren. Das ist das Geheimnis der Demokratie als einer politischen Organisationsform, die kommunikative Abläufe zwischen ihren Elementen und Mitgliedern fördert.

Die Sensibilisierung des sozialen Systems ist zudem auch Voraussetzung für eine optimale Anpassung an veränderte Situationen im Innen und Außen.

(2) Die Fähigkeit auch Unsinniges zu besinnen und damit integrierbar zu machen. In der kommunikativen Phantombildung (vgl. S. 20), die ja keineswegs nur negative Vorzeichen realisiert, ist es möglich, Sachverhalte zu schaffen, mit denen Weltbewältigung möglich wird. Unter dem Zwang, Sinn in einer Welt voller Unsinn zu schaffen, wurde Kultur ausgebildet. Sie hat als eine Voraussetzung die Kommunikation.

Kommunikation kann also Unerwartetes in Gewohntes, Unwillkommenes in Erträgliches, Unsinniges in Sinnhaftes wandeln. Sie produziert autonom Sinn, und das ohne notwendigen Realitätsverlust. Diese autonome Sinnproduktion wird deutlich:

(a) in der Ordnung der Umwelt, die in Entsprechung zur Systemordnung gebildet wird,

(b) in der Ausbildung von Strukturen, die stets stabile Ordnungsmuster vorgeben und

(c) in der Produktion von Anschlußfähigkeit von Interaktionen.

Kommunikation produziert Kultur in allen ihren Chancen und Gefährlichkeiten. Kommunikation schließt weder die psychische noch die soziale Stabilisierung auf einem realitätsabgelösten Niveau aus. In ihr steckt also sowohl die Chance, sich selbst zu gewinnen wie die, sich selbst zu verlieren. Das gilt für personale Systeme wie für soziale.

(3) Die Personalisierung zu ermöglichen. Die Personwer-

dung eines Menschen hängt weitgehend davon ab, ob der intrapsychische Dialog (zwischen Selbst- und Objektrepräsentanzen) und der interpersonale Dialog (mit anderen Personen, die ihn sich selbst zurückspiegeln, die seine Sozialität aktualisieren, die ihn bergen und fordern) funktioniert. Die kommunikative Einbindung ist also die Voraussetzung für die Bildung eines personalen Systems, insoweit personal. Wir sahen im ersten Kapitel, wie sehr Menschen auf Menschen kommunikativ verwiesen sind. Dieser Verweis geht hin bis zur (formalen) Verursachung der Kommunikationspartner als Personen.

17. Immer wenn Kommunikation in Gang kommt, wenn also ein Kommunikationsangebot angenommen wird, entsteht ein soziales System vom Typ »Kommunikationsgemeinschaft«. Diese Kommunikationsgemeinschaft unterhält ein eigentümliches Umweltverhältnis, das durch Kommunikation definiert ist. Da es möglich ist, daß solche Kommunikationsgemeinschaften ein ganzes Menschenleben währen, ist ihre Bedeutung nicht gering zu achten.
Einer Kommunikationsgemeinschaft ist die Umwelt nur als Information zugänglich. Erfahrungen ohne Informationscharakter haben keine Bedeutung, weil sie nicht als Formursache in Kommunikation eingehen. Ferner spielt die thematische Selektion eine erhebliche Rolle für die Umweltkonstitution einer Kommunikationsgemeinschaft.
Die Umwelt eines miteinander alt gewordenen Ehepaares ist oft sehr einfach geworden. Sie ist bestimmt durch die Inhalte, die als Themen bevorzugt oder doch zugelassen werden. Endlich werden nur Änderungen in der Umgebung als kommunikative Umwelt erfahrbar. Konstante Sachverhalte fallen also bald aus der Umwelt heraus, weil sich die Kommunikation über sie bald erschöpft.
Soziale Systeme vom Typ »Kommunikationsgemeinschaft«

haben als notwendige Bedingung eine kommunikative Einheit, an die sie grundsätzlich gebunden sind. Zerfällt diese Einheit, zerfällt das System.

Eine weitere notwendige Bedingung ist die Zurechnung der Mitteilung(en) als Handlung(en). Über die Handlung wird es dem System möglich, sich selbst zu beobachten, zu beschreiben und über sich selbst zu reflektieren.

V.

Kommunikationsstörungen

1. Im vorigen Kapitel wurde gezeigt, daß Gesellschaften als Strukturen von kommunikativen Systemen zu verstehen sind. In ihnen verdichtet sich also die Erfahrung gelungener Kommunikation. Auch personale Systeme sind, wie schon vielfach erwähnt, Folgen gelungener und mißlungener Kommunikation. »Person« läßt sich aus den Erfahrungen vergangener kommunikativer Ereignisse und den Verarbeitungsmustern solcher Ereignisse zureichend treffend bestimmen. Es steht also zu erwarten, daß Kommunikationsstörungen eine psychische und/oder soziale Störung signalisieren. Wie in einer noch nicht voll geklärten Weise Kommunikation-Person-Gesellschaft aufeinander bezogen sind und voneinander abhängen, so signalisieren auch Kommunikationsstörungen Störungen in personalen und sozialen Systemen, die wiederum ihrerseits durch kommunikative Systeme miteinander verbunden sind.

Versuchen wir zunächst eine vorläufige Bestimmung dessen, was »Kommunikationsstörung« bezeichnet. Wir bestimmen beschreibend: Kommunikationsstörungen sind psychische und/oder soziale Ereignisse, die einen kommunikativen Prozeß

(a) nicht in Gang kommen lassen (wenn etwa Kommunikationsangebote oder die Aufnahme von Kommunikationsangeboten verweigert werden),

(b) unzeitig abbrechen (etwa weil ein Teilnehmer sich dominiert fühlt),

(c) mißbrauchen, um Konflikte zu institutionalisieren (etwa im Spielen von Spielchen),

(d) in sich selbst zurücklaufen lassen (wobei eine Information, meist entsprechend entstellt, permanent verarbeitet wird, wobei alle neuen Aspekte ausschließlich aus dem kommunikativen Prozeß gewonnen werden),

(e) benutzen, um Informationen zu verschleiern, zu verfälschen oder aus dem Prozeß auszuschließen,

(f) verwenden, um entartete Formen der Kommunikation festzumachen und dem Partner den Ausbruch aus einem so entarteten System zu erschweren (wenn Kommunikation etwa dazu dient, Schuldzuweisungen stabil zu halten).

Kommunikationsstörungen können also sehr verschiedene Gründe und sehr verschiedene Folgen haben. Ich habe schon darauf verwiesen, daß psychische und soziale Krisen und Konflikte als Kommunikationsprobleme darstellbar sind (vgl.: Lay 1980, 359–406). Insofern Kommunikationsstörungen Anzeichen für Konflikte sein können, ebenso aber auch ihre Ursache, müssen wir einen Augenblick beim Thema »Konflikt« verweilen.

2. Wir wollen annehmen, daß akute Konflikte eine Ablösung von psychischer und/oder sozialer Realität anzeigen. Das soll nicht bedeuten, daß die Anpassung an die konkrete Realität und damit Minderung der Konflikte höchstes Ziel menschlichen Handelns bedeute. Die mangelnde Realitätsanpassung, die ein Konflikt signalisiert, kann durchaus eine nekrophile (d. h. Leben in wenigstens einer seiner Dimensionen mindernden, also lebensfeindlichen) Realität betreffen. In diesem Fall ist das Durchstehen eines Konflikts mit dem Ziel, Realität und/oder die Anpassung an Realität zu ändern, im allgemeinen biophil, wenn die Realitätsänderung nicht die eigenen physischen, psychischen und sozialen Begabungen und Möglichkeiten überfordert und so Existenz gefährdet oder gar vernichtet. So war etwa eine Position, die die Gleichwertigkeit der menschlichen Rassen behauptete,

im Dritten Reich sehr gefährlich. Sie führte zu (in der Regel lebenslänglichen und nicht konstruktiv auflösbaren) Konflikten, da eine Änderung der politischen und sozialen Realität kaum möglich war. Auf der anderen Seite war das System »Drittes Reich« nekrophil organisiert. Obschon also an sich der Konflikt nicht nekrophil war, weil aus der Spannung mit einem nekrophilen System hervorgegangen, wäre es doch nekrophil gewesen, ihn ohne sehr wichtigen Grund zu provozieren. Damit haben wir ein elementares Kriterium beschrieben, das für die Charakteristik von Konflikten von zentraler Bedeutung ist: Es gibt biophile Konflikte (d. h. Konflikte, die, wenn sie gelöst werden, helfen, physisches, psychisches, soziales, emotionales ... Leben zu erhalten und zu entfalten oder Realität biophil zu ändern). Es gibt jedoch auch Konflikte, deren Lösung nicht diese Chance bietet. Wir wollen sie nekrophil nennen. Die Biophilie oder Nekrophilie eines Konflikts hängt also nicht nur vom Konfliktthema und der Konfliktursache ab, sondern auch von der konkreten psychischen und/oder sozialen Situation, in der der Konflikt und die einem Menschen möglichen Konfliktlösungen spielen, und der Chance, Realität zu ändern.

Konstruktiv nennen wir eine Konfliktlösung, die den Konflikt zum Verschwinden bringt, d. h. ihn nicht nur verlagert oder zudeckt. Nicht jede konstruktive Konfliktlösung ist biophil. Es gibt auch Konfliktlösungen, die ein psychisches oder soziales System auf einem nekrophilen Level stabilisieren. So wären Konfliktlösungen, die in der Annahme der Behauptung der Überlegenheit der »arischen Rasse« gründen, zwar unter den Bedingungen des Dritten Reichs konstruktiv gewesen, nicht aber biophil. Biophil ist es, Konflikte zu vermeiden, wenn die Chance, sie biophil zu lösen, nicht gegeben ist.

Wir wollen also feststellen, daß der Sinn des Konflikts in der Chance liegt, eine biophile soziale und/oder psychische

Neuorientierung zu wagen oder Realität biophil neu zu gestalten. Dabei sei zugegeben, daß nicht jeder Konflikt diese Chance gibt. Das kann in der Eigenschaft des Konfliktthemas oder der Konfliktursache einerseits oder der mangelnden Konfliktfähigkeit oder der mangelnden Potenz eines Menschen oder einer Gesellschaft, Realität zu ändern, andererseits begründet sein.

Manche Konflikte gründen in Krisen. »Krise« bezeichnet den Zustand eines erheblichen Ungleichgewichts eines psychischen oder sozialen Systems. In Krisensituationen ist einerseits die Konfliktfähigkeit gemindert und andererseits werden Konflikte im Innen und im Außen des Systems produziert. Auch hier wird die ursprünglich biophile Funktion des Konflikts deutlich. Er soll helfen, eine Krise durch bessere Orientierung an Realität oder Umgestaltung von Realität zu meistern.

3. Zunächst seien einige Kommunikationsstörungen aufgezeigt, die in der gesellschaftlichen Verfaßtheit gründen. Hier sind an erster Stelle Konflikte zu nennen, deren Ursache in den Weisen der Selbstreproduktion von Gesellschaften zu suchen ist.

Gesellschaften reproduzieren sich über den Transfer von Normen, Standards, Werteinstellungen, Vorurteilen, Feindbildern. Fällt eine Person oder eine Gruppe aus diesem Reproduktionsrahmen heraus, kommt es zu Konflikten, die sich in Kommunikationsstörungen manifestieren. Wie gestalten sich nun solche Konflikte/Kommunikationsstörungen im einzelnen?

(a) Werden Werteinstellungen nicht übernommen, erhalten Wertbegriffe andere semantische und/oder emotionale Bedeutungen, tauchen neue Wertbegriffe auf, andere verschwinden. Die Werteinstellungen sind Folge der elementaren Orientierung eines Menschen, seiner Antwort auf die

Frage nach dem Lebenssinn. Werthaft ist das, was diesen Sinn realisiert (vgl. dazu: Lay 1984, 112 ff.). Insofern heute kaum mehr die soziale Umwelt zureichend Sinn anliefert, müssen Menschen die Sinnfrage »privat« beantworten. Damit werden aber auch Werte »privatisiert«.

Wir sprechen oft vom »Wertewandel«. Damit ist sicherlich etwas Richtiges gemeint: Die »alten Werte« verlieren ihre Verbindlichkeit. Noch aber gibt es kein neues »allgemeines Bewußtsein«, mit dem zusammen im Verlauf der Sozialisation Wertorientierungen übertragen werden könnten. Solange das so ist, müssen Menschen ihrem Leben selbst (»privat«) Sinn geben, weil die »öffentliche Sinnvermittlung« und damit die öffentliche Wertvermittlung nicht funktionieren. Tatsächlich ist heute die Wissensvermittlung nicht mehr an Wertvermittlung gebunden. Ja, der Versuch, beide wieder aneinander zu koppeln, gälte als unschicklich, als grober Verstoß gegen die Regeln des liberalen Denkens. Selbst im Religionsunterricht wird heute gelegentlich Wissens- und Wertvermittlung sorglichst getrennt.

Die Privatisierung der Wertbegriffe führt im allgemeinen nicht zu einer wesentlichen Sprachveränderung. Nur werden die alten Worte mit anderen semantischen und emotionalen Bedeutungen versehen. Das hat für die Kommunikation ärgere Folgen, als wenn die alten Werte zusammen mit ihren Namen als Unwerte bezeichnet und fallengelassen würden. Hier vollzieht sich unter dem Schein des Zusammenhangs von Vergangenheit und Gegenwart eine tiefgreifende Änderung, die nicht die Worte, sondern deren Bedeutungen betrifft. Bedeutungen sind aus ihrem Gebrauch innerhalb eines Sprachspiels zu erheben. So kann es dazu kommen, daß Menschen scheinbar längere Zeit über dasselbe reden und sich ebenso scheinbar einander verständlich machen, bis sich herausstellt, daß sie in verschiedenen Sprachspielen handeln. Der eine spricht etwa im Spiel einer ethischen, der andere etwa im Spiel einer sozialen Sprache.

In dem Umfang, in dem die Ethik ihre »himmlische Legitimation« verlor, legitimiert sie sich sozial – dabei aber nehmen Worte andere Bedeutungen an. Und weil konkrete Sozialität, zumindest als Werthorizont, nicht standardisierend wirkt, bleiben soziale Wertorientierungen zumeist »privat«. In konkreter Sozialität verdichtet sich die soziale Erfahrung eines Menschenlebens. Und zu den sozialen Erfahrungen zählen vor allem die kommunikativen.

So ist es verständlich, daß im letzten Jahrzehnt immer wieder versucht wurde, eine »Ethik der Kommunikation« auszubilden, von der her wieder allgemein verbindliche Werte formuliert werden könnten. Wenn schon allgemeiner Konsens bestehe, daß gelingende Kommunikation auch sittlich gut ist, müßten die Einstellungen und Orientierungen, die Bereitschaften und Fähigkeiten zu gelingender Kommunikation ebenfalls werthaft sein.

Doch diese Annahme führt in die Irre, da sie voraussetzt, daß »Kommunikation« nicht in sehr verschiedener Absicht und zu sehr unterschiedlichen Zwecken, die in unterschiedlichen Bedürfnissen wurzeln, verwendet werden kann. Kommunikation spielt in allen Bedürfnismustern eine erhebliche, aber recht unterschiedliche und nicht auf einen Nenner zu bringende Rolle. Kommunikation ist nötig, um narzißtische, erotische, soziale, aggressive Bedürfnisse zu befriedigen. »Gelingende Kommunikation« bedeutet aber in jedem Bedürfnisrahmen etwas anderes. So gelingt im narzißtischen Bedürfnisrahmen Kommunikation, wenn Selbstdarstellung nicht nur akzeptiert, sondern auch verstärkt wird, wenn Bewunderung und Anerkennung ausgesprochen werden. So gelingt im erotischen Bedürfnisrahmen Kommunikation nur, wenn die Kontaktvergewisserung zur Verstärkung von Zuwendung, Freundschaft, Kameraderie, Liebe führt oder doch wenigstens einen bestehenden erotischen Bestand bestätigt. So gelingt Kommunikation im aggressiven Bedürfnisrahmen nur, wenn es gelingt, dem anderen Schuld zuzuweisen, ihm wehzutun, über ihn zu siegen (etwa durch Überzeugungstransfer). Von »allgemein gelingender« Kommunikation kann man wohl nur im Bereich trivialer Kommunikation sprechen. In anderen Fällen hängt es von den subjektiven Bedürfnissen des oder der Kommunikationspartner ab, ob und in welchem Umfang Kommunikation gelingt.

Das soll nicht heißen, daß eine kommunikative Ethik unmöglich sei, im Gegenteil: Nur sollte man die Wertorientierung nicht an der gelingenden Kommunikation, sondern am gelingenden Diskurs festmachen. Damit aber eine solche Ethik möglich und erfolgreich ist, müßten viele, wenn nicht die meisten Menschen in der Diskursfähigkeit einen Wert sehen. Das ist nicht der Fall. Die meisten Menschen wollen Menschen besiegen und nicht Probleme – selbst, wenn sie sich anderes einreden.

So bleibt uns denn nur die Möglichkeit, in einer Welt voller privater Wertbesetzungen zu leben. Daraus entstehen so lange keine Kommunikationsstörungen, wie wir darum wissen. Wenn wir jedoch der Ansicht sind, daß »Friede«, »Treue«, »Liebe«, »Solidarität«, »Gerechtigkeit« … für den anderen Menschen das gleiche bedeuten wie für uns, so daß wir auf diesem Fundament miteinander Interaktionen organisieren können, irren wir uns. Die Bedeutungen der Werte bezeichnenden Worte müssen in jedem Fall eigens abgeklärt werden. Und eine Abklärung ist immer dann empfohlen, wenn eine Kommunikationsgemeinschaft längere Zeit bestehen und auch andere Interaktionsformen als die der Kommunikation einschließen soll.

(b) Neben dem Komplex: Werte – Normen – Standards ist der Komplex Vorurteile – Feindbilder für die (identische) Reproduktion von Gesellschaft erheblich. Man kann, ohne zynisch zu sein, Gesellschaften über ihre Vorurteile und ihre Feindbilder definieren. Was bedeutet es für Kommunikation, wenn beide nicht mehr sozial vermittelt an die künftige Generation weitergegeben werden? Das bedeutet an erster Stelle, daß die emotionale Besetzung der Worte, die den Feind bezeichnen oder das Vorurteil umschreiben, geändert wird. Das kann zu erheblichen Kommunikationsstörungen führen. Wenn ein Sohn im Kommunismus nicht etwas ebenso Verwerfliches sieht wie der Vater, können tiefgreifende kommunikative Störungen die Folge sein.

Dabei ist daran zu denken, daß über den Antikommunismus die erste Selbstdefinition der bundesrepublikanischen Gesellschaft erfolgte. In der Nachfolge von *A. Hitler* benutzte *K. Adenauer*, wenn auch aus anderen Motiven und anderer Rechtfertigung, das Feindbild »die Sowjets«, um aus den Bewohnern der Bundesrepublik so etwas wie ein homogenes soziales System zu machen. *E. Kogon* (1970) hat das überzeugend nachgewiesen. *Kogon* beklagt, daß sich auch nach der Kapitulation von 1945 »keinerlei bis auf den Grund reichende Revision des vormaligen Denkens und Empfindens vollzieht ... Die UdSSR ist es, das expansionsbesessene Diktatursystem der Sowjets, der kommunistische Terror, die die Wiederherstellung gerechter Verhältnisse zu Frieden und Freiheit beharrlich verhindern. Noch immer, schon wieder, werden die Tatsachen antikommunistisch verkannt, wird die vielfältige reale Bedeutung dessen, was eingetreten ist, nicht gesehen.« (198) Vor dem Hintergrund so beschränkter politischer Wahrnehmungsfähigkeit kam es zur militärischen Wiederaufrüstung der Bundesrepublik, zur Integration in die Nato, zu innenpolitischen Repressionen (Notstandsgesetze, Verbot der KPD, »Berufsverbot« ...). Der »Verlust der produktiven politischen Vorstellungskraft« birgt in sich die Gefahr, »an jeder geschichtlichen Wegscheide, die Möglichkeiten positiver Bemühungen um eine allgemeine Friedens- und Sicherheitsordnung in Europa zu verfehlen« (204, 199).

Ein typischer Text unter vielen vergleichbaren aus einer Adenauer-Rede mag das belegen. In einer Rede, die er am 23.5.1956 vor Vertretern des BDI hielt, sagte er: »Es wird davon gesprochen, Rußland sei so viel stärker geworden. Ich weiß es nicht, meine Herrn. Kein Mensch weiß es, meine verehrten Herrn. Und daher stehen wir dieser ganzen Welt, die doch, im Grunde genommen, unser Todfeind ist, mit der größten Achtsamkeit gegenüber.«

Die unter jüngeren Menschen nach der »Revolution der Jugend« 1968 ausgebrochene politische Toleranz läßt sie oft solche Feindbilder und Vorurteile nicht mehr akzeptieren. Vor allem die Erfahrungen mit den USA in Vietnam machten skeptisch. Das Schwarzweiß-Malen wurde verpönt. Neue, und vor allem konkretere Feinde tauchten auf: Atomkraftwerke, chemische Industrie, Umweltverschmutzer. Insofern aber die Grenze zwischen Freund und Feind mitten durch die Bevölkerung läuft, fehlt nicht nur das Zusammengehörigkeitsgefühl, das nötig ist, den gemeinsamen Feind abzuwehren, sondern es kommt durch die andere Grenzziehung zwischen Freund und Feind zu zusätzlichen aggressiven Besetzungen. Für manche Vertreter der Älteren (und das meint kein kalendarisches Alter) sind Personen, die gegen Atomkraftwerke, chemische Industrie oder Umweltverschmutzung demonstrativ protestieren, des Kommunismus verdächtig, zumindest aber eines gebrochenen Verhältnisses zu unserem politischen und ökonomischen System. So sieht das ja auch der Generalbundesanwalt. Würde er das nicht tun, wäre er vermutlich für das Amt nicht sonderlich geeignet.

Das soll deutlich machen, daß die Gefährdung der Reproduktion eines sich über Vorurteile und Feindbilder definierenden Systems zu erheblichen Kommunikationsstörungen zwischen Personen und Gruppen innerhalb des Systems führen kann.

4. Eine andere Form von Kommunikationsstörungen, die in gesellschaftlichen Strukturen begründet sein können, ist die mangelnde Adaptation an verändertes Sein und Bewußtsein. Genauerhin ist eine Form des Bewußtseins gemeint, die nicht den tatsächlichen sozialen, politischen, ökonomischen, kulturellen Gegebenheiten entspricht. Solches Bewußtsein spiegelt Situationen wider, die vergangen sind. Die Gefährlichkeit solch ungleichzeitigen Bewußtseins liegt nicht nur in seiner Intoleranz (weil es nicht mehr durch das Sein gestützt wird, muß es sich selbst stützen), sondern in der Unfähigkeit, auf reale ökonomische, politische, soziale und kulturelle Abläufe Einfluß zu nehmen.

Das ungleichzeitige Bewußtsein gleicht *Goethes* Zauberlehrling, der zwar die wassertragenden Besen in Gang setzen, sie aber nicht mehr beherrschen konnte. Insofern wir heute alltäglich die Ohnmacht des Bewußtseins (und damit auch der Wertorientierungen) vor den faktischen Notwendigkeiten erfahren, erleben wir drastisch ein Stück Ungleichzeitigkeit.

Nun gibt es immer Menschen, die wenigstens partiell in Gleichzeitigkeit leben müssen. Es sind das all jene, die unmittelbar mit den neuen Formen des Seins umzugehen haben. Sie werden früher oder später ihr Bewußtsein an die veränderten Verhältnisse anpassen müssen. Sie werden es an die veränderten Bedingungen der Verteilung von Arbeit, die veränderten Bedingungen der Struktur von Familien, die veränderten Bedingungen der Produktion und der materiellen Reproduktion von Gesellschaft, die durch die neuen Techniken gegeben sind, anpassen. Diese Anpassung des Bewußtseins ist jedoch in der Gegenwart kaum sittlich, sondern technisch geleitet. Und weil es sich nicht sittlich artikulieren kann, kommt es scheinbar gegen ethische Argumentationen nicht an, selbst, wenn diese in Nachzeitigkeit argumentieren. Der so entstehende »moral lag« kann zum Grab der Menschheit werden.

Die Kommunikation zwischen Menschen verschiedener Zeitigkeit ist nahezu unmöglich. Nicht daß die Begriffe andere semantische und/oder emotionale Bedeutungen haben. Der Unterschied liegt vielmehr in andersartigen handlungs- und erkenntnisleitenden Interessen. Das führt dazu, daß Sachverhalte anders gewichtet und einander anders zugeordnet werden.

Die große Zeit, in der kulturelle Eliten das allgemeine Bewußtsein nicht nur repräsentierten, sondern auch in seinem Wandel definierten, ist längst vorbei. Heute bestimmt die neue technische Elite, was getan wird. Wird sie aus dem kommunikativen Kontext, der sie an Vergangenheit bindet, entlassen, und vieles spricht dafür, wird sie sich eine neue Ethik schaffen, die weitgehend an ihren Möglichkeiten orientiert ist. Von dem guten alten Humanismus Europas wird genausowenig übrig bleiben wie vom guten alten Christentum. Beide werden in kleinen, aber wirkungslosen Gettos ein Dasein in selbstverschuldeter Ungleichzeitigkeit fristen, weil sie es versäumten, mit der neuen Elite anschlußfähige Kommunikation zu üben.

5. Eine weitere Methode der politisch-gesellschaftlichen Reproduktion gerät immer mehr ins Zwielicht und wird Ursache von erheblichen Kommunikationsstörungen. Ein wichtiges Thema in der Reproduktion des politischen Systems ist »Freiheit«. Von seiner »Freiheitlichkeit« her bezieht das System in seinem Selbstverständnis seine Legitimation und die Legitimation zu einer gelegentlich repressiven Gesetzgebung (etwa im »Kontaktsperregesetz« oder dem »Demonstrationsstrafrecht«). Die »Freiheitlich-demokratische Grundordnung« ist mit nahezu allen Mitteln des Rechts und der

Waffen zu verteidigen, so als ob eine »Ordnung« ein Wert an sich sei.

»Freiheit« bedeutet in Verlautbarungen des Systems oder der Systemagenten in aller Regel »systemische Freiheit«. Ein System ist freiheitlich organisiert, wenn

- seine Strukturen möglichst wenig Zwänge einfordern und
- die Systemaktivitäten die im Bereich menschlicher Disposition liegenden Zwänge möglichst gering halten.

In diesem Sinne gibt es in der Bundesrepublik ein hohes Maß an politischer und ökonomischer Freiheit, wenngleich auch nur wenige Privilegierte diese Freiheit voll nutzen können. Die Organisation des privaten ökonomischen und politischen Handelns ist nur durch vergleichsweise wenige Grenzziehungen des politischen Systems behindert, wennschon die Behinderung tenzentiell eher zu- als abnimmt, wennschon die systemischen Freiheitsräume nur halbherzig vor den Zwängen, die von makroökonomischen Prozessen ausgehen (etwa von der Arbeitslosigkeit) geschützt werden.

Dabei wird nicht selten übersehen, daß die systemische Freiheit kein Wert an sich ist. Der von ihr geschützte und geförderte Wert ist vielmehr die personale Freiheit.

»Personale Freiheit« realisiert sich vor allem in Entscheidungsfreiheit. Entscheidungsfreiheit kann aber nur praktisch werden, wenn Entscheidungen (und das nicht nur im trivialen Bereich: »Soll ich heute Tennisspielen oder Wandern?« – »Soll ich die FAZ oder »Die Welt« lesen?« ...) möglich sind. Entscheidungen sind aber nur möglich, wenn eigentliche Alternativen zur Verfügung stehen. »Eigentliche Alternativen« stehen (im Gegensatz zu Pseudoalternativen) aber nur zur Verfügung, wenn beide Handlungen, die aus der Entscheidung hervorgehen können, in sich und ihren Folgen ähnlich akzeptabel sind. Damit aber hapert es oft.

De facto stehen viele Entscheidungen unter technischen Zwängen: Nur *eine* Entscheidung ist technisch optimal,

d. h. sie löst mit einem Minimum an psychischem und sozialem, an ökonomischem und zeitlichem Aufwand ein Problem. Die technisch optimale Lösung steht nicht mehr zur Diskussion. Sie muß gesucht und, wenn möglich, auch gefunden, und wenn gefunden auch realisiert werden. Das aber bedeutet: Es gibt nur Pseudoalternativen.

Der Bereich solcher Zwänge greift um sich. Vielleicht standen einmal nur ökonomische oder politische Entscheidungen unter solchen Zwängen. (Sieht man einmal von den Entscheidungsregeln des »technischen Handelns« im engeren Sinne – als Übersetzung von Naturwissenschaft in Praxis – ab.) Es ist zu beobachten, daß das Ideal technisch optimalen Handelns immer mehr auch die privaten Räume erobert.

Ich kenne nicht wenige Partnerschaften, in denen solche Ideale Handeln bestimmen.

Was hat in einer solchen Situation, in der das Ideal technisch optimaler Lösungen wesentliches Entscheidungskriterium ist, noch personale Freiheit zu suchen? Nichts! Was wird denn da von der systemischen Freiheit geschützt? Nichts! Was hat denn da die systemische Freiheit für eine Funktion? Keine! Es kommt also darauf an, unser Gemeinwesen wieder so zu organisieren, daß technische Rationalität nicht zum Ideal zwischenmenschlichen Handelns wird. Wir dürfen uns nicht hinter der Fassade der systemischen Freiheit verbergen, wenn dieses Ziel angesprochen wird.

Kommunikation, die den Regeln technischer Rationalität gehorcht, wird sich in aller Regel auf das Geben, Nehmen und Verarbeiten von Daten beschränken. Kontaktvergewisserung, Selbstdarstellung, versteckte Appelle werden zu Störgrößen, die durch entsprechende Techniken abgefangen und gemindert werden. Dabei geht der personale Aspekt und die personale Funktion der Kommunikation verloren. Technik und Kommunikation vertragen sich nur bedingt, denn Kommunikation spielt immer auch im Raum personaler Freiheit.

Es stellt sich die Frage, ob institutionalisierte soziale Systeme überhaupt in der Lage sind, personale Freiheit zu sichern, da sie der geborene Gegner aller Institutionen ist. Das zentrale Interesse des Systems (und nicht nur des sozialen) ist Systemerhalt und die Expansion des Systemeinflusses nach innen und außen. Dies wird behindert, wenn sich Personen nicht voll in den Dienst des Systems stellen, wenn die systemisch regulierten Interaktionen durch Entscheidungsfreiheit ständig labilisiert werden. Personale Freiheit liegt also nicht im Interesse des Systems und seiner Agenten.

Wie aber kann der personalen Freiheit eine Bresche geschlagen werden? Nur, indem die Ansprüche der institutionalisierten sozialen Systeme zurückgedrängt werden. Das »Weniger Staat« darf keine publikumswirksame Leerformel bleiben.

Auch in Unternehmen müssen gezielt stabile und institutionalisierte Systembildungen verhindert oder rückgängig gemacht werden zugunsten von »Kommunikationsgemeinschaften«, zugunsten also von sehr dynamischen und instabilen, sich jeder Institutionalisierung sperrenden sozialen Systemen. Die modernen Führungstheorien versuchen solches Bemühen zu artikulieren, wenngleich mit wenig praktischem Erfolg.

Gefragt ist ein Lernprozeß, der allein im permanenter Kommunikation in Gang gesetzt und gehalten werden kann. Die Ausbildung stabiler und institutionalisierter Systeme hat genau da ihre Grenze, wo ihre kommunikative Funktion endet: Sie haben, insofern Kommunikationsstrukturen, Kommunikation zu erleichtern. Daß sie das oft nicht tun, ist unbestreitbar. Das Gerede von Freiheit, das allein systemische Freiheit meint, erscheint zunehmend mehr Mitmenschen als verlogen und leer. Was nutzt alle systemische ökonomische Freiheit, wenn

• ein Mensch arbeitslos ist,

- ein Mensch, nicht die gewünschte Ausbildung, die seinen Begabungen optimal entspricht, erhalten kann,
- ein Mensch wegen geringen Einkommens nur sehr beschränkt am Angebot an Waren und Dienstleistungen, am kulturellen und am sozialen Geschehen teilnehmen kann,
- ein Mensch im Vollzug seiner Tätigkeit auf den Einsatz ethischer Maximen verzichten oder arbeitslos werden muß?

So ist denn nicht verwunderlich, daß gerade über das Thema Freiheit keine sinnvolle Diskussion möglich ist, weil die emotionalen Besetzungen des Wortes sehr verschieden und die semantischen Bedeutungen nicht ausgemacht sind. Kann man aber sinnvoll bereit sein, für eine Sache sein Leben zu riskieren, die aus der allgemeinen Kommunikation und damit aus dem allgemeinen Bewußtsein verbannt ist?

6. Unser sozio-ökonomisches System reproduziert sich aber auch über den Besitz von Privateigentum (das ist das Eigentum an Produktionsmitteln und an fremder Arbeitskraft – es ist also nicht zu verwechseln mit dem persönlichen Eigentum) und dem Spiel des Wettbewerbs. Für beide gilt, daß auch sie aus der positiven Wertung durch das allgemeine Bewußtsein entlassen sind. Das hat sicher mancherlei Gründe. Hier soll einer ausgeführt werden: Immer mehr Menschen sehen ein, daß die klassischen Wertbesetzungen von Eigentum und Konkurrenz kontraproduktiv, ja nekrophil geworden sind oder zu werden drohen. Um Mißverständnisse erst gar nicht aufkommen zu lassen, will ich betonen, daß ich für eine marktwirtschaftliche Ordnung eintrete, und das aus zwei Gründen:
- Die Konkurrenz der Anbieter ist allemal humaner als die Konkurrenz der Nachfrager, insofern sie Konkurrenzmechanismus auf die meist wirtschaftlich stärkeren (die Anbieter) verlagert.
- Die Konkurrenzmechanismen sichern eine optimale Ver-

wendung der kostspieligen Ressourcen (nicht jedoch der »preisgünstigen« wie Luft und Wasser).

Ich bin ferner der Ansicht, daß »Marktwirtschaft« ein kybernetisches Regelsystem beschreibt, das die Tendenz hat, sich immer wieder selbst zu stabilisieren, wenn es nicht durch Einflüsse von außen (seien sie gewalttätig oder seien sie scheinbar subsidiär wie etwa Subventionen) daran gehindert wird. Die zum Teil massiven politischen Interventionen in das Marktgeschehen, wie wir sie in den meisten OECD-Ländern beobachten, produzieren eine Form der Planwirtschaft, in der zwar nicht die Produktion, wohl aber der Geldwert, die Arbeitslosenrate, das Wirtschaftswachstum, die Leistungsbilanz durch politische Einflüsse beherrscht (d. h. doch auch »geplant« reguliert) werden soll. Ich lehne auch diese Form der Planwirtschaft ab. Die sogenannte soziale Marktwirtschaft, in der die ökonomischen Abläufe der politischen Kontrolle unterstellt werden, mit der Vorgabe, es gelte den sozial Schwachen zu schützen, ist nichts anderes als eine Form der Planwirtschaft. Das Wort »sozial« hat reine Alibifunktion. Denn eine funktionierende freie Marktwirtschaft produziert aus sich ein hohes Maß an Sozialität, mehr jedenfalls als jede staatliche Intervention.

Dennoch bin ich der Meinung, daß Privateigentum und Konkurrenzverhalten hoch konfliktträchtig sind, und das in einer Weise, die eine Behebung des Konflikts durch Kommunikation (Diskurs) unmöglich macht beziehungsweise nekrophile Konflikte durch entartete Kommunikationsformen produziert. Ich habe also zu zeigen, daß unter den gegenwärtigen Bedingungen Privateigentum und Konkurrenzverhalten zu entarteter Kommunikation führen und somit nekrophile Kommunikationsstörungen begünstigen.

»Eigentum« bezeichne hier das gesellschaftliche Institut, das in der Überzeugung wurzelt, man könne nur über eine Sache oder einen Menschen verfügen, wenn man ihn zum Eigentum habe, und daß diese Form des Verfügen-Könnens mit sozialer Anerkennung und der Möglichkeit belohnt wird, auch über die unmittelbare Verfügungsgewalt über die Person und Sache hinaus auf soziale, kulturelle, politische und ökonomische Abläufe Einfluß nehmen zu können. Eigentum ist also nur insofern nützlich und erstrebenswert, als es

- materielle Sicherheit und Unabhängigkeit,
- soziales Ansehen und die Chance, Macht auszuüben,
- Befriedigung von Konsumwünschen

garantiert oder doch verspricht.

In diesem Sinne ist Eigentum eine vergleichsweise neue Erfindung in der Geschichte der Menschheit. Es konnte die genannten Vorteile erst mit sich haben, als Eigentum keinen biologischen Selektionsnachteil mit sich brachte. Benachteiligt aber im biologischen Kampf ums Dasein (daneben gibt es sicher auch einen sozialen und psychischen) war durch die ersten 99 % der Menschheitsgeschichte, der Mensch, dessen Mobilität durch irgend etwas (also auch durch Privateigentum) eingeschränkt war. Jäger und Sammler sind nur bei hoher Mobilität überlebensfähig. Jede Form von Eigentum bedeutet einen Selektionsnachteil. Vorteilhaft wurde Eigentum erst, als Menschen zum Ackerbau übergingen. Hier war Mobilität nicht mehr so gefragt. Das Besitzen- und Verfügenwollen über möglichst viel Land war vorteilhaft. Das war die Geburtsstunde der positiven Funktion von persönlichem wie von privatem Eigentum.

Der Feind der Menschen war jetzt nicht mehr erststellig die Natur, sondern der Konkurrent um das Eigentum. Plötzlich hatten Menschen mit starkem »Eigentumsinstinkt« erhebliche Vorteile.

Nun sind wir seit einigen Jahrzehnten aus dieser Phase der vorwiegend landwirtschaftlichen Produktion herausgetreten. An ihre Stelle trat die vorwiegend handwerkliche und industrielle. Sicher war zu Beginn dieser Zeit das Streben nach individuellem materiellen Nutzen von entscheidender Bedeutung. Wer zu solchem Streben bereit und fähig war, hatte sicherlich (materielle und soziale) Vorteile. Das ist auch heute noch so überall da, wo die Industrieproduktion an Privateigentum gebunden ist.

Die entscheidende Frage lautet aber: An welcher Stelle der ökonomischen Entwicklung schlägt das Streben nach Privateigentum in eine psychisch und sozial nekrophile Orientierung um? Man kann lange darüber diskutieren, ob diese Situation schon heute gegeben sei oder ob sie erst eintrete, wenn (nachindustriell) die erheblichsten Anteile des Sozialprodukts durch (unmittelbare oder betrieblich-mittelbare) Dienstleistungen erwirtschaftet werden. Die Bedeutung der unmittelbaren Dienstleistungen nimmt ebenso zu wie die der innerbetrieblichen. Die Rolle der Disposition gegenüber der unmittelbaren Produktion wird immer erheblicher. So stellt sich denn die Frage, was hat in einem Dienstleistungsunternehmen das Privateigentum für eine Funktion? Ist es nicht sehr viel wichtiger, Profit zu machen, als über Privateigentum zu verfügen?

Doch ist die Problematik des Privateigentums nicht an erster Stelle eine ökonomische, sondern eine kommunikative. Wie schon deutlich gemacht, hängt das Streben nach Sicherung und Vermehrung des Privateigentums eng zusammen mit Konkurrenzverhalten, insofern die Menge und die Mehrung des Werts des privaten Eigentums stets durch die Aktivitäten anderer (der »Konkurrenten«) in Frage gestellt werden. Privateigentum ist also eng gebunden an die Bereitschaft zu kämpfen, zu verteidigen, zu siegen. Das bedeutet, daß Privateigentum nur im Kontext der Befriedigung aggressiver Bedürfnisse gesichert werden kann. Privateigentum spricht dem es schützenden und mehrenden Kampf eine positive Funktion zu. Und so ist solcher Kampf in Gesellschaften, die ihre Selbstdefinition zum guten Teil vom Privateigentum und dessen Schutz her beziehen, sozial positiv besetzt. Der Kämpfer hat soziales Ansehen.

Wir haben schon darauf verwiesen, wie sehr die positive Einstellung zum Kampf gegen und zum Sieg über Menschen sinnvolle Kommunikation erschwert oder gar unmöglich macht. Eine zentrale Form der Kommunikation, der Diskurs, wird nicht praktiziert, ist nicht einmal praktikabel. Aus dem Zwang, siegen zu müssen, stellen sich Formen der entarteten Kommunikation ein:

- Konsensbildung geschieht ausschließlich über Überzeugungstransfer. Das macht optimale Lösungen durch Personalisierung unteroptimaler nicht möglich.
- Konkurrenzmechanismen bevorzugen taktische Kommunikation, in der nicht der Wille, sich verständlich zu machen, die Strategie beherrscht, sondern der Siegeswille.
- Kommunikation wird zu einem Instrument, Herrschaft zu erlangen, auszuüben, zu festigen.
- Kommunikation, die materiell »wertlos« ist, wird unerheblich und leicht abgebrochen. Das gilt auch für alle Kommunikationsangebote, deren Annahme keinen egoistischen Nutzen verspricht.

Kommunikation ist auch immer entartet, wenn sie von der Illusion ausgeht, man könne an Menschen so etwas wie Eigentum erwerben. Dennoch aber ist dieser Rest der Ideologie einer Sklavenhaltergesellschaft unter uns noch verbreitet. Nicht wenige Ehepartner sehen den anderen als ihr Eigentum an. Sie vertreten und behaupten Besitzansprüche (etwa in der Eifersucht). Aber auch in Unternehmen gibt es gelegentlich Versuche, über Dankbarkeit oder andere Mechanismen der Wohlanständigkeit, andere Menschen in Abhängigkeit zu halten, einer Abhängigkeit, die der Eigentumsbeziehung sehr nahe kommt.

Wie zu erwarten, ist auch die Ausklammerung des Themas »Privateigentum« aus der öffentlichen Diskussion ein Punkt, an dem sich destruktive Konflikte entzünden. Das Thema, ob sich das Institut des Privateigentums zugunsten des sozialen überholt hat oder auch nur in absehbarer Zeit überholt wird, ist streng tabuisiert. Ich bin der Ansicht, daß die Bestreitung des Nutzens von Privateigentum in einer Gesellschaft, die die agrarische Produktionsform hinter sich gelassen und eine industrielle, die sich nach dem Muster einer agrarischen organisierte (indem anstelle von Grund und Boden Kapital und verfügbare Arbeitskraft zu den tragenden Produktionsmitteln wurden), überwand, »in possessione« ist. Die Vertreter der Theorie, das Privateigentum als politisch geschütztes Institut sei von allgemeinem Nutzen, haben also die Beweislast zu tragen. Es sei nicht bestritten, daß sie den Streit heute (noch) zu ihren Gunsten entscheiden können.

Setzt nicht aber eine marktwirtschaftliche Ordnung Privateigentum voraus? Ich denke nicht. Es ist durchaus denkbar, daß das Privateigentum (samt den ihm zugehörigen Verfügungsrechten) zu Sozialeigentum wird, meint: daß die in einem Unternehmen tätigen Menschen auch die Eigner des Unternehmens sind. Wettbewerber sind dann Unternehmen und keine Unternehmer. Damit wird auch die Konkurrenzsituation entpersonalisiert.

Damit verbunden ist die Chance, daß Wettbewerb nur da geübt wird, wo er hingehört: in die zwischenbetriebliche Organisation. Es scheint mir wichtig zu sein, daß alle nicht-ökonomischen Aktivitäten von der Wettbewerbseinstellung entlastet werden. Die Annahme des *K. Marx,* daß die ökonomischen Interaktionsmuster exemplarisch seien für alle anderen (öffentliche wie private), hat einiges für sich. Es gilt aber diesen Übelstand zu beenden. Die typisch ökonomischen Formen der Kommunikation sind, werden sie auf andere Bereiche übertragen, kontraproduktiv.

Kontraproduktiv ist vor allem aber die kommunikative Basiseinstellung, man habe zu kämpfen und, wenn möglich, zu siegen. Wir müssen wieder lernen, auf das Kämpfen und Siegen zu verzichten, um uns und andere, um Frieden und personale Freiheit zu gewinnen. Wir müssen wieder lernen, nicht in Menschen, sondern in Problemen unseren (gemeinsamen) Gegner zu sehen. Das aber ist in einer Gesellschaft, die die Mehrung des privaten Eigentums (gegen den Anspruch anderer) und die Konkurrenz zu hohen Gütern macht, schwer, wenn nicht unmöglich. Die Struktur unserer Gesellschaft, legt es nahe (oder geht sie gar davon aus?) im anderen Menschen den Gegner zu sehen.

7. Auch über seine Strukturen kann ein institutionalisiertes soziales System versuchen, seine Identität im Wandel der Zeit zu sichern, sich identisch zu reproduzieren. Wir begegneten in mehr oder weniger generalisierten Erwartungen (Standards, Normen, Vorurteilen, Feindbildern) einem wichtigen Typ gesellschaftlicher Strukturen.
Doch werden Systeme auch durch Hilfssysteme stabilisiert, die sie zu diesem Zweck ausbilden. Diese übernehmen die Funktion von Strukturen.
Systemstrukturen haben die Funktion, Destabilität und Komplexität zu mindern. Das geschieht dadurch, daß bestimmte Funktionen des Systems und der Systemelemente zugelassen, gefördert, verboten, bestraft werden. Strukturbildung bedeutet also stets Einschränkung der einem System an sich möglichen Funktionen und Funktionsmuster. Probleme aus dem Inneren und Äußeren des Systems müssen dabei oft so umgeformt werden, daß sie erklärbar und lösbar werden. Probleme und ihre Lösungen müssen sich also im Erwartungskanal, der durch Strukturen festgelegt wird, befinden.
Ein solches Untersystem, das Strukturfunktionen übernimmt, ist oft die »Bürokratie«. Sie hat die Aufgabe, be-

herrschbar und vorhersehbar Labilität und Komplexität des Systems zu mindern. Ihre scheinbare Beherrschbarkeit zeichnet sie vor allen anderen Strukturen aus.

Oft genug mehrt sie jedoch Instabilität und Komplexität des Systems, in dem sie Strukturfunktionen übernommen hat. Vor allem kann sie den Kommunikationsfluß zwischen Herrschaft und Beherrschten so erheblich stören, daß sie das Systemganze gefährdet. Sie ähnelt einer Krebsgeschwulst, die durch ihr Wuchern (degenerierter Informationsfluß) einen Organismus, dessen Teil sie einmal war, vernichtet. Bürokratie ist keineswegs an politische Makrosysteme gebunden. Auch ökonomische Systeme (selbst Mikrosysteme) neigen dazu, die an sich notwendigen innerbetrieblichen Dienstleistungen bürokratisch entarten zu lassen. Bürokratie ist gekennzeichnet durch folgende Merkmale:

● das System übt über diese Form systemimmanenter Dienstleistungen seine Macht aus,

● die Dienstleistungen werden untereinander streng hierarchisiert und jeder Position wird eine genau beschriebene, regelgebundene Kompetenz zugeteilt,

● der Hierarchie entspricht Besitz und Verfügung über Informationen, so daß Herrschaft über Informationsbesitz legitimiert, stabilisiert und ausdehnt und Herrschaftsanmaßung durch Informationsmangel »inkompetent« gemacht wird.

Es liegt in der Natur von hierarchisch organisierten Kompetenzketten, daß sie sich in der Breite (also in den Bereichen, die ihrem Einfluß offen stehen) wie in der Tiefe (also in den Auffächerungen der Kompetenzen) ausdehnen. Bürokratie, einmal irgendwo eingeführt, kann nur wachsen oder – von außen – vernichtet werden. Sie kann sich selbst weder überflüssig machen noch ihr Wachstum selbsttätig begrenzen. Im Gegenteil: Sich selbst überlassen, macht sie sich immer unverzichtbarer und wächst, was die Menge ihrer Kompetenzen betrifft als auch was deren Auffächerung angeht (verbunden mit personeler Aufblähung), immer weiter an.

Im 17. Jahrhundert bildete sich die moderne Bürokratie als Verwaltungsstab der Herrschenden aus. Sie übernahm die Organisation ihrer Heere, ihres Finanzwesens, ihrer Polizei. Das war die Stunde des beginnenden Berufsbeamtentums. Von einem Beamten erwartet(e) man eine unbedingte und belastbare Treue zu dem System, als dessen Agent er auftritt, Unbestechlichkeit und die Exekution von Gesetzen und Verordnungen ohne Ansehen der betroffenen Person.

Den vielen Beamten, die in der Treue zum bestehenden System ihm ihr Leben opferten, kann man Hochachtung nicht versagen, selbst, wenn diese Treue sie blind machte für die Fehler, ja die Verbrechen des Systems. Mag sein, daß Treue niemals weitsichtig sein kann.

Auf der anderen Seite ist jedoch zu bedenken, wie sehr das Modell der hierarchisierten Verfügung über Information und der Ausübung von Herrschaft durch Besitz an Information, das institutionalisierte Mißtrauen gegenüber der Mündigkeit des einzelnen und das Institut der anonymen Gewalt optimaler Kommunikation abträglich sind.

Die Verteilung von Information nach Maßgabe des politischen oder ökonomischen Einflusses macht Menschen, die nicht hierarchisch hoch siedeln, weitgehend unmündig. Da aber Demokratie nur möglich ist, wenn alle Bürger über alle für wichtige Entscheidungen notwendige Informationen verfügen, ist Bürokratie das genaue Gegenteil von Demokratie. Herrschaft des Büros steht gegen die Herrschaft des Volkes. Die »repräsentative Demokratie« ist ein mitunter fauler Kompromiß, mit dem Ziel, den wesentlich unmündig gemachten Bürger dennoch irgendwie an der Legitimation und Konstitution von Herrschaft zu beteiligen.

Insofern Menschen von für sie wichtigen Informationen ferngehalten werden, degeneriert ihre Kommunikation zu einem weitgehend sinn- und funktionslosen Spiel, das von der grundsätzlich falschen Annahme ausgeht, daß ihnen alle verfügbaren Informationen zur Verfügung stünden. Tatsachen werden durch Gerüchte, durch kommunikative Phantombildungen, durch Mißtrauen und Vermutungen ersetzt. Die Bürokratie wird zum Pool geheimer Informationen, auf Grund derer sie in kafkaesker Weise das Schicksal von Menschen bestimmt, über deren Wohl und Wehe verfügt.

Wie weit das gehen kann, zeigt selbst ein modernes Datenschutzgesetz, das es dem Bürger nicht einmal erlaubt, die Daten, die etwa der Verfassungsschutz oder das Finanzamt über ihn gespeichert haben, zur Kenntnis zu erhalten. Und ist es nicht absurd, wenn demokratisch gewählten Volksvertretern der Zugang zu »geheimen Verschlußsachen« nicht gewährt wird, wenn ihre Teilnahme in sicherheitssensiblen Ausschüssen verhindert wird, wie das zur Zeit in der Bundesrepublik mit den Mitgliedern der Bundestagsfraktion der Grünen geschieht?

Hier zeigt die Bürokratie ihr wahres Gesicht. Sie hat die demokratisch legitimierte Exekutive längst zu ihrem Büttel gemacht. Welche Möglichkeiten hat da erst der normale Bundesbürger, sich über Sinn oder Unsinn des Verhaltens der Bundesregierung oder des Bundestages, über deren Schicksal er wenigstens alle vier Jahre entscheiden soll, ein zutreffendes Bild zu machen. Demokratie wird ein Vollzug von Entscheidungen unter Unsicherheit, wobei diese Unsicherheit gezielt vermehrt wird.

Wie gesagt, kann die Politbürokratie als Paradigma gelten. Ähnliche Prozesse finden sich in nahezu allen größeren Unternehmen, in den Kirchen, den Parteien, den Verbänden.

Kommunikationserschwerend ist auch die Ausübung von Gewalt durch Informationsbesitz. Es gibt nicht wenige Menschen, die vermeinen, über Informationsbesitz oder Informationsvorsprung Herrschaft ausüben zu können. Sie verwalten Information wie einen Schatz und bemühen sich um aufdeckende Information um nahezu jeden Preis. Ihrer Neugier sind keine Grenzen gesetzt. Ihre Herrschaft ist nicht sozial (erst recht nicht demokratisch) legitimiert, sondern durch Informationsbesitz.

Die Inhaber von Macht fallen aus dem Kommunikationszusammenhang heraus und somit auch aus einer sinnvollen Informationsverarbeitung; dies ist außerordentlich gefährlich für den Systemerhalt, da ein Zerfall des Systems nicht oder doch zu spät bemerkt wird.

Weiterhin wird eine für den Systemerhalt notwendige Kommunikation als Information nur in dem Maße gegeben, als das der Herrschaft durch Informationsbesitz nützlich zu sein scheint. Kommunikation wird stets strategisch sein. Sie wird sich vor allem an der Annahme von Daten orientieren und damit – selbst auf der funktionalen Ebene der Informationsgabe, -nahme und -verarbeitung – nur einen schmalen Sektor abdecken. Kommunikation schrumpft so zu einer Sache institutionalisierten Mißtrauens. Das aber führt zu einer Entartung der Kommunikation, insofern Kommunikation mit gezinkten Karten degeneriert.

Die anonyme Ausübung von Gewalt ist ebenfalls ein Kommunikation erheblich erschwerender oder gar ausschließender Aspekt bürokratischer Systemsicherung. Wenn eine Person als Agent des Systems auftritt, in dessen Namen sie entscheidet, ohne daß dabei die Gehorsam einfordernde, Herrschaft ausübende Instanz ein menschliches Antlitz bekäme, ist Kommunikation am Ende. Kommunikation setzt die ernsthafte Chance voraus, Einstellungen, Orientierungen des Partners zu ändern. Ist dieser aber nur Agent eines Systems, dessen Anweisungen er exekutiert, sind solche Veränderungsversuche sinnlos, weil sie nie das System erreichen. Kommunikation ist unter dem Anspruch anonymer Herrschaft nicht möglich, und damit auch nicht menschliches Miteinanderumgehen.

Die Ohnmacht eines Menschen vor einer durch keine Interaktion erreichbaren Instanz ist größer als die eines Menschen vor dem Angesicht eines Tyrannen. Der ist wenigstens im Prinzip beeinflußbar.

Endlich ist Bürokratie ein Beweis für das tiefe Mißtrauen des Herrschenden in die Vernunft seiner Untertanen. In einem bürokratisch gelenkten Regime muß alles möglichst vollständig durch Gesetze und Verordnungen geregelt werden. Sobald der Beamte auch nur den geringsten Ermessensraum hat, ist davon auszugehen, daß er ihn entweder mißbraucht oder aber irgend jemand sich durch seine Entscheidungen benachteiligt fühlt und vor Gericht zieht. In einem bürokratischen System wird Vernunft nur noch von Gerichten verwaltet. Ansonsten ist sie eine Störgröße und somit überflüssig. Das tiefe Mißtrauen eines institutionalisierten sozialen Systems gegenüber einzelnen und Gruppen manifestiert sich am deutlichsten in seiner Bürokratie.

Wiederum wird deutlich, wo und wie Kommunikation pervertiert wird. In dem gleichen Umfang wie Entscheidungsfreiheit begrenzt wird, ist kommunikative Einflußnahme ausgeschlossen. Sie setzt Indetermination des Hörers voraus. In Systemen mit anonymer Herrschaft wird Konsens nicht hergestellt durch Überzeugungstransfer und erst recht nicht durch Diskurs, sondern durch blinden Gehorsam. Ob das mit Demokratie verträglich ist?

Wenn Bürokratie zu erheblichen Störungen führt, muß man sich fragen, brauchen wir sie überhaupt? Die Frage ist zu bejahen. Wenn ein System eine hohe Anzahl von Normen und Standards benötigt, um bestehen zu können (das gilt für alle Systeme, die komplizierte und immer komplizierter werdende Interaktionen als Elemente haben), gibt es im Prinzip zwei Möglichkeiten diese Standards und Normen durchzusetzen: (1) den äußeren Zwang und (2) den inneren Zwang. Die Mehrung der äußeren Zwänge führt in der Regel zu einem institutionalisierten Protestverhalten, die Mehrung der inneren Zwänge zu einer Verweigerung der Internalisierung der Normen und Standards, da die weitaus meisten Menschen sich in der Konfrontation mit Internalisierungsanforderungen im Verlauf ihrer Sozialisation zunehmend kritischer verhalten. Wenn aber beide Zwangssysteme ausfallen, bleibt nur das kompensatorische Zwangssystem Bürokratie übrig, um die Befolgung systemwichtiger Normen und Standards zu erzwingen.

8. Eine zweite Gruppe von Kommunikationsstörungen hat ihren Grund in Störungen psychischer Systeme. In jeder Kommunikation werden wenigstens zwei psychische Systeme aktualisiert und werden füreinander zur aktivierten Umwelt. Insofern aber psychische Systeme weitgehend (wenn nicht gar ausschließlich) kommunikativ hervorgebracht werden, gehen in die konkrete Kommunikation alle Störungen im Aufbau und Ausbau eines psychischen Systems störend mit ein.
Insofern ein entwickeltes psychisches System, das seine Existenz vielen Tausenden von gelungenen und mißlungenen Kommunikationen und deren Verarbeitung verdankt, gegenüber der konkret laufenden Kommunikation vergleichsweise stabil ist, kann es als Struktur dieser Kommunikation betrachtet werden. Nicht jedoch dürfen die kurzzeitigen Variablen (wie Interessen, Emotionen, Erwartungen, Kenntnisse ...) dem Strukturaspekt zugerechnet werden.

9. Ähnlich wie gesellschaftliche Systeme als Strukturen kommunikativer praktisch werden können, so auch psychische. Psychisch nennen wir ein System, das Bewußtsein durch Bewußtsein reproduziert und in dieser Reproduktion autopoietisch auf sich selbst verwiesen ist. Es gibt weder Bewußtsein an seine Umwelt ab noch erhält es dieses aus ihr (*Luhmann*

1984, 355). »Bewußtsein« meint die Operationsweise eines Systems, die es ihm erlaubt, unmittelbar und ungegenständlich Erlebnisse gegenwärtig zu setzen, begleitet von dem Wissen, daß sie dem erlebenden Einzelwesen zugehören (oder: mit ihm identisch sind) und daß sich dieses in ihnen unmittelbar erfährt. Elemente eines psychischen Systems sind also unmittelbare (also nicht über Erinnerung reproduzierte oder durch Sinneswahrnehmung vermittelte) Erlebnisse, die mit dem Wissen um das Gegenwärtigsein des Erlebenden in eins verbunden sind. Jedes Erlebnis hat seine eigene Umwelt – oft gründet es in der Umwelt des psychischen Systems selbst.

Es gibt nun vernünftige Gründe anzunehmen, daß das psychische System strukturiert ist, denn es erweist sich als recht stabil. Es übersteht sogar ohne Identitätsverlust Phasen der »Bewußtlosigkeit« (etwa im Schlaf). Wir wollen hier zwei solcher Strukturmuster darstellen, einmal das Muster »Es-Ich-Überich« und zum zweiten das Muster »Selbst«.

Zwischen den verschiedenen psychischen Instanzen bauen sich kommunikative Systeme auf. Diese intrapersonalen kommunikativen Systeme sind Voraussetzung für alle zwischenpersonale Kommunikation. Wir haben also Grund für die Annahme, daß Störungen im intrapersonalen Bereich solche im interpersonalen unausweichlich zur Folge haben.

»Es« bezeichnet ein von Geburt an vorhandenes psychisches Strukturelement. Es ist Grund für Handlungen des Kindes, die dessen Überleben sichern. Ereignisse, die Lust bereiten, werden herbeigeschrien, solche, die Unlust bereiten, zur Behebung angezeigt. Lust macht alles, was Leben erhält und entfaltet. Unlust alles, was Leben bedroht oder gefährdet. Das frühe Es steht also ganz im Dienst der Biophilie.

Das dem Es zur Verfügung stehende Instrumentar (man nannte es einmal »Triebäußerungen«) erweist sich bald als zu wenig differenziert, um Biophilie optimal zu sichern. Um das Es herum wird eine Zone aufgebaut, die zwischen konkreter Umwelt und Es-Ansprüchen vermittelt. Wir nennen sie »Ich«. Im Ich verdichten sich die (frühen) sozialen Erfahrungen eines Menschen. Je nachdem, wie die soziale Umwelt mit den Triebäußerungen des Kindes umgeht, entwickeln sich aus dem Es Emotionen und Bedürfnisse von verschieden starker Ansprechbarkeit, verschiedener Erlebnisfähigkeit, ja, verschiedenen Typs. Es besorgt die »Abwehr« von Erkenntnissen, Wahrnehmungen, Wünschen, Emotionen, Bedürfnissen, Einsichten, Orientierungen ..., die mit dem Selbstverständnis eines Menschen unverträglich sind.

Zwischen Es und Ich besteht ein lebenslänglicher Dialog. Thema des Dialogs sind die Möglichkeiten, sich in konkreten sozialen Umwelten biophil zu organisieren und zu orientieren, aber auch die Festlegung dessen, was mit dem Selbstbild unverträglich ist und was mit dem Verträglichen und Unverträglichen geschehen soll.

Das »Überich« lagert feste Muster aus der normensetzenden sozialen Umwelt in die Psyche ein. Es ist eine Zone, die sich um das Ich legt und ihm seine Tätigkeit erleichtern soll, indem es Regulatoren sozialen Verhaltens aus dem psychischen Außen in das psychische Innen nimmt. Damit wird ein Mensch fähig, sich sozial verträglich zu verhalten, ohne permanente Außensteuerung (etwa durch die Eltern). Das Überich stellt sich vor als »konventionelles Gewissen« (das sagt, was man zu tun und zu lassen hat) und als Ich-Ideal (das sagt, welche Eigenschaften ein ideales Ich besitzt und wie es zu funktionieren hat). Es ist leicht einzusehen, daß die ursprünglich biophile Intention des Es durch die in Begegnung und Konfrontation mit konkreten Sozialwelten errichteten Zonen leicht nekrophil werden kann. Die Organisation dieser Zonen stützt sich auf Erfahrungen, die in einer konkreten Umwelt optimal gewesen sein mögen. Wenn aber diese Umwelt nicht zureichend eindeutig war, kann es auch nicht zu zureichend eindeutigen Ausbildungen von Ich und Überich kommen. Wenn die Umwelt zu wenig die gesamte soziale Umwelt repräsentierte, kann es nicht zur Ausbildung von Mustern kommen, die in anderen Umwelten als der der primären Sozialisation (vor allem also des Elternhauses der ersten fünf Lebensjahre) biophil funktionieren.

Zwischen dem Ich und dem Überich findet ebenfalls ein lebenslanger kommunikativer Austausch statt. Insofern nur das Ich in der Lage ist, unmittelbar Veränderungen der sozialen Umwelt wahrzunehmen, muß es die oft recht stereotypen Gebote und Verbote, die ihm das Überich zuspricht, verarbeiten und so eine sozial sinnvolle Reaktion ermöglichen.

Bei nicht wenigen Menschen übernimmt das Überich die Rolle eines Diktators, der keine Kompromißbildungen zuläßt. Jeder Überich-Ungehorsam wird mit schweren Schuldgefühlen bestraft. Einem unreifen Ich stehen dann nur sehr problematische Entschuldungsstrategien zur Verfügung, gelegentlich nur die der Selbstbestrafung. Dann schlägt die biophile Organisation des psychischen Apparats in nekrophile Kommunikation zwischen den psychischen Instanzen um.

Vor allem ist jene Form der intrapsychischen Kommunikation nekrophil, die ein Strukturelement eliminiert. Erst der Kontext einer alle psychischen Strukturen in gleicher Weise einbeziehenden Kommunikation schafft, wenn nicht schon Nekrophilie in die Konstitution von Ich und Überich eingegangen ist, ein Optimum an Biophilie. Der Informationsfluß zwischen den Instanzen darf nicht blockiert sein. Die Instanzen müssen ihre eigenen Interessen ins Spiel bringen, und endlich muß ein so optimal informiertes Ich entscheiden, was zu tun oder zu lassen ist.

»Selbst« bezeichnet die (mehr oder weniger) geordnete Menge von Selbstrepräsentanzen, das sind jene meist emotionsbesetzten Vorstellungen und Bilder, von denen her ein Mensch sich selbst definiert. Die Selbstrepräsentanzen müssen mit dem Überich verträglich sein, weil anders Angst, Scham, Schuldgefühle in das Selbst hineintransportiert würden und seinen Zerfall begünstigen könnten. Die Menge der Objektrepräsentanzen bildet die »Welt« eines Menschen. Hier ist alles das an Vorstellungen vereinigt, was nicht zum Selbst gehört. In der Phase der Grenzziehung zwischen beiden Bereichen, vor allem gegen Ende des ersten Lebensjahres, wenn ein Mensch sich von seiner Umwelt zu unterscheiden lernt, werden die Techniken grundgelegt, die es erlauben, die Grenze zwischen Selbstwelt und Objektwelt einigermaßen zutreffend zu ziehen. »Zutreffend« meint hier nicht ein Zutreffen nach objektivistischen Maßstäben. Alle Repräsentanzen sind innerpsychisch. Es gibt für ein psychisches System keine »objektive Umwelt«. So ist dann die Grenzziehung mit einiger Willkür belastet. Die psychischen Funktionen der Internalisierung (Inkorporierung, Identifizierung) schaffen Repräsentanzen aus dem Objektbereich in den des Selbst, die der Externalisierung (etwa der Projektion) aus dem Selbstbereich nach außen. Ein lebenslanger Dialog zwischen der Selbstwelt und der Objektwelt verändert stetig die Grenzen zwischen beiden. Bei einem psychisch gesunden Menschen stehen solche Grenzverlagerungen im Dienste der Biophilie. Nun gibt es nicht wenige Menschen, bei denen die Grenzen entweder nahezu undurchlässig oder allzu durchlässig sind. In beiden Fällen kommt es zu erheblichen Kommunikationsstörungen zwischen Selbst- und Objektwelt. Eine zu harte Grenze, die kaum einen kommunikativen Austausch zwischen Elementen der Objektwelt und der Selbstwelt möglich macht und somit den intrapsychischen Dialog nahezu ausschließt, finden wir nicht selten bei Menschen, die nach außen den Eindruck einer »starken Persönlichkeit« machen. Sie sind nicht sonderlich auf soziale Interaktionen angewiesen. Sie sind nicht sonderlich (sozial) sensibel. Sie wirken oft arrogant und kalt. Offensichtlich sind sie in ihrer Kindheit emotional vernachläßigt worden. Sie haben es nicht gelernt, sinnvoll mit eigenen und fremden Emotionen umzugehen. Sie akzeptieren auch nur beschränkt eigene und fremde Bedürfnisse, da sie sich selbst »von einem höheren Selbst« her interpretieren als von Bedürfnissen (wie etwa von ihrer Freiheit, ihrer Intelligenz, ihrer Sittlichkeit, ihrer Willenskraft ... her). Die Vorstellung, daß sie im wesentlichen ein von Emotionen bestimmtes Bedürfniswesen seien, ist ihnen zutiefst zuwider. Auf der anderen Seite wirken Menschen mit unscharfen oder sehr durchlässigen Selbstgrenzen leicht konfus und unsicher, emotional und verletzlich. Sie sind auf die Interaktionsangebote ihrer sozialen Umwelt sehr angewiesen. Sie werden zum erheblichen Teil von ihrer Umwelt durch deren Erwartungen geschaffen. Nicht selten beherrscht die Angst vor der Überflutung des Selbst durch die Umwelt das Leben. Sie leben ein Leben aus zweiter Hand.

Viele Menschen mit schwachen Selbstgrenzen konnten in ihrer Kindheit nicht herausfinden, wer sie sind. Sie erhielten zu wenig Interaktionsangebote, die es ihnen erlaubt hätten, sich selbst gegen die Umwelt zu definieren. Gelegentlich war auch das uneindeutige (ambivalente) Verhalten (so gelang es ihnen etwa nicht, die »gute« und die »böse« Mutter zusammenzubegreifen) der Umwelt Schuld an der Unfähigkeit, die Frage zu beantworten: »Wer bin ich?« Und weil die Frage nie beantwortet wurde, versuchen sie zeitlebens, die Antwort nachzuholen. So benötigen sie stets Menschen, die durch ihre Zuwendung, ihre Anerkennung, ihre Liebe ihnen sagen, daß sie all dessen wert sind. So erhalten sie ein zwar stets gefährdetes, aber mit ihrer Selbstachtung verträgliches Bild von sich aus der sozialen Umwelt zurückgespiegelt. Und auf diese Rückspiegelung sind sie stärker als die meisten Menschen existentiell verwiesen. Auf der andern Seite schirmen sie sich sorglichst gegen jeden Selbstverlust ab. Sie verhindern, daß das Selbst durch die porösen Grenzen ins Außen abfließen kann. So kommt es denn, daß sehr viele selbst-schwache Menschen sehr wenig von sich selbst hergeben, andererseits aber sich sehr für ihre Mitmenschen (bis hin zur Neugier) interessieren.

Offensichtlich sind beide Gruppen auch für die interpersonale Kommunikation weniger geeignet. Ein Mensch mit zu harten Selbst-Grenzen ist wenig interessiert an Informationen, die nicht auf der Datenebene spielen. Der selbst-schwache Mensch ist stets auf der Suche nach sich selbst, und wird die Informationsmuster bevorzugen, die nicht die Datenebene erreichen (Selbstdarstellung, Kontaktvergewisserung, versteckte Appelle). In beiden Fällen fällt ein wichtiger Bereich von Informationen als unerheblich aus der kommunikativen Szene heraus.

Vermutlich ist Kommunikation nur zwischen Menschen möglich, die ihr eigenes und nicht ein fremdes, ein geborgtes Leben leben.

10. Doch nicht nur die Problematik der Grenzen ist im Kontext des Themas »psychisch bedingte Kommunikationsstörungen« zu behandeln, sondern auch die des unteroptimal aufgebauten Selbst. Da das Interesse dieses Kapitels nicht sein kann, eine Pathologie des Selbst vorzustellen, seien hier nur einige wenige unteroptimale Selbstorganisationen ausgeführt, die für zahlreiche Muster von Kommunikationsstörungen gut sind.

(a) Beziehungsfallen sind soziale Situationen, in denen ein Mensch sich selbst aufgibt, um die Zuwendung anderer nicht zu verlieren. Solche Beziehungsfallen sind besonders erheblich in den ersten Lebensjahren. Nicht wenige Kinder opfern ihre eigenen Bedürfnisse, ihre eigenen Emotionen, ihre eigenen frühen Erstorientierungen, ihre entstehende kleine Persönlichkeit auf dem Altar der »Kindesliebe«. Um die Liebe der Mutter nicht zu verlieren, geben sie sich selbst auf. Sie werden der sein wollen, der sie sein sollen.

Hier werden die ärgsten Verbrechen an Menschen begangen – und das gelegentlich, wie über Beziehungsfallen erziehende Eltern behaupten – aus Liebe. Daß es sich dabei nicht um Liebe handelt, sondern um die Ausübung von Herrschaft über einen ihnen hilflos ausgelieferten Menschen, sehen manche Eltern nur ein, wenn es zu spät ist, wenn also die kindliche Psyche unkorrigierbar gestört wurde. Vor allem neigen Eltern oder Elternteile zu solchen Mustern, die selbst über Beziehungsfallen erzogen wurden oder die sich sonst ohnmächtig wähnen und am Kind diese Ohnmacht beheben können. Es gibt da einen, der noch schwächer und hilfloser, noch verletzlicher und ausgelieferter ist als sie selbst.

Nicht selten muß eine Therapie damit beginnen, daß das geknebelte Selbst erst einmal lernt, die Eltern zu hassen und sich von ihnen zu erlösen. Das 4. Gebot (das mosaische Gebot, die Eltern zu lieben) wird meist moralisch und nicht sozial verstanden. »Ehre deinen Vater und deine Mutter, damit du lange lebst in dem Land, das der Herr, dein Gott, dir gibt.« (Ex 20.12) Der Elterngehorsam ist tatsächlich die Voraussetzung für die Einheit der Tradition, die für die Bewahrung der Volksidentität nötig ist. Das hat zunächst mit Sittlichkeit nichts zu tun.

Zudem hat das Christentum gelegentlich jede Form des Hassens verboten. Es ist jedoch daran festzuhalten, daß es eine biophile Form des Hasses gibt. Und dazu kann der befreiende Elternhaß erst die notwendigen Voraussetzungen für eine reife Elternliebe schaffen, wenn die Eltern repressiv in der genannten Weise erzogen haben. In Beziehungsfallen erzogene Menschen neigen dazu, in allen Kommunikationen Beziehungsfallen zu rekonstruieren. Sie verbinden etwa die Annahme einer Dateninformation mit Akzeptation auf der Beziehungsebene. Sie ertragen keine Korrektur, keine Kritik, keinen Widerspruch. Auch die geringsten Störungen auf der Beziehungsebene führen zu inadäquaten kommunikativen

Reaktionen (bis hin zum Kommunikationsabbruch). Stellt man sich auf sie ein und berücksichtigt die Tatsache, daß sie Kommunikation nur machen, um Informationen auf der Beziehungsebene zu geben, zu nehmen, zu verarbeiten, kommt man auch nicht sehr viel weiter. Denn die Beziehungsebene ist voller Ambivalenzen (Doppeldeutigkeiten). Sie stellen zugleich dar Liebe und Haß, Angst und Tapferkeit, Freundlichkeit und Ablehnung – und das so, daß die Darstellung des einen nahtlos in die des anderen umschlagen kann.

Kommunikation ist also meist in doppelter Weise gefährdet, einmal durch die Informationsselektion, zum anderen durch die Ambivalenz auf der Beziehungsebene. Vor allem Personen vom »Borderlinetyp« neigen zu solchen Verhaltensmustern.

(b) Doppelbindungen sind ambivalente Bindungen, die gleichzeitig etwa Liebe und Haß, Zuwendung und Ablehnung, Freundlichkeit und Drohung darstellen. In einem solchen Feld kann sich ein Kind nicht orientieren. Es benötigt, um herauszufinden, wer es ist, eindeutige und emotional eindeutig bestimmte Rückspiegelungen. Erfährt es sich zugleich als Objekt von Liebe und Haß, wird es beides nicht zusammenbringen, und ein »verwirrtes Selbst« aufbauen, das voller Widersprüchlichkeiten steckt. Es wurde eine signifikante Korrelation zwischen »schizophrenen Familien« und Familien, in denen Kommunikation oft über Doppelbindung abläuft, ausgemacht. Die Doppelbindung legt offenbar nahe, zwei »Bewußtseine« auszubilden, um doch noch Konsistenz wenigstens innerhalb der beiden »Teilbewußtseine« herstellen zu können. Doppelbindungen werden meist (nur) von Menschen als Regelfall sozialer Bindungsaufnahme gewählt, die selbst in Doppelbindungen ihre frühe Sozialität realisieren mußten.

Daß Doppelbindungen eine sinnvolle Kommunikation erheblich erschweren, ist offensichtlich. Eine sinnvolle (d. h.

anschlußfähige) Kommunikation setzt voraus, daß auf der Beziehungsebene keine größeren Störungen vorhanden sind. Doppelbindungen aber sind institutionalisierte Beziehungsstörungen. Menschen mit hohen Schizoidiegraden sind schwer zu therapieren, da auch die Kommunikation mit dem Therapeuten unter dem Aspekt von Doppelbindungen steht.

(c) Antipathiemuster sind Muster des Aussehens und/oder des Verhaltens, die automatisch Antipathie auslösen. Ein Mensch, der entsprechend aussieht oder sich verhält, erzeugt automatisch ein Antipathiefeld. Menschen, die unter solchen »Antipathien des ersten Eindrucks« leiden, neigen zumeist dazu, sehr schnell Menschen in ein bestimmtes, wohldefiniertes Raster einzuordnen. Fragt man sie nach der Begründung, verweisen sie oft auf ihre Lebenserfahrung. Damit haben sie nicht einmal Unrecht, doch liegt diese Lebenserfahrung sehr viel früher, als sie im allgemeinen vermuten.

Die »großen Gestalten unserer Kindheit« (wie Eltern, Geschwister, Kindergärtnerin, Onkel und Tanten …) hinterlassen ein sehr stabiles Muster. Wir alle neigen dazu, andere Menschen in dieses frühe Muster einzuordnen. Diesen Vorgang nennt man Übertragung. Wurde eine wichtige Person der Kindheit eher negativ (etwa mit Angst oder Scham, mit Neid oder Eifersucht, mit Schuld- oder Mindergefühlen) besetzt oder verbunden oder als unzuverlässig, untreu oder undankbar erfahren, bildet sie das Muster für Antipathiebesetzungen. Es sei hier noch einmal daran erinnert, daß unsere Objektrepräsentanzen (und der »böse Onkel« ist eine Objektrepräsentanz) nichts mit realen Objekten zu tun haben müssen. Sie sind in der Regel Objekte, die erst durch psychische Verarbeitung und entsprechende emotionale Besetzung zustande kommen.

Verhält sich nun ein Mensch dem Antipathiemuster entsprechend oder sieht er ihm auch nur ähnlich, setzt die Ablehnung ein, mit dem Ziel, Angst oder Scham oder Schuld oder

Mindergefühle zu vermeiden. Die Antipathie hat also die Funktion, die Psyche vor unliebsamen Erfahrungen zu schützen, indem sie sich mögliche Quellen solcher Erfahrung auf Distanz hält.

Besitzt ein Mensch eine große Anzahl solcher Muster (einige haben wir alle), ist seine Kommunikationsfähigkeit (aber auch seine Konfliktfähigkeit) stark eingegrenzt, insofern unverstellte, nicht degenerierte Kommunikation mit antipathischen Personen sehr schwer möglich ist. Störungen auf der Beziehungsebene sind institutionalisiert.

(d) Latente Autoaggression meint eine Form der Aggressivität, die sich, ohne daß dieses bewußt wird, gegen die aggressive Person selbst richtet. Wir alle haben aggressive Bedürfnisse und Emotionen, die unter bestimmten psychischen und sozialen Bedingungen aktiviert werden. Das Maß unserer Aggressivität und die Art der »Auslöser« hängen zum guten Teil ab von den Situationen, in denen uns unsere Eltern unsere ersten aggressiven Ausdrücke widerspiegelten. Ein konstruktives Widerspiegeln setzt voraus, daß der Widerspiegelnde selbst etwas mit unserem aggressiven Ausbruch anfangen konnte. War das nicht der Fall, wurde nichts widergespiegelt, das uns einen sinnvollen Umgang mit unserer Aggressivität ermöglicht hätte. Das ist vor allem der Fall, wenn die Eltern mit der Aggressivität ihres Kindes gar nichts anfangen können und sie als Ungezogenheit mißverstehen.

Bei so erzogenen Menschen kann es vorkommen, daß sie nur über zwei Muster aggressiver Darstellung verfügen: den asozialen aggressiven Ausbruch (asozial, weil für die Umwelt unverständlich und nicht anschlußfähig) und die (meist nicht bewußte) Aggressivität, die sich gegen das eigene Selbst richtet, um es zu bestrafen oder anderswie in seinem Leben zu beschränken. Es sei hier nicht über den »aggressiven Ausbruch« gehandelt, über dessen meist kontraproduktive Bedeutung in kommunikativen Abläufen zureichende Klarheit bestehen sollte. Interessanter ist vielmehr die (latente) Auto-aggression. Sieht man einmal von kommunikativen Szenen ab, kann sie sich wie folgt äußern:

• Rauchen, Drogen, Alkohol werden genommen, obschon bewußt ist, daß sie physisch, psychisch und sozial schädliche Wirkungen haben,

• es wird schnell Auto gefahren, obschon bekannt ist, daß dabei eine schädliche vegetative Belastung (Disstreß) zustande kommt und eigenes und fremdes physisches Leben gefährdet werden,

• es werden regelmäßig soziale Situationen hergestellt, die sehr unbefriedigend sind (etwa weil destruktiv konflikthaft),

• es wird eine Überlastung durch Annahme stets neuer Aufgaben hergestellt, die verhindert, daß ein Mensch (gelegentlich) zu sich kommt (Flucht in die Aktivität).

Im kommunikativen Raum stellt sich Autoaggressivität unter folgenden Masken vor:

• Es werden kontraproduktive Muster gewählt (wie scheinbar unaufmerksames Zuhören, wie die offene Ablehnung jeder Emotion oder Selbstdarstellung).

• Kommunikation wird an unpassenden Stellen abgebrochen und so eine gelegentliche Weiterführung erschwert.

• Kommunikation wird ohne vernünftige Gründe strategisch organisiert.

• Kommunikation wird so aufgebaut, daß sie der sozialen Situation, in der sie spielt, nicht gerecht wird. Es werden »falsche« Themen angeschnitten oder inadäquate Formen der Mitteilung gewählt.

• Kommunikation provoziert ständig destruktive Konflikte.

Alles dieses wird gelegentlich jedem Menschen passieren. Der Autoaggressive aber wird solche Formen degenerierter Kommunikation, wenn nicht überall, so doch bei bestimmten Personen oder in bestimmten Situationen immer wieder wählen.

11. Doch auch spätere Erfahrungen können, wenn sie intensiv erlebt werden oder sich wiederholen, Einstellungen und Orientierung erheblich bestimmen. Solche Bestimmung kann die kommunikative Kompetenz eines Menschen mehren wie mindern. Es seien hier folgende Muster behandelt, die sich zu psychischen Strukturelementen verdichten können: (a) das aktive und passive Umgehen mit Autorität, (b) das aktive und passive Umgehen mit Gruppen und (c) die Basiseinstellung zu Gesellschaften (schmarotzend oder symbiotisch).

(a) Das Ertragen fremder unverständlicher Autorität war wohl unser aller Kindheitsschicksal. Es ist nicht ganz unerheblich, wie wir damit fertig wurden. Wurde unser Streben nach Autonomie als Ungehorsam ausgelegt und unterdrückt? Wurde es gefördert und nur da, wo es altersbezogen sozial unverträglich war, korrigiert? Eng verbunden mit der Einstellung zu Autorität ist bei vielen die Einstellung zur Strafe, weil sie Autorität zumindest meist als auch strafende erfuhren. Welche Strafstrategien verwendenden unsere Eltern? Ganz ähnlich straft uns jetzt noch unser Überich. Ganz ähnlich liegen unsere sozialen Straferwartungen auch noch heute.

Wir unterscheiden zwei Typen von Erziehungsstrafen: die soziale Strafe (durch Liebesentzug oder durch sozialen Abstieg) und die psychische Strafe (durch Binden von sozial unerwünschtem Verhalten an negative Emotionen wie Scham oder Schuldgefühle). Wenn wir Glück hatten, vermieden unsere Eltern die erste Weise des Strafens. Das hätte zur Folge, daß wir in der Lage wären, ohne Angst vor Zuwendungsentzug oder sozialem Abstieg Kommunikation auch mit Vorgesetzten zu wagen. Wurden wir aber im barbarischen Muster sozialer Bestrafung sozialisiert, steht zu erwarten, daß soziale Ängste (mehr oder weniger unbewußt) auch heute noch unser Verhältnis zu Autoritäten regulieren. Das bedeutet aber, daß ein sinnvolles kommunikatives Miteinander-Umgehen nicht möglich ist. Entweder führt die Angst zur Vermeidung aller nicht zwingend nötigen Kommunikation, die zudem noch auf Datenaustausch beschränkt wird, oder aber es kommt zum Einsatz von Strategien, die Fremdautorität durch kumpelhaftes, anbiederndes, gefälliges oder unterwürfiges Verhalten zu manipulieren.

Auf der anderen Seite kann aber auch ein Fehlverhalten des Autoritätsträgers früh angelegt worden sein. Wurde er selbst repressiv erzogen, wird er entweder versuchen, die repressive Form der Autoritätsausübung zu übernehmen oder durch Kumpanei und Kameraderie die soziale Zuwendung von seinen »Untergebenen« zu erhalten, die er anders nicht ähnlich ungefährlich erhalten kann.

Es gibt einige Untersuchungen über Menschen, deren soziale Begabung durch frühe Kindheitserfahrungen unterdrückt wurde, weil ihre Äußerungen an Angst gebunden wurden. Sie waren Kinder, denen soziale Nähe Angst bereitete, weil die so gewonnene Zuwendung unberechenbar abgebrochen werden konnte, weil ihr guter Wille, das Richtige zu tun, hemmungslos zugunsten des Erziehenden mißbraucht wurde. Jetzt können sie angstfrei nur solche soziale Beziehungen aufnehmen, deren Nähe sie selbst bestimmen und beherrschen. Dazu zählt aber besonders die soziale Beziehung Vorgesetzter/Untergebener.

Diese Menschen versuchen über ihr Verhältnis zu ihren Untergebenen das für sie nötige Maß an Zuwendung, Aufmerksamkeit und Anerkennung zu erhalten. Sie werden die kommunikativen Interaktionen stets so gestalten, daß sie dieses Ergebnis haben. Das aber kann sachlich wie personal zu sehr unteroptimalen Verhaltensmustern und Entscheidungen führen.

Das Verhältnis zu Vorgesetzten ist, wenn das Verhältnis etwa zum eigenen Vater durch dessen autoritative Willkür (sie muß es nicht gewesen sein, es kommt darauf an, daß sie so erfahren wurde) bestimmt war, stets von diesem Trauma belastet. Es zeigt sich in einem von Wiederholungszwängen bestimmten Verhalten. Einerseits wird die geliebt/gehaßte Autorität durch entsprechende Kommunikationsweisen immer wieder hergestellt (fast alle Menschen reagieren autoritär, wenn sie den Eindruck haben, das werde von ihnen erwartet). Auf der anderen Seite wird jede Realisierung dieser Autorität auf heftigen inneren Widerstand stoßen und als unerträglich zurückgewiesen werden. Die Reproduktion einer unerträglich gemachten Autorität ist ein sehr verbreiteter Typ von zwanghaftem Einrichten der sozialen Umwelt.

Das Arge an der Sache ist ihre Ausweglosigkeit. Das so hergestellte Konfliktpotential ist nicht abzubauen, weil beide – Vorgesetzter und Untergebener – den Konfliktgrund nicht erkennen und sich deshalb nicht über den Konflikt stellen können. Sie sind so sehr in den Konflikt einbezogen, daß sie sich nicht aus ihm lösen können.

An und für sich ist Kommunikation in Subordination durchaus möglich, doch wird sie nicht selten durch das Einspielen von zwanghaften Mustern, die in früheren und frühen Erfahrungen im Umgang mit Autorität wurzeln, degeneriert.

(b) Viele Menschen sind sozial zureichend sensibel, wenn sie es mit einzelnen zu tun haben. Ihre soziale Sensibilität erreicht jedoch nicht Gruppen. In Gruppen oder vor Gruppen beginnen sie ihre eigenen Erwartungen, Interessen, Bedürfnisse in die Gruppe zu projizieren. Damit aber verkennen sie in der Regel die tatsächlichen Erwartungen, Stimmungen und Interessen der Gruppenmitglieder. Diese sind weitgehend durch die Gruppenbildung und das Gruppenverhalten bestimmt.

Als vor zehn oder zwanzig Jahren die Gruppendynamik ihre goldene Zeit hatte, wurde die Fähigkeit, sich selbst und andere in der sozialen Situation »Gruppe« zureichend richtig wahrzunehmen geradezu religiös als Erlösung interpretiert. Die Gruppe übernahm die Rolle des alten Gottes. Die Gruppe wurde zum entscheidenden Ort personaler Selbstverwirklichung, nachdem sich Gesellschaft (wie Staat, Kirche, Gewerkschaft, Partei, Betrieb ...) als leer und impotent erwiesen hatten. Heute ist das anders. Der Gruppenkult ging zu Ende. Das Anliegen, die Gruppenwahrnehmung zu verbessern, aber blieb.

Heute ist es nicht leicht, gute Seminare zu finden, die ohne jeden Gruppenkult die soziale Wahrnehmungsfähigkeit verbessern. Das ist schade. Das Umgehenkönnen mit und das Verhalten in Gruppen ist nach wie vor ein wichtiger Aspekt der kommunikativen Performanz eines Menschen.

Die meisten lernen, da sie aus Kleinen Familien stammen, erst mit der Vorpubertät eigentliches Gruppenverhalten, wenn überhaupt. Vorpubertierende Einzelgänger sind keineswegs selten – und damit Menschen, die niemals in einer Gruppe gelebt haben. Welche Fehleinstellungen und Fehlleistungen kommen so zustande?

● Manche Menschen verhalten sich vor oder in Gruppen so, als sei sie eine Summe von Individuen. Das sind sie nicht, denn in Gruppen verhalten, fühlen, denken, wollen, orientieren sich Menschen anders denn als einzelne. Der Mensch in der Gruppe realisiert die Stimmungen, Interessen, Erwartungen, Orientierungen ... der Gruppe. Er wird, oft ohne es zu merken, zum Agenten der Gruppe, wenn er nach außen handelt, und zum Teil der Gruppe, wenn er nach innen handelt. Wer das nicht erkennt, wird sehr wahrscheinlich unteroptimal mit den Mitgliedern der Gruppe interagieren.

● Nicht wenige Menschen übernahmen innerhalb einer Gruppe (und solange sie als Mitglied der Gruppe fühlen, urteilen, wahrnehmen …) Verpflichtungen oder ließen gruppengebundene Orientierung in ihr Entscheidungs- und Abstimmungsverhalten eingehen, die sie allein und »bei Tage besehen« ausgeschlossen hätten. Sie waren sich selbst nicht darüber klar, wie sehr die Gruppenzugehörigkeit und die Statuszuteilungen innerhalb einer Gruppe ihre Orientierung, Wertvorstellungen und Vorsätze verändern und bestimmen. Wer nicht seine Gruppenverwiesenheit in einer Gruppe eindringlich erfuhr, wird den Umfang und die Intensität dieser Verwiesenheit kaum für möglich halten. Es kann in solchen Gruppenbindungen zu Kommunikationsformen kommen, die man hinterher bitter bereut. Auch sie entlarven sich damit als eine Form entarteter Kommunikation.

● Nicht wenige Menschen rechnen nicht damit, was ihnen geschehen kann, wenn sie Gruppenerwartungen enttäuschen. Es gibt kaum eine sozial schwierigere Situation, als mit einer Gruppe und ihren Erwartungen zusammenleben zu müssen, ohne selbst Mitglied zu sein. Die Ausbildung von negativen Phantombildern ist noch eine harmlose Form, mit der sich solche Gruppen rächen. Es gibt da alle Formen des Hasses, der Intrige, der Verleumdung. Das alles aber tun die Gruppenmitglieder mit »gutem Gewissen«. Ihre sittliche Wahrnehmungsfähigkeit ist erheblich reduziert. Der Gruppennutzen wird zu einem sittlichen Wert, der vieles möglich macht, zu dem jeder einzelne der Gruppe allein völlig unfähig wäre.

● Nicht wenige Menschen delegieren also Teile ihres Gewissens an Gruppen. Das ist in Zeiten unausgebildeter persönlicher Ethik – etwa in der frühen Pubertät – sehr normal. Wird aber kein eigenständiges Gewissen ausgebildet, und das ist, wie die Versuche von *St. Milgram* zeigten, der Normalfall, verhalten sich Menschen nur so lange moralisch, wie sie nicht durch ihr Verhalten sozial isoliert werden. Daß solche Moral nichts mit Sittlichkeit zu tun hat, ist wohl einsichtig. Bedrükkend aber ist, wenn schrecklich normale Menschen, gewissenlos wie sie sind (was sie für Gewissen halten ist – wie gesagt – ihr Wille, nicht sozial ausgestoßen zu werden), beginnen, über andere normale Menschen Gericht zu halten. So sind sicher die meisten Massenmörder des Nazireiches Menschen gewesen, deren Moral in der Einbindung in Gruppen auf der Strecke blieb. Nur bleibt die Moral der meisten Menschen auf der Strecke, wenn unbewußte Gruppenzwänge das nahelegen. Sie werden nur insofern keine Massenmörder, weil sie – mehr oder weniger zufällig – nicht in entsprechende Gruppen gerieten.

Die Delegation des Gewissens an die Gruppe ist unvermeidlich, wenn das Gewissen weitgehend durch die Internalisierung sozial vermittelter Normen gebildet wurde. Nur ein Gewissen, das in verantworteter Übernahme handlungsleitender Werte ausgeprägt wurde, hat eine reelle Chance, Gruppenzwängen zu entgehen.

Diese Gruppenzwänge sind sehr stark. Sie gewährten Menschen durch lange Jahrhunderttausende Selektionsvorteile. Vermutlich hätten wir Menschen auf dieser Erde nicht überlebt, wenn die soziale Einheit »Gruppe« nicht unsere individuellen Bedürfnisse wenigstens partiell außer Kraft setzen könnte.

Zu einer optimal-gebildeten kommunikativen Kompetenz gehört auch das Wissen um diesen Mechanismus unserer Psyche, um ihm nicht hilflos ausgeliefert zu sein. Nur dieses Ausgeliefertsein an Gruppen macht es verständlich, daß etwa Bundestagsabgeordnete sowohl ihrem Gewissen (oder was sie dafür halten) verpflichtet sein können wie auch ihrer Fraktion, ihrer Partei. Beides kann in bedrückender Weise zusammenfallen – und fällt auch in der Regel zusammen.

(c) Das Verhältnis zu konkreten Gesellschaften wird allgemein erst gelernt in der ersten Begegnung mit dieser Gesellschaft bzw. ihrer Organisation. Insofern ist es nicht gleichgültig, welche ersten Erfahrungen ein Mensch in seiner ersten Begegnung mit dem Staat, mit einem Beruf, mit einer Kirche, einer Partei ... macht. In dieser Begegnung erfährt er, ob »man« zu dieser konkreten Gesellschaft ein schmarotzendes oder ein symbiotisches Verhältnis eingehen soll. Vermutlich wird eines Tages unser Staat zusammenbrechen, weil nahezu alle Bürger, wie selbstverständlich, ein schmarotzendes Verhältnis zu ihm aufbauen. Ein Mensch, der nicht rausholt, was rauszuholen ist, der mehr gibt, als verlangt wird, ohne dabei seinen eigenen Nutzen zu suchen, gilt als Ausnahme, oft genug als einfältiger und lebensuntüchtiger Tor.

Mißlingt die berufliche Eingliederung, kann ein durchaus analoges Verhältnis zum Beruf aufgebaut werden. Der Beruf soll mit einem Minimum von Einsatz ein Maximum an Entlohnung (Geld, Ansehen, Macht) bringen. Dieses technisch-rationale Verhalten gefährdet aber auch (vor allem kleinere) Unternehmen.

Vielfach lernen junge Menschen nicht mehr, zu institutionalisierten Gesellschaften ein anderes als ein schmarotzendes Verhältnis einzugehen. Hierher gehört, wenn und insoweit institutionalisiert, selbst die eigene Familie. Symbiotische Sozialbindungen werden nur zu nicht-institutionalisierten gesellschaftlichen Systemen aufgenommen (wenn etwa erhebliche erotische Emotionen im Spiel sind, wie in Freundschaft, Liebe, Kameradschaft).

Da aber die Interaktionen, und also auch die des kommunikativen Typs, in schmarotzerischen sozialen Bindungen stets rein funktional bleiben, ist damit auch die Kommunikation entpersonalisiert und auf die Datengabe und -verarbeitung reduziert.

Schmarotzende Einstellungen zu Gesellschaften zerstören deren Strukturfunktionen in kommunikativen Prozessen. Der Zerfall der kommunikativen Mikrostruktur bringt einen Zerfall der kommunikativen Struktureinheit »Gesellschaft«

mit sich. Sie löst sich in zahlreiche kommunikative Provinzen auf, in denen Gruppen Strukturfunktionen übernehmen.

12. Nachdem wir einige Quellen entarteter oder gestörter Kommunikation in sozialen und psychischen Systemen aufgedeckt haben, sollen im Folgenden Gründe für entartete Kommunikation behandelt werden, die weniger in kommunikativen Strukturen wurzeln als in konkreten kommunikativen Situationen. Es seien hier angeführt:

(a) Vorurteile,

(b) divergierende Bedürfnisse und Stimmungen,

(c) Formen individueller und kollektiver Realitätsablösung,

(d) Intoleranz und

(e) mangelnde kommunikative Kompetenz.

13. »Vorurteil« bezeichnet ein relativ stabiles Urteil über Sachverhalte (vor allem über soziale) und Situationen, das ohne Überprüfung Erkenntnissen zugrundegelegt wird oder selbst Erkenntnis produziert. Vorurteile haben die positive Funktion der psychischen und sozialen Entlastung. Wer über ein Vorurteil verfügt, hat es nicht mehr nötig, alle Einzelheiten zu überprüfen. Bestimmte Eigenschaften können Sachverhalten und Situationen ohne Überprüfung zugesprochen werden.

Die meisten Philosophen waren und sind sich über die Gefahren der Vorurteile einig. Sie verstellen den Blick auf Realität und begünstigen den Aufbau einer realitätsfremden Wirklichkeit. Dennoch aber sind auch ihre Vorteile nicht bestritten. So ist *F. Bacon* (1561-1626) der unbestreitbar zutreffenden Meinung, daß unsere Vorurteile (anticipationes mentis) in besonderem Maße geeignet seien, uns Zustimmung unserer Mitmenschen zu besorgen, wenn und insofern sie die allgemeinen Überzeugungen wiedergeben. Die an Wissenschaft orientierten Aussagen seien dagegen nicht leicht publikumswirksam zu vertreten, wenn sie die allgemeinen Überzeugungen nicht bestätigten.

Wir wissen heute, daß Vorurteile die Funktion von Hypothesen haben, wenn wir versuchen, erkenntnisvermittelte Information über Welt zu verarbeiten (und so gleichsam Welt gedanklich rekonstruieren). Sie legen fest, was vermutlich wichtig, interessant, erheblich ist und was nicht, wie Welt organisiert sein müßte, wäre sie vernünftig organisiert. Daß dabei Fehler unterlaufen müssen, erkannte schon *Bacon*, der uns darauf hinwies, daß »der menschliche Verstand von sich aus dazu neigt, in der Welt mehr an Ordnung und Regelmäßigkeit anzunehmen, als er darin tatsächlich vorfindet« (Novum Organon). Vorurteile sind eine Funktion unseres Ordnungssinns (der sich allerdings nicht selten als Ordnungszwang verhält). Insofern in alle Erkenntnis ordnende Erklärungserwartungen eingehen, müssen wir damit rechnen, daß vorurteilsfreie Erkenntnis eher die Ausnahme bildet.

Es ist ferner keine Erkenntnis (als sinnvolle Wahrnehmung) möglich, es sei denn der Erkennende stelle Schemata zur Verfügung, unter denen sein Erkenntnisvermögen aus den unzähligen Sinneseindrücken die erheblichen auswählt. Jede Erkenntnis ist also schematisiert. Die Schemata erlauben es, Sinnesempfindungen, Kategorien, Erfahrungen, Erklärungen, Gedanken zu einem einzigen Erkenntnisakt zu verschmelzen.

Es werden bevorzugt dualistische Schemata ausgebildet oder doch angewandt. Sie erlauben es, einem Gegenstand eine Eigenschaft zuzuerkennen oder sie ihm abzuerkennen. Dualistisch sind etwa die Schemata: Gut-Böse, Freund-Feind, wahr-unwahr. Im allgemeinen werden irrationale Schemata über die Formen autistischer Wahrnehmung (Evidenz, Klarheit) leichter gebildet und angewandt als rationale (die auf Grund diskursiven Denkens entstehen).

185

Der Prozeß der angewandten Schematisierung hat nach *Allport* (1971, 185 f.) diese Stufen:

(1) Sinnesdaten werden selektiert, indem sich die Aufmerksamkeit auf bestimmte Sachverhalte richtet,

(2) sie werden akzentuiert, insofern sich Interesse auf sie richtet,

(3) sie werden interpretiert, insofern ihnen Erheblichkeit zugesprochen wird,

(4) es werden Schemata auf sie angewandt, die so viel Erfahrung, wie eben möglich, assimilieren (d. h. auf ihr Gelten und ihre Anwendbarkeit hin formen).

Vorurteile und andere Schemata gründen in

(1) makrosozialen Bedingungen historischer, ökonomischer, politischer, sozialer, kultureller Art,

(2) mikrosozialen Bedingungen (Erziehung, Ausbildung),

(3) persönlichkeitsspezifischen Bedingungen (Charakter, Interaktionserfahrungen),

(4) Verstärkungen durch die soziale Umwelt (durch deren Lohn und Strafe).

Viele Vorurteile sind als soziale Einstellungen (attitudes) beschreibbar. In diesen verbinden sich bestimmte Wahrnehmungen (Kognitionen) mit bestimmten emotional-affektiven Wertungen (Evaluationen) und legen so bestimmte Handlungen oder Handlungsabsichten (Konationen) nahe.

Viele Vorurteile sind ferner als Stereotypen zu bestimmen. Ein Stereotyp ist, im Vergleich zu Verallgemeinerungen, die jeder Klassen- und Begriffsbildung vorausliegen, resistent gegen Informationen und Erfahrungen, die ihm widersprechen könnten. Stereotypie akzentuiert eher den kognitiven Aspekt der Vorurteilsbildung.

Allport (1971, 28 f.) nennt fünf Stufen des aus Vorurteilen bestimmten Handelns: Verleumdung – Vermeidung – Diskriminierung – physische Gewaltanwendung – Vernichtung. Er macht darauf aufmerksam, daß es keine harmlosen negativen

Vorurteile gibt. Der erste Schritt schließt die Möglichkeit zum letzten mit ein. »Im antisemitischen Witz liegt bereits der Keim zum Pogrom« *(H. Nicklas).*

Fassen wir also zusammen: Vorurteile haben stets folgende Merkmale:

(1) Sie werden emotional besetzt und orientieren Einstellungen und damit auch Handlungen.

(2) Sie sind immer falsch oder unentscheidbar, behaupten aber ihre eigene Wahrheit.

(3) Sie generalisieren.

(4) Sie weisen Kritik oder andere Formen des In-Frage-Stellens meist emotional heftig zurück.

Ein Urteil, das diese Bedingungen erfüllt, ist stets ein Vorurteil. Vorurteile können sich auch auf Nichtexistierendes beziehen oder Sachverhalte selbst schaffen. So teilten US-amerikanische Studenten den nicht existierenden »Danerians« sehr negative Eigenschaften zu (statt zu bekennen, daß ihnen ein solches Volk unbekannt sei).

»Kollektiv« nennen wir Vorurteile, die außer den genannten vier eine weitere Bedingung erfüllen:

(5) Sie werden von vielen Personen geteilt, so daß der Verbleib im Kollektiv gefährdet ist, wenn man einem Vorurteil widerspricht oder es auch nur als Vorurteil benennt.

Man kann darüber streiten, ob alle Vorurteile kollektiv sein müssen, weil individuelle zumeist als »Wahn« erfahren und bezeichnet werden. Gelegentlich kann sich aber ein individueller Wahn kollektivieren und so scheinbar seinen Wahncharakter verlieren. So wurde der Wahn Hitlers von einer gegen das deutsche Volk gerichteten jüdischen Weltverschwörung oder der Wahn, »die Kommunisten streben nach der Weltherrschaft« durch Kollektivierung in den betroffenen Kollektiven nicht mehr wahrnehmbar.

Wie in individuellen Wahnvorstellungen lassen sich in vielen kollektiven Vorurteilen bestimmte Archetypen nachweisen, die vermutlich sehr früh ins »kollektive Unbewußte« aufgenommen wurden. Hierher gehören: »bedrohliche anonyme Macht«, »Verbrecher«, »Ungeheuer«. Es ist interessant, daß selbst Personen, die, weil mit Vorurteilen besetzt, obschon sie keine dieser Eigenschaften haben, diese dennoch zuerteilt erhalten. Nicht wenige Menschen, die in Homosexuellen abartig organisierte und deshalb minderwertige Persönlichkeiten sehen, entwickeln zugleich (oft unbewußte) Ängste, die durch eine anonyme bedrohliche Macht (eine Angst, die sich auf die eigene homosexuelle Komponente richtet) oder/und Verbrecher (eine Angst vor dem eigenen Verbrecherseinkönnen) ausgelöst werden. Die zweite Angst wurde sogar im Strafrecht kodifiziert, insofern manche vollzogene Homosexualität zu den Verbrechen gerechnet wurde (und wird).

Übrigens zeigt das Beispiel der Vorurteile gegenüber Homosexuellen, daß nach der Individualisierung einst kollektiver Vorurteile nicht immer der Wahncharakter des Vorurteils bewußt werden muß.

Persönlichkeitstypen, die in besonderer Weise zur Ausbildung von Vorurteilen neigen, wollen wir »autoritäre Persönlichkeiten« nennen. Sie haben meist folgende Merkmale:

(1) Der intrapersonale Dialog, vor allem der zwischen Selbst- und Objektwelt ist meist unreif und schwach ausgebildet. Im Test werden meist hohe Schizoidiegrade gemessen.

(2) Sie beharren auf einmal festgelegten Meinungen und sind nahezu unfähig zum Diskurs.

(3) Sie reagieren aggressiv auf jede Form der potentiellen Verunsicherung.

(4) Sie neigen zu Projektionen (d. h. sie sprechen Eigenschaften, die sie selbst haben und sich nicht zugestehen können, anderen zu).

(5) Sie vertreten oft faschistoide Ideen (indem sie etwa fordern, Herrschaft sollte von »starken Männern« ausgeübt werden, die auch gelegentlich Stärke statt Recht üben; alle,

die Recht und Ordnung gefährden, müßten besonders hart bestraft werden).

(6) Sie wünschen sozial geschlossene Systeme (d. h. Systeme mit vorgeschriebener Werteordnung).

(7) Sie sind der Überzeugung, wenige oder gar keine Vorurteile zu haben und sich also realitätsgerecht zu orientieren.

Nun ist die Meinung, man sei selbst von Vorurteilen ganz oder weitgehend frei, ebenso gefährlich wie verbreitet. Gefährlich ist sie, insofern sie Intoleranz rechtfertigt. Verbreitet ist sie, weil kaum ein Mensch seine eigene Vorurteilshaftigkeit akzeptiert, wenn doch, dann allenfalls mit der Zugabe, daß andere noch sehr viel mehr Vorurteile hätten.

Nun ist unbestreitbar jeder Mensch mit Vorurteilen belastet. Man kann aber lernen, damit umzugehen. Und das ist für die Ausbildung kommunikativer Kompetenz unverzichtbar.

Es gibt kaum einen besseren Grund, Kommunikation abzubrechen, als die von einander widersprechenden Vorurteilen geleitete. Häufiger Kommunikationsabbruch ist aber insoweit nicht wünschenswert als damit unter Umständen erhebliche Informationen nicht mehr mitgeteilt werden. Wir wollen zwei Typen von Vorurteilen unterscheiden (ohne Anspruch auf Vollständigkeit):

(1) Vorurteile, denen keine Erfahrung widersprechen kann. Sie sind so ausgebildet, daß alle Wahrnehmung schon im Sinne des Vorurteils interpretiert wird. Wir wollen diese Vorurteile »Wahnurteile« nennen. Beispiele für Wahnurteile mögen sein: (a) Theismus oder Atheismus (die Annahme also, Gott existiere oder er existiere nicht). In beiden Fällen werden Menschen alles, was ihnen im Leben begegnet, entsprechend interpretieren. Gegen ihr religiöses Glauben ist Erfahrung unmöglich, weil alle Erfahrung im Sinne des Glaubens interpretiert wird. (b) Die Überzeugung, die SU wolle den Krieg. Dann werden alle politischen Ereignisse der letzten Jahrzehnte entsprechend interpretiert – ebenso alle zukünfti-

gen. (c) Ein Eifersüchtiger wird alles Partnerverhalten so interpretieren, daß es Gründe für die Eifersucht hergibt. (d) Ein latent Homosexueller, der seine Homosexualität (etwa durch Projektion) abwehrt, wird Merkmalskombinationen zusammenstellen, aus denen ihm Homosexualität erkennbar wird (schwingender Gang, tuntenhaftes Verhalten, Eitelkeit). Er ist durch Erfahrung unbelehrbar, weil solche Erfahrung seine Überzeugung von der eigenen Heterosexualität gefährden könnte.

(2) Vorurteile, denen zwar eine Erfahrung an sich widersprechen kann, die aber die Funktion haben, einmal getroffene Lebensentscheidungen positiv zu besetzt halten. Erfahrungen, die solche Wertbesetzungen in Frage stellen könnten, werden in ihrer Bedeutung abgewertet. Wir wollen in diesen Fällen von »Sicherungsurteilen« sprechen, denn sie haben nicht selten die Funktion, einmal getroffene Lebensentscheidungen positiv werthaft besetzt halten zu können.

Beispiele für solche Vorurteile mögen sein: (a) Die Entscheidungen einer politischen Partei, der ein Mensch beigetreten ist, werden als im Prinzip richtig verstanden. Eine Entscheidung, die nicht in dieses Muster paßt, wird als untypische Entgleisung gewertet. (b) Die Maßnahmen, die ein Staat zu seinem Selbstschutz ergreift, werden als im Prinzip richtig interpretiert, wenn eine Entscheidung für diesen Staat getroffen wurde. Sollte eine Maßnahme den rechtlichen Rahmen sprengen, wird das als verzeihliche Überreaktion gewertet. (c) Ein Unternehmen, für das sich ein Mensch entschieden hat, greift in politische Abläufe (etwa durch »Spenden«) ein. Dieses Mißverhalten wird als untypisch, weil von anderen auch praktiziert, heruntergespielt.

Wie nun aber kann man eigene und fremde Vorurteile erkennen? Im allgemeinen an der nicht sachbezogenen und von der Sache auch nicht gerechtfertigten aggressiven Reaktion, die sich regelmäßig einstellt, wenn ein Vorurteil in Frage gestellt wird. Wer Vorurteile angreift, greift einen Menschen an und

190

stellt dessen Selbstverständlichkeiten in Frage. Das aber, von woher das Selbst sich bestimmt, was ihm selbst-verständlich ist, konstituiert es auch. Alles aber, was das Selbst und seine Repräsentanzen gefährdet, wird aggressiv abgewiesen. Von hierher wird auch deutlich, warum bei »autoritären Charakteren« die Selbstgrenzen extrem undurchlässig und fest sind. Sie müssen in ihrer Selbst-Verständlichkeit sehr viel eher verteidigt werden, als wenn sie transparenter und weniger fixiert wären.

Insofern die Kommunikations- und Konfliktfähigkeit eines Menschen weitgehend davon abhängt, ob und wie er mit eigenen und fremden Vorurteilen umgehen kann, ist die Erkenntnis der eigenen Vorurteile unumgängliche Voraussetzung für die Verbesserung der sozialen Performanz. Ich bitte Sie deshalb, wenigstens zehn Behauptungen ausfindig zu machen, auf die sie aggressiv reagieren. Es spricht dann vieles dafür, daß es sich um Vorurteile handelt.

Wie aber geht man mit fremden oder nicht beherrschten eigenen Vorurteilen um, wenn ihr Inhalt kommunikativ thematisiert wird? Ich vermute, daß bei Wahnurteilen der Kommunikationsabbruch die einzig sinnvolle Strategie ist, weil jede Fortsetzung der Kommunikation den sozialen Graben vertieft, weitere Themen in den Wahnbereich einbezieht und das Vorurteil nur verstärken kann. Bei Sicherungsurteilen gilt es sorglichst abzuwägen. Ich vermute, daß nur dann ein In-Frage-Stellen gerechtfertigt werden kann, wenn das Vorurteil zu sozial-schädlichen Handlungen führt oder zu führen droht. Man sollte aber wissen, daß solche Vorurteile redlich nur über die Methode des Diskurses aufgelöst werden können. Das aber bedeutet, daß man ein eigenes, dem des Partners widersprechendes Vorurteil zur Disposition stellt. Sind Sie dazu bereit?

Die Akzeptation fremder Vorurteile hat nichts mit Resignation zu tun. Es handelt sich vielmehr um eine Folge der Akzeptation fremder Würde. In Vorurteilen verdichtet sich die Geschichte eines Menschen – und vor ihr sollten wir allemal Respekt haben.

14. Häufig führen auch widersprechende Bedürfnisse und Stimmungen zu Kommunikationsstörungen.

Wirtschaftstheoretisch bezeichnet »Bedürfnis« die Empfindung eines Mangels, verbunden mit dem Streben, ihn zu beheben *(H. v. Stackelberg)*. Dieses Streben kann Anlaß ökonomisch erheblicher Handlungen sein. Wirtschaftstheoretisch geht man oft davon aus, daß die Nutzenserfahrung an die Geschwindigkeit der Bedürfnisbefriedigung gekoppelt ist.

Gemeinhin unterscheidet man hier existentielle Bedürfnisse (Nahrung, Kleidung, Wohnung, Bildung) von individuellen oder kollektiven (wie dem nach öffentlicher Ordnung).

Es ist ein alter, aber heute noch offener Streit, ob eine Ausweitung der Bedürfnisse nach Inhalt und Intensität gesellschaftlich wünschenswert sei oder nicht. Die erste Position wurde etwa im 17. und 18. Jahrhundert von den Kameralisten wegen der damit verbundenen Ausweitung der Beschäftigung vertreten. Die zweite eher von Vertretern der Aufklärung *(J. N. Tentes* [1777], *Chr. Garve* [1792]) oder des Liberalismus bevorzugt, weil sie in der Bedürfnisbegrenzung eine Grundlage kultureller Entwicklung sahen. *H. Leo* klagte (1894), daß man künstlich Bedürfnisse erzeuge und so die ständische Gesellschaft zerstöre. Die Eingrenzung der ökonomischen Bedürfnisse vermehrt nach *A. Müller* (1816) das Bedürfnis nach dem Staat. Dagegen polemisierten eher sozialistisch eingestellte Autoren. Für *F. Lasalle* ist es die Tugend der heutigen Zeit, möglichst viele Bedürfnisse zu haben. *J. Dietzken* (1811) vertrat die Ansicht, daß erst die Befriedigung niederer Bedürfnisse das Entstehen höherer ermöglichte.

Zu einer zentralen ökonomischen Kategorie wird »Bedürfnis« durch die Grenznutzentheorie. Sie vertritt die Ansicht, daß nicht die Produktionskosten, sondern die Nutzenschätzungen der einzelnen Wirtschaftssubjekte den Wert (und damit mittelbar auch den Preis) eines wirtschaftlichen Gutes bestimmen. Eine philosophische Entsprechung findet diese Anschauung bei *Fr. Nietzsche*, der schreibt: »Unsere Bedürfnisse sind es, die die Welt auslegen; unsere Triebe und deren Für und Wider.« *H. Marcuse* kritisiert (1968) das Überhandnehmen »falscher Bedürfnisse«, die harte Arbeit, Aggressivität, Elend und Unrecht verewigen.

Ich habe diese eher von nicht-psychologischen Überlegungen geleiteten Vorstellungen deshalb etwas ausführlicher dargestellt, da auch heute über den ökonomischen Wert und Unwert von möglichst uneingeschränkter Bedürfnisbefriedigung und Verzicht auf Befriedigung wieder intensiv diskutiert wird. Zudem war »Bedürfnis« zunächst ein ökonomischer Begriff, ehe er im 18. Jahrhundert in die Psychologie eingebracht wurde.

Die Vertreter wirtschaftlicher Interessen sehen zumeist in der Verzichtideologie eine grundlegende Gefährdung der martkwirtschaftlichen, auf ständiges Anwachsen des Konsums auch bei schrumpfender Bevölkerung angewiesenen Ordnung. Mit ihnen ist nicht selten eine rational geführte Diskussion nicht möglich.

In der Psychologie des 18. Jahrhunderts taucht »Bedürfnis« in unmittelbarer Nähe zu »Motivation« auf. Nach *J. F. Herbart* (1818) entspringen Bedürfnisse körperlichen und seelischen Mangelzuständen. Für *R. H. Lotze* (1856) sind Bedürfnisse letzte Ursache menschlichen Handelns. Auch heute knüpfen noch manche Bedürfnistheorien an Vorstellungen des 19. Jahrhunderts an. *J. Nuttin* entwickelte (1956) eine psychoanalytisch argumentierende Bedürfnistheorie. Bedürfnisse sind ihm keine innerorganismischen Zustände mehr, sondern Manifestationen der Ich-Welt-Beziehung eines Menschen oder auch die Ich-Welt-Beziehung selbst. Sie verbinden also das Ich mit Welt, der physischen und der sozialen. Sie implizieren Impulse, sich mit Welt auseinanderzusetzen, um sich in Welt zu realisieren und aus Welt diejenigen Sachverhalte zu entnehmen, die zur Sicherung des Ich nötig sind. Eine Verkürzung der Bedürfnisse bedeutet, daß die Beziehungen zur Welt verkürzt werden, daß gar ganze Typen von Beziehungen ausfallen können.

Nuttin unterscheidet drei Bedürfnisklassen: die viszerogenen (auf vitale Entfaltung und vitalen Kontakt mit der Umwelt ausgerichteten), die auf personale Entfaltung gerichteten (etwa die soziale Integration betreffenden) und die geistigen Bedürfnisse (die Menschen nach religiöser oder existentieller Klärung oder kultureller Teilhabe streben lassen).

In der US-amerikanischen Psychologie bestimmte *H. Murray* Bedürfnis (need) als hypothetische Einheit, der eine Antriebsfunktion im psychischen Ablauf zukomme. Es ist definiert durch Typen von inneren oder äußeren Reizen und den Reaktionen auf diese Reize. Bedürfnisse als Quelle des Antriebs (drive) markieren physische, psychische oder soziale Gleichgewichtsstörungen eines personalen Systems. Insoweit Bedürfnisse von überdauernden Handlungsbereitschaften her bestimmt werden können, bezeichnen sie Gewohnheitsmuster (habit pattern). Er unterscheidet Bedürfnisse, die in zentralnervös ausgelösten Prozessen gründen, von psychischen. Hier sind vor allem zu unterscheiden Bedürfnisse, die zu aufsuchendem und zu vermeidendem Verhalten führen (positive und negative Bedürfnisse). Auch sind manifeste Bedürfnisse (die sich aus den nachfolgenden Handlungen oder Handlungsversuchen erheben lassen) von latenten Bedürfnissen (die erst durch unbewußte Produktionen wie Träume, Phantasien, Assoziationen aufgedeckt werden) zu unterscheiden.

G. W. Allport (1949) betont, es sei der Individualität der einzelnen Person unangemessen, ihre Handlungen auf einige wenige Bedürfnisse zurückzuführen. Die Bedürfnisbildung eines Menschen sei sehr oft spezifisch an eine bestimmte Situation gebunden, der eine Klassifizierung der Bedürfnisse nicht gerecht werden könne. Jedes Bedürfnis könne in seinem aktuellen Auftreten nur einmalig und persönlich sein.

E. C. Tolman unterscheidet drei Bedürfnistypen:

● Die primären Bedürfnisse, die Menschen mit vielen Tieren gemeinsam haben (Hunger, Durst, Vermeiden von Schmerz …).

● Die sekundären Bedürfnisse, die soziale Beziehungen betreffen (Anschluß, Abhängigkeit …)

● Die tertiären Bedürfnisse, die erlernt oder kulturell bedingt sind (wie Bedürfnisse, Erfolg zu haben, reich oder gebildet zu sein …).

Ich möchte hier eine Bedürfnistheorie darstellen, die sich sowohl in der motivierenden als auch in der therapeutischen Praxis bewährt hat und für die Theorie kommunikativer Störungen erheblich ist.

Zunächst unterscheiden wir vier Klassen von psychischen Bedürfnissen: die narzißtischen, die erotischen, die sozialen und die aggressiven Bedürfnisse. Über die physiologischen Bedürfnisse, die sich etwa in Hunger, Durst, Vermeiden von Lärm, Suchen nach sinnlicher Anregung, sexueller Erregung … anzeigen, sei hier nicht gehandelt. Sie sind weitgehend angeboren und können als unmittelbarer Ausdruck des Es oder der menschlichen Triebstruktur gedeutet werden.

● Narzißtisch sind Bedürfnisse, die Selbstachtung zu wahren, sich selbst zu verwirklichen, teilzuhaben am kulturellen Leben, sich zu bilden, einen schönen Körper zu haben …

● Erotisch sind Bedürfnisse nach Liebe, nach Freundschaft, nach Kameradschaft …

- Sozial sind Bedürfnisse nach Geborgenheit, Anerkennung, sozialer Nähe, sozialer Sicherheit, nach Macht und anderen Formen sozialer Expansion ...
- Aggressiv sind die Bedürfnisse nach Distanz, nach Alleinsein, nach Frustrationsvermeidung, nach Selbstbestrafung, nach Traurigkeit ...

Wie schon gesagt, bilden sich diese Bedürfnisse zusammen mit entsprechenden Emotionen in den ersten Lebensjahren aus (vgl. S. 25). Nach Thema, Intensität, Dauer, elementaren Befriedigungsstrategien und Befriedigungserwartungen (sowohl die Verlaufserwartungen, die die Art der Bedürfnisbefriedigung, als auch die Ergebniserwartungen, die das Verschwinden des Bedürfnisses betreffen, sind hier gemeint) werden sie psychisch institutionalisiert durch die Rückspiegelungen von zunächst nur versuchsweise dargestellten bedürfnisanalogen Mustern durch die soziale Umwelt (vor allem durch die Mutter). Die Bedürfnisse, die sie erkennt und akzeptiert, werden zumeist positiv und dem Kind verständlich (also nicht etwa ambivalent) zurückgespiegelt. Die wiederholte ähnliche Spiegelung richtet eine psychische Struktur ein, die wir »Bedürfnis« nennen. Dabei sind die vier Bedürfniskategorien vermutlich angeboren. Angeboren dürfte auch das Streben sein, alle vier Kategorien inhaltlich zu besetzen. Das kann bei Mängeln in der Rückspiegelung zu Fehlbesetzungen und unteroptimalen Bindungen von Auslösern an Bedürfnisse kommen. Reagiert ein Mensch etwa regelmäßig auf soziale Verletzung mit sozialem Rückzug, ist diese Reaktion unteroptimal.

Eng an die Bedürfnisbildung angelehnt ist die der Emotionen. Wir unterscheiden entsprechend narzißtische, erotische, soziale und aggressive Emotionen. Auch sie werden nach thematischer Anbindung, nach Intensität des Erlebens und der Darstellung, nach Dauer und der Bindung an reaktive Handlungen durch Rückspiegelungen aus der sozialen Umwelt weitgehend festgelegt.

- Zu den narzißtischen Emotionen rechnen wir: Eitelkeit, Stolz, Selbstachtung ...
- Zu den erotischen Emotionen gehören Liebe, freundschaftliches und kameradschaftliches Fühlen.
- Zu den sozialen Emotionen rechnen wir: Geborgenheit, Solidarität, Freude ...
- Zu den aggressiven gehören: Wut, Haß, Ärger, Zorn, Niedergeschlagenheit, Schadenfreude ...

Auch hier kann es zu unteroptimalen oder gar inadäquaten Bindungen von Auslösern an Emotionen kommen. So ist die emotionale Reaktion »Niedergeschlagenheit« meist inadäquat an den Auslöser »Kränkung« gebunden.

Zunächst wollen wir aber das Thema »Emotionen« verlassen und wieder zu dem der Bedürfnisse zurückkehren.

Neben der angegebenen Typenbildung, ist es angemessen, eine weitere Klassifikation einzuführen, die mit der gegebenen ein zweidimensionales Muster bildet. In dieser zweiten Dimension unterscheiden wir

- Erhaltungsbedürfnisse; das sind Bedürfnisse, deren Befriedigung zur Erhaltung des physischen, psychischen, sozialen Lebens notwendig ist. Hierzu können Bedürfnisse aller vier vorher genannten Typen zählen.
- Entfaltungsbedürfnisse, deren Befriedigung für die Entfaltung des physischen, psychischen, sozialen Lebens notwendig ist.
- Kompensatorische Bedürfnisse, die dann eintreten, wenn die Befriedigung von Erhaltungs- und/oder Entfaltungsbedürfnissen aus sozialen, physischen oder psychischen Gründen nicht möglich ist. So kann ein Mensch, dessen soziales Bedürfnis nach Geborgenheit nicht befriedigt wird, kompensatorisch das Bedürfnis nach sozialer Expansion einsetzen. So kann ein Mensch, dessen Bedürfnis nach Anerkennung nicht befriedigt wird, kompensatorisch dafür das Bedürfnis nach Nahrungsaufnahme einsetzen ... Die kompen-

satorische Bedürfnisbefriedigung hat zwei Nachteile: (1) wird das ursprüngliche Bedürfnis abgewehrt und damit nicht mehr erkannt und (2) wird, da das ursprüngliche Bedürfnis nicht kompensatorisch befriedigt werden kann, die Befriedigung des kompensatorischen Bedürfnisses nie zu Ende kommen. Es bleibt stets ein »Frustrationsrest« übrig, der zu neuen kompensatorischen Handlungen auffordert.

● Luxusbedürfnisse sind Bedürfnisse nach luxuriöser Bedürfnisbefriedigung. Sie spielen im Aufbau einer Befriedigungserwartung eine erhebliche Rolle. So kann etwa das Bedürfnis nach Anerkennung nicht durch jeden Partner gestillt werden, sondern nur durch einen bestimmten. So kann Durst nicht etwa durch klares Quellwasser gelöscht werden, sondern nur durch Bier. »Luxusbedürfnisse« sind also nicht identisch mit dem (meist narzißtischen) Bedürfnis nach Luxus, sondern bezeichnen eine »luxuriöse Art der Bedürfnisbefriedigung«.

Eine Tabelle mag das Gemeinte veranschaulichen:

	Narzißtische B.	Erotische B.	Soziale B.	Aggressive B.
Erhaltungs B.				
Entfaltungs B.				
Kompensat B.				
Luxus B.				

Die einzelnen Felder der Tabelle müssen hier unbesetzt bleiben, da sie von Mensch zu Mensch und in jeder psychischen und sozialen Situation anders gefüllt werden. Es ist jedoch nützlich, wenn Sie gelegentlich den Status ihrer augenblicklichen Bedürfnissituation erstellen und für sich die Tabelle ausfüllen.

Für eine Theorie der kommunikativen Störungen ist es recht wichtig einzusehen, daß die Besetzung der verschiedenen Bedürfnisfelder von Mensch zu Mensch und von Situation zu

Situation sehr verschieden sein kann. Je nach der Art der Sozialisation dominieren bei dem einen erotische, beim anderen narzißtische Bedürfnisse. Je nach der Bestimmung der Auslöser führt eine bestimmte soziale Situation bei dem einen zu erotischen, beim anderen zu sozialen Bedürfnissen ...

Von der Bedürfnisstruktur her kann man verschiedene Charaktertypen unterscheiden, die in kommunikativen Situationen sehr verschieden reagieren. Wird solche Differenz nicht zureichend berücksichtigt, kann es zu erheblichen Störungen kommen. Ich möchte Ihnen einen Entwurf zu einer solchen »Charakterologie« vorlegen, dessen Beherrschung in kommunikativen Situationen nützlich zu sein scheint.

Sie werden bemerkt haben, daß in der Tafel »Konservativer

	Narzißtischer Ch.	Erotischer Ch.	Sozialer Ch.	Konservativer Ch.
Dominantes soz. B.	Abstand	Wechsel	Nähe	Stabilität
Dominantes Selbst B.	Ichabgrenzung	Ichweitung	Hingabe	Selbstbeherrschung
Dominante Angst vor	Hingabe	Endgültigkeit	Selbständigkeit	Vergänglichkeit
Ziel	Unabhängigkeit	Sofortbefriedigung	Abhängigkeit	Sicherheit
Wirkung	distanziert kalt	kreativ spontan	bescheiden selbstlos	kontrolliert intolerant
soziale Einstellung	Isolation	Ausweichen vor Verantwortung	Harmonie	konservativ dogmatisch
Einstellung zur Umwelt	Mißtrauen	Risiko	Idealisierungen	Vorsicht
Neigung zu Symptomen	Schizoidie	Hysterie	Depression	Zwangsneurose

Charakter« an der Stelle steht, an der man den aggressiven vermuten sollte. Es sind aber die aggressiven Emotionen durchaus bestimmend für den konservativen Charakter. Viele Charaktermerkmale kommen zustande, weil aggressive Bedürfnisse abgewehrt wurden. Sie sind in der Regel Folgen der Abwehr.

Ferner gilt es zu bedenken, daß es sich in der Tafel um ideale Typen handelt, die rein nur selten auftreten. Mischungen sind die Regel.

Offensichtlich können in einem Merkmal divergierende Charaktertypen nur beschränkt miteinander kommunizieren. Im allgemeinen ist die Kommunikation, selbst über Triviales, dann von einer eigentümlichen Spannung beherrscht. Zur Verbesserung der sozialen Kompetenz kann es nützlich sein, sich selbst und die wichtigsten Kommunikationspartner in der Tafel zu orten. Das mag helfen, die Grenzen eigener und fremder Kommunikationsfähigkeit in bestimmten sozialen Situationen auszumachen. So werden Kommunikationsstörungen vermieden, die in den verschiedenen Charaktervorgaben der Partner begründet sind.

Viele Menschen gehen von der irrigen Annahme aus, daß alle anderen im Prinzip ihnen charakterlich ähnlich organisiert seien. Diese Annahme ist sehr konfliktträchtig und gefährdet stets Kommunikation.

15. Divergierende Bedürfnischaraktere, divergierende Bedürfnisstrukturen und divergierende aktuelle Bedürfnisse können, wie gesagt, wenn sie nicht erkannt, beherrscht und in konkreter Kommunikation zureichend berücksichtigt werden, zu erheblichen Kommunikationsstörungen führen. Nun gibt es neben Bedürfnissen eine andere Klasse von »Triebabkömmlingen«, die ebenfalls für das kommunikative Geschehen von erheblicher Bedeutung sind: die Emotionen.

Wir fassen im Begriff »Emotion« drei psychische Befindlichkeiten zusammen, die im wesentlichen durch die Dauer und Erlebnisintensität unterschieden werden können:

● die (emotionale) Tönung (ein psychisches, oft durch Jahrzehnte unveränderliches Grundmuster wie »Optimismus-Pessimismus«, [emotionale] Intraversion-Extraversion),

● die (emotionale) Stimmung (ein psychisches meist längere Zeit konstantes Muster wie »deprimiert-hoch gestimmt«, »begeistert-niedergeschlagen«, »heiter-traurig«, »wohlgemut-skeptisch«) und

● das Gefühl, das meist einen bestimmten äußeren Auslöser hat und für die Dauer der Repräsentanz des Auslösers erlebt wird. Gefühle werden meist deutlicher und bestimmbarer erfahren als Stimmungen, die oft keinen bestimmbaren Auslöser haben.

In der Literatur wird gelegentlich nicht zwischen diesen drei emotionalen Erlebnismustern unterschieden. Nicht selten wird »Emotion« mit »Gefühl« gleichgesetzt.

Das deutsche Wort »Gefühl« taucht in philosophischem Gebrauch im 18. Jahrhundert auf und bedeutet soviel wie »moralisches Gefühl« oder »ästhetisches Gefühl«. Die Frage, wie wir Gutes oder Schönes wahrnehmen, hatte schon zuvor die Philosophen beschäftigt, da die reine Sachverhaltswahrnehmung nicht schon an sich die Eigenschaften »gut« oder »schön« vermittelt. Hier wird offenbar von uns Menschen ein erkannter Gegenstand weiterer Kategorien unterworfen, die, wenn sie angesprochen werden, uns einen Sachverhalt als gut oder schön erscheinen lassen.

Ehe man über das Instrument der Information von Sachverhalten durch Kategorien verfügte, nahm man oft an, daß die durch Erkenntnis ausgelösten Gefühle uns einen Sachverhalt als gut oder schön erfahren ließen. Vor allem erklärt die Gefühlstheorie sehr gut die sehr verschiedenen Wahrnehmungen von »gut« und »schön« bei verschiedenen Menschen.

In der Psychologie wird eine Theorie des Gefühls vergleichsweise spät entwickelt. Von *F. Krueger* (1928) stammt der vielzitierte Satz, daß Gefühle »der mütterliche Ursprung der übrigen Erlebnisarten und ihrer aller ergiebiger Nährboden« seien. Er beschreibt damit die durch Pietismus und Empfindsamkeit in der zweiten Hälfte des 18. Jahrhunderts in Deutschland ausgebildete »Gefühlskultur«, die in Teilströmen im allgemeinen Bewußtsein, vor allem aber in abgesplitterten Provinzen dieses Bewußtseins, bis heute konserviert wurde. Die »Neue Irrationalität«, die selbst gelegentlich Manager begeistert, vertreten von *Fr. Capra* und vielen anderen, steht in der Nachfolge der »Empfindsamkeit«.

Schon vor dem Gipfel der »Deutschen Empfindsamkeit« hatte *I. Kant* (1764) geschrieben: »Man hat es nämlich in unseren Tagen allererst einzusehen angefangen, daß das Vermögen, das Wahre vorzustellen, die Erkenntnis, dasjenige aber, das Gute zu empfinden, das Gefühl sei, und daß beide ja nicht miteinander verwechselt werden« (AA II, 299).

Eine erste umfangreiche psychologische Theorie des Gefühls entwickelte *W. Wundt* (1874). Empfindungen seien stets von Gefühlen begleitet. Wie es eine unendlich große Zahl möglicher Empfindungen gäbe, so auch eine unendliche Zahl von Gefühlen. In einem konkreten Augenblick werde jedoch stets ein »Totalgefühl« erlebt, das in einem Integrationsprozeß aus zahlreichen Komponenten zusammengesetzt werde. Wir Menschen verfügen offenbar über ein Vermögen, die zahlreichen Partialgefühle zu einer »Gefühls-Lage« zu verbinden.

O. Ewert (1965) macht darauf aufmerksam, daß es neben den an Empfindungen gebundenen Gefühlen auch Gefühle als Formen sozialer Begegnungsweisen gäbe. Sie richten sich als »Bezugswendungen« auf die erlebte Mitwelt. Zusammen mit motorischen Komponenten vermitteln sie eine Art von

Handlungsentwurf für bestimmte Formen der Begegnung mit anderen Menschen.

Gefühle haben wie alle Emotionen Signalcharakter. Sie stehen ursprünglich im Dienst der Erhaltung und der Entfaltung psychischen und sozialen Lebens. Sie machen es einem Menschen unmöglich, in einer bestimmten Situation beliebig zu handeln (Angst, Scham, Schuld) und schützen ihn so vor physischer, psychischer oder sozialer Überforderung oder Gefährdung. Sie schließen bestimmte Interessen, Erwartungen, Erfahrungen, Erinnerungen ... aus und verstärken andere. Das sich hier auch durch ungünstige soziale Rückspiegelungen unteroptimale Muster ausbilden können, die gar gelegentlich als pathologisch klassifiziert werden, ist unbestritten.

Emotionen geben aber nicht nur Signale an die eigene Psyche, um deren Aktivitäten zu begrenzen oder anzuregen, sondern auch an die soziale Umwelt. Sie teilen dem Kommunikationspartner mit, über welche kommunikativen Möglichkeiten und Grenzen im Augenblick ein Mensch verfügt.

Werden Emotionen nicht deutlich gemacht oder werden sie nicht zutreffend erkannt, kommt es im allgemeinen zu Kommunikationsstörungen. Der oder die Kommunikationspartner erwarten kommunikative Angebote oder Reaktionen, zu denen ein Mensch im Augenblick nicht fähig ist.

Die Ausbildung kommunikativer Kompetenz verlangt also, daß wir wieder lernen, unsere Emotionen für unsere Umwelt erkennbar darzustellen, und wieder zureichend sensibel werden, die emotionale Situation des oder der anderen wahrzunehmen. Beide Fähigkeiten sind heute zumeist unterentwickelt. Das mag damit zusammenhängen, daß die Information über Daten dominant geworden und die über das sprechende Selbst (Selbstdarstellung), den bestehenden Kontakt, die verborgenen Wünsche dahinter weit zurücktritt. Die bloß funktionale Kommunikation kennt Emotionen nur als Störgrößen. Das Aussenden und Empfangen emotionaler Signale sowie die psychische und soziale Verarbeitung der Signale bedeutet nur einen unangemessenen psychischen und sozialen Aufwand.

Menschen, die sich völlig in diese funktionale Kommunikationswelt eingebunden haben, sind nur noch in der Lage, Emotionen »privat« darzustellen. Sie können weder über Emotionen adäquat sprechen noch sie ihn ihrer kommunikativen Umwelt anders als als Störgrößen erfahren. Wir sprechen hier von »Alexithymie«, einer psycho-sozialen Störung, die signifikant korreliert mit »vegetativer Irritation«, der Ausgangslage psycho-somatischer Symptome.

16. Wir haben schon an verschiedenen Stellen Anzeichen kollektiver und/oder individueller Realitätsablösung erwähnt. Sie seien hier unter dem Aspekt möglicher Gründe für Kommunikationsstörungen zusammengestellt. Hierher gehören: (a) Die Dominanz der komplexeren Theorie über die einfache, unabhängig von der Brauchbarkeit einer Theorie. »Brauchbar« nennen wir eine Theorie, wenn ihre Anwendung zu Handlungen führt, die den erwarteten Erfolg haben.

P. Watzlawick berichtet (1978, 61-63) von einem Versuch, der typisch zu sein scheint: Zwei Versuchspersonen sitzen vor einem Projektionsschirm. Vor sich haben sie zwei Drucktasten mit der Aufschrift »gesund« und »krank«. Nun werden ihnen Dia-Aufnahmen von gesundem und krankem Gewebe vorgestellt. Sie sollen auf Grund ihrer Kenntnis eine der beiden Tasten drücken. Diagnostizieren sie zutreffend, leuchtet ein Signal »richtig«, diagnostizieren sie unzutreffend, ein Signal »falsch« auf. (Das »richtig« und »falsch« sind insofern objektiviert, als das kranke Gewebe zu Symptombildung führt.) Die Versuchsperson A erhält die zutreffenden Signale und lernt bald, krankes von gesundem Gewebe zu unterscheiden. Die Person B erhält, unabhängig von ihrer Diagnose, die gleichen Signale wie A. Hat also A zutreffend reagiert, erhält B, völlig unabhängig von seiner Reaktion, die Antwort »richtig«. B verfügt nach einiger Zeit über eine meist sehr komplizierte, aber unbrauchbare Theorie über die pathologische Qualität des vorgestellten Gewebes. Sprechen nach dem Versuch beide Versuchspersonen miteinander, zeigt sich A zumeist sehr beeindruckt von der Theorie von B. In einem zweiten Versuch, kommt er zu häufigeren Fehlern als beim ersten. B. dagegen korrigiert im zweiten Versuch nicht etwa seine Theorie, sondern verfeinert sie weiter.

Man kann Beispiele nicht generalisieren. Doch dieses artikuliert eine alltägliche Erfahrung. Wird einmal eine Erklärung, eine Problemdefinition, eine Problemlösung personalisiert, wird sie selten vor dem Anspruch einfacherer Definitionen oder Lösungen aufgegeben, sondern zumeist unter dem Anspruch neuer Sachverhalte verfeinert. Daß dieses nicht nur optimale Problemlösungen ausschließt, sondern auch sachbezogene Kommunikation unmöglich macht, scheint unbestreitbar. Unter der Maske der Sachbezogenheit lagern Beziehungsprobleme, die sich nicht artikulieren lassen, weil sie nicht bewußt sind, zumindest aber nicht zugegeben werden.

(b) Erklärungen werden zwanghaft gegeben und verteidigt. Man kann strukturelle, kausale und finale Erklärungen unterscheiden. Auf Grund struktureller Erklärungen kann man die Reihe 0 – 1 – 3 – 7 – 15 mit 31 – 63 ... fortsetzen, wenn man das Strukturprinzip erkannt hat. Kausal wird etwas erklärt, wenn die Erklärung eine Wie-Frage, final, wenn sie eine Warum-Frage beantwortet.

Auch die Problematik von Erklärungszwängen möchte ich an einem von *Watzlawick* (1978, 64-67) genannten Beispiel aufweisen. Auf ein Brett werden 16 gleichartige Klingelknöpfe im Kreis aufgeschraubt. Die Versuchsperson erhält die Information, wenn sie einen dem vorhergehenden richtig zugeordneten Knopf drücke, erhalte sie einen Gewinnpunkt. Dieses werde durch ein akustisches Signal mitgeteilt. Die Versuchsperson weiß nicht, daß kein Zusammenhang zwischen der gedrückten Taste und dem akustischen Signal besteht. Jeder Versuch besteht aus 325 Knopfdrücken. Anfangs werden die Signale wahllos gegeben. Zwischen dem 250sten und 300sten Knopfdruck erfolgt kein Signal. Bei den letzten 25 Knopfbetätigungen wird jedoch stets ein Signal gegeben. Fast alle Versuchspersonen sind zu Versuchsende der festen Überzeugung, sie verfügten über eine zutreffende Theorie der optimalen Reihenfolge. Werden sie über die Versuchsanordnung zutreffend aufgeklärt, wollen die allermeisten sie zunächst nicht akzeptieren. Einige behaupten, der Versuchsleiter täusche sich oder sie. Verallgemeinern wir: Glauben wir nach langer Ungewißheit und vielen Mißerfolgen endlich eine zutreffende Theorie gefunden zu haben, kann der in diese Theorie investierte emotionale Einsatz so erheblich sein, daß wir es vorziehen, Sachverhalte, die unserer Theorie widersprechen, für unwahr oder vertäuscht zu erklären, als unsere Theorie aufzugeben. Die Retuschen können nicht nur unsere Adaptation an Realität gefährden, sondern auch Kommunikation weitgehend ausschließen. Begegnen wir also bei uns selbst oder bei einem anderen Menschen einer unter emotionalem Einsatz erstellten Theorie, sollten wir sie achten, insofern sie nicht sozial-gefährlich ist. Achtung bedeutet: sie aus der kritischen Kommunikation ausnehmen. Hierher gehören vor allem philosophische, theologische und handlungstheoretische Theorien, da in sie – erfahrungsgemäß – viel an emotionaler Besetzung investiert wurde. Man sollte wissen, daß man diese Theorien nicht brauchbarer machen, sondern nur zerstören kann. Jede nicht-zerstörende Kommunikation, vor allem, wenn sie in kritischem Interesse begonnen wurde, führt zu einer emotionalen Verfestigung und zu einer weiteren Immunisierung der Theorie.

(c) Es kommt zur Ausbildung geschlossener Ideologien. Menschen, die über eine Ideologie, also über ein geschlossenes und universelles Erklärungssystem verfügen, sind zumeist der Ansicht, sie seien im Besitz ewig geltender Normen oder ewig wahrer Aussagen. Ideologiebildungen realisieren nicht die sokratische Dichotomie zwischen Gewißheit und Wahrheit. Sie sind der Ansicht, die Aussagen über die ihnen gewissen Inhalte seien wahr (vgl. S. 124 f.). Das sollte eigentlich nach *Sokrates* nicht mehr passieren. Und doch geschieht es alltäglich unter uns zu unserer aller Schaden. Dürfte es doch kein universelles Erklärungssystem geben, das in seinem Allgültigkeitsanspruch nicht sozial-schädlich ist. Zudem ist die gegen alle geschichtliche Erfahrung, die uns sagt, daß bislang noch nie eine einmal als wahr angenommene Aussage, wenn man nur lange genug wartet, wieder zurückgenommen wurde, ausgebildete Ideologie auch realitätsablösend. Sie realisiert eine gefährliche Form intellektueller Manie (einer Art des Größen- oder Allwissenheitswahns).

Offensichtlich entziehen sich Ideologien der kritischen Kommunikation. Man kann sie nur annehmen, tolerieren oder vernichten, nicht aber über sie sinnvoll diskutieren. Wer über eine Ideologie verfügt, ist weitgehend unfähig zum Diskurs.

Zum anderen neigen Menschen, die einer Ideologie anhängen, dazu, Andersdenkende zu verketzern, zu verleumden oder zu denunzieren (als dumm, böswillig oder verführt). Sie greifen also nicht, wie es ihr gutes Recht ist, eine Meinung, die sie für falsch oder gefährlich halten, an, sondern einen Menschen oder eine Gruppe von Menschen. Manche parlamentarische Debatte demonstriert, wie viele Abgeordnete dem ideologischen Denken verfallen sind und damit zu sozial-schädigendem Verhalten fähig.

Daß die Denunziation des Andersdenkenden ihn aus der Kommunikation ausschließt, ist kaum bestreitbar. Ideologen oder ideologisch Verführte können nur mit Gesinnungsgenossen sinnvoll kommunizieren.

17. Es gibt jedoch auch Formen der mehr oder weniger institutionalisierten kommunikativen Impotenz, die zu Kommunikationsstörungen führen können. Das Institut besteht darin, daß bestimmte kommunikative Techniken prinzipiell nicht (mehr) tradiert oder sonstwie vermittelt werden. Vieles vom Vorhergenannten wäre hier zu wiederholen. Wir wollen uns jedoch auf die Darstellung nur einiger Typen solcher Impotenz beschränken: (a) die Unfähigkeit zur Dialektik, (b) die Unfähigkeit zur Toleranz, (c) die Unfähigkeit, sinnvolle soziale Situationen kommunikativ aufzubauen und (d) die Unfähigkeit zu eindeutigen Mitteilungen.

(a) Die Unfähigkeit zur Dialektik.

»Dialektik« bezeichnet die von *Platon* und *Aristoteles* im vierten vorchristlichen Jahrhundert entwickelte und bis ins späte Mittelalter in Europa verpflichtend zu erlernende Technik, kommunikativ Probleme zu lösen (Platons »Wahrheitsfindungsdialektik«) oder Konsens herzustellen (»Skeptische Konsensfindungsdialektik«). Beide Techniken, kommunikativ Probleme zu lösen wie Konsens herzustellen, sind bis auf einige, eher kümmerliche Reste der Überzeugungstransferdialektik mit der Renaissance untergegangen. Ich will hier die Grundregeln dieser Dialektik vorstellen, selbst wenn sie an anderen Stellen schon ausgeführt wurden:

(1) Orientiere dich alterozentriert.

»Alterozentrierung« meint die Fähigkeit, sich auf die psychische und soziale (dabei vor allem auf die kommunikative) Situation des oder der Partner einzustellen, um sein eigenes Ziel zu erreichen. Es wurde schon erwähnt, daß Menschen, die nicht wissen, wer sie sind, in allen Handlungen letztlich sich selbst suchen und finden wollen. Sie organisieren alle ihre Handlungen – also auch alle interaktiven – egozentrisch (vgl. S. 29−31). Die erste Regel der Dialektik, so trivial sie ist, ist für uns Heutige schwer zu realisieren.

(2) Erreiche kommunikativ die Emotionalität des oder der anderen.

Die zur Mitteilung führenden Selektionen müssen also so ausgeführt werden, daß es nicht nur zu einer emotionalen (abwehrbaren) Ansprache, sondern auch zu einer emotionalen Umstimmung kommt. Das, wovon überzeugt werden soll, muß also emotional positiv besetzt sein, sonst wird es weder auf das Verhalten noch auf die allem Verhalten vorausliegenden Orientierungen des anderen erhebliche Auswirkungen haben. Da aber Kommunikation Orientierungen verändern will, zerstört der Verzicht auf die emotionale Ansprache ein wesentliches Kommunikationsziel.

Hier wird deutlich, wie sehr die heute verbreitete Reduktion der Informationsgabe, -nahme und -verarbeitung auf Daten Kommunikation verkürzt, ja nahezu unmöglich macht.

(3) Erkenne die kommunikative Schicht, auf der der andere primär handelt (vgl. S. 107 f.).

Will er über Daten, sich selbst, Kontaktfragen oder seine verborgenen Bedürfnisse, Emotionen und Wünsche informieren? Jede – oft im Verlauf einer kommunikativen Szene oft wechselnde – Primärintention verlangt andere Reaktionen. Wird die primäre Intention regelmäßig nicht erkannt, kommt es zur Ausbildung emotionaler oder Antipathiewiderstände, die kaum mehr kommunikativ aufgelöst werden können. Besonders verbreitet ist die Unfähigkeit, zu erkennen, ob ein Kommunikationsangebot oder ein Konflikt auf der Sach- oder der Beziehungsebene spielt. Viele Menschen gehen davon aus, daß im Regelfall die Sachebene betroffen sei. Und irren sich. Die weitaus meiste Kommunikation, die weitaus meisten Konflikte spielen ganz oder doch zu erheblichen Teilen auf der Beziehungsebene. Verkenne ich aber die Ebene, ist sinnvolle Kommunikation kaum möglich. Es sei hier darauf verwiesen, daß manche Menschen fast ausschließlich auf der Beziehungsebene kommunizieren (das gilt besonders für den sozialen Charakter). Sie sind u. U. zu funktionaler Kommunikation nahezu unfähig. Andere Menschen haben die Formen personaler Kommunikation verlernt (vor allem narzißtische Charaktere).

(4) Analysiere und argumentiere logisch.

Hier liegt besonders viel im argen. Selbst Menschen, die im Beruf zu diszipliniertem Denken gezwungen sind, pflegen in den meisten kommunikativen Situationen assoziativ zu ketten. Sie prostituieren völlig hemmungslos die Abfallprodukte ihrer Großhirnrinde, die diese, während des (meist oberflächlichen) Zuhörens erzeugte. Der Fremdbeitrag ist kaum mehr als ein Anlaß, sich selbst und seine Ansicht pseudokommunikativ darzustellen. Die logische Analyse eines Beitrags ist die notwendige Voraussetzung, seinem Inhalt adäquat gerecht zu werden. Vor allem, wenn der Partnerbeitrag irgendwie argumentiert und nicht bloß behauptet, ist die logische Analyse zwingende Voraussetzung für einen sinnvollen kommunikativen Anschluß.

Jedes Argument besteht aus wenigstens drei Sätzen: einem Prinzipiensatz (der meist über Konventionen als geltend gesichert wird), einem Faktensatz (der meist empirisch begründet wird) und einem Schlußsatz. Ein Beispiel mag das verdeutlichen: Jemand argumentiert wie üblich, indem er einen Faktensatz nennt und daraus folgert:

(F) Konsumgüterwerbung gaukelt eine Scheinwelt vor.

(S) Konsumgüterwerbung manipuliert.

Dieser Schluß ist nur (abgesehen von der Stimmigkeit des Faktensatzes) gültig, wenn auch der stillschweigend als geltend vorausgesetzte Prinzipiensatz gültig ist. Dieser muß also notwendig ergänzt werden, wenn man die Tragfähigkeit des Arguments prüfen will. In unserem Fall lautet er:

(P) Alles, was eine Scheinwelt vorgaukelt, manipuliert.

Das aber ist offensichtlich falsch, denn Träume, Märchen, Romane, Spielfilme ... gaukeln uns eine Scheinwelt vor, ohne uns notwendig zu manipulieren. Also ist das gesamte Argument nicht stimmig.

Die vierte Grundregel der Dialektik besagt, daß strittige Kommunikation auf der Thesenebene (Behauptungs-, Schlußsatzebene) im allgemeinen sinnlos oder doch zumindest unteroptimal ist, weil es nicht zur angestrebten Konsensbildung, sondern im allgemeinen nur zur Verhärtung der Fronten bei (günstigenfalls ?) schließlicher Kapitulation einer Partei kommt. Sinnvoll geschieht strittige Kommunikation, indem die offenen oder unausgesagten Prämissen (Fakten- und Prinzipiensatz) und die zugrundegelegte Logik geprüft werden. Sind diese stimmig, dann auch notwendig der Schlußsatz.

Die Unfähigkeit zur logischen Analyse ist also in jeder strittigen Kommunikation gleichzusetzen mit Kommunikationsunfähigkeit. Aus dieser Unfähigkeit folgen eine Menge von Kommunikationsstörungen.

18. Nicht wenige Kommunikationsstörungen gründen in der Intoleranz eines oder beider Kommunikationspartner (seien sie Personen, Gruppen oder Gesellschaften). »Toleranz« bezeichnet die sich in Handlungen darstellende Einstellung, die andere Menschen in ihrem Anderssein (personale Toleranz) oder fremde Überzeugungen, Werte, Normen, Weltbilder und Weltanschauungen, von den eigenen abweichende Theorien, Problemlösungen, Ordnungsvorstellungen (Meinungstoleranz) nicht nur duldet, sondern auch aktiv für das Recht des oder der anderen eintritt, anders zu sein oder andere Meinungen zu haben.

Toleranz kann sehr verschieden begründet werden. Historisch gesehen ist sie ein Kind der mit *Sokrates* beginnenden europäischen Aufklärung. In vielen Verfassungen etablierte sie sich als Gewissensfreiheit oder Religionsfreiheit. Während die »formale Toleranz« nur das Recht des anderen auf Anders-Sein und -Meinen sicherstellen will, fordert die »materiale Toleranz« auch die positive Annahme von Eigenschaften oder Inhalten des Anders-Seins oder -Meinens. Sie ist die Voraussetzung des Diskurses.

Die Toleranz hat ihre objektive Grenze an abweichenden Orientierungen und Handlungsmustern, die den Wert der Toleranz in Frage stellen oder den politischen, ökonomischen, sozialen oder kulturellen Rahmen beseitigen wollen, der allein das Realisieren von Toleranz ermöglicht. Eine »absolute Toleranz« kann es nicht geben. Ideologien sind ihrem Wesen nach intolerant, insofern sie sich im Besitz ewig-gültiger Wahrheiten oder immer geltender Normen wähnen. Sie werden versuchen, ihre Überzeugungen notfalls gewaltsam durchzusetzen. Man denke nur an die Ketzerverfolgungen in der katholischen Kirche, im Dritten Reich, in der SU, in den McCarthy-USA.

(a) Die Meinungstoleranz.

Sie gründet in der Akzeptation der sokratischen Dichotomie zwischen Wahrheit und Gewißheit. *Sokrates* erkannte und machte seinen Schülern und Mitbürgern bewußt, daß die Überzeugung, eine Meinung sei wahr, nichts mit der Wahrheit einer Meinung zu tun habe. Die Unfähigkeit am Zutreffen einer Meinung zu zweifeln, begründe allenfalls den Irrtum, sie sei wahr, nicht aber ihre Wahrheit. Während Wahrheit ein semantisches Prädikat einer Aussage sei, die sagt, was ist, sei Gewißheit nicht als ein psychisch oder sozial besorgter Zustand, der es uns unmöglich mache, am Zutreffen einer Meinung zu zweifeln. Wahre Aussagen bezeichnen zudem nur triviale Sachverhalte, wie etwa den: »Ich lese gerade ein Buch.« Diese Aussage ist entscheidbar (wahr oder falsch), wenn alle darin vorkommenden Begriffe wohl definiert sind. Die nicht-triviale sokratische Dichotomie ist jedoch nicht entscheidbar (also weder wahr noch falsch). Diese Aussage über die Unentscheidbarkeit der sokratischen Dichotomie ist ebenfalls (weil nicht-trivial) unentscheidbar. Und so weiter …

Wer einmal akzeptiert, daß seine nicht-trivialen Überzeugungen nicht auch für andere Menschen verpflichtend sein können, weil weder wahr noch geltend, ist tolerant. Wer sich im Besitz ewig und endgültig wahrer oder geltender nicht-trivialer Aussagen wähnt, kann nicht tolerant sein. Er kann allenfalls so tun. Tatsächlich aber ist er der Überzeugung, der andere irre oder sei verblendet oder dumm. Diese Überzeugung aber schließt Toleranz aus, mit welch schönen Worten auch immer die Intoleranz maskiert wird.

(b) Die personale Toleranz.

Während die Meinungstoleranz in der griechischen Aufklärung wurzelt, so die personale in der christlichen Vorstellung der Nächstenliebe. Die personale Toleranz akzeptiert den anderen Menschen wie er ist, mit all seinen Stärken und Schwächen, mit all seinen Begabungen und Fehlern, mit all seinen Tugenden und Lastern. Sie schließt niemanden aus, auch nicht Verbrecher, Schwarze, Vermieter, Kapitalisten, Anarchisten, Terroristen, Kommunisten, Homosexuelle, Querulanten, Schizophrene … Die personale Toleranz fällt uns im allgemeinen leicht, wenn wir uns – berechtigt oder nicht – dem anderen überlegen fühlen und keine Angst vor ihm haben müssen. Fühlen wir uns unterlegen, oder macht er uns Angst, bricht nicht selten das ganze Gebäude einer personalen Pseudotoleranz zusammen. An die Stelle der Akzeptation und des Vertretens des Rechts auf ein Anderssein treten Haß und Verachtung, ja der Ruf nach dem Staat, uns vor solchen Elementen zu schützen. Das ist ein sicheres Zeichen, daß unsere Toleranz nie vorhanden war, sondern nur eine Eigenschaft unseres Ich-Ideals (einer Überich-Funktion), die wir fälschlich »Toleranz« nennen, die wir uns zusprachen, weil »man« sie hat. Toleranz ist jedoch ein handlungsleitender Wert des Ich. Daß es in einem »Über-ich-Christentum« mit Toleranz schlecht bestellt ist, wird niemand bezweifeln. Es unterscheidet sich vom »Ich-Christentum«, das mit dem Wort »Wer seinen Bruder nicht liebt, kann Gott nicht lieben« (1 J 4.20) ernst macht.

Der intolerante Mensch wird nur insoweit kommunikationsfähig sein, als seine Kommunikationspartner nicht zu den von ihm abgelehnten Personengruppen gehören. Er wird nur so lange und insoweit kommunikationsfähig sein, wie seine Meinungen nicht ernsthaft (d. h. in einer von ihm emotional oder intellektuell nicht mehr beherrschbaren Weise) in Frage gestellt werden. Hier haben vor allem »konservative Charaktere« ihre frühen Grenzen.

Nun wäre es aber trügerisch, spräche sich ein Mensch universelle Toleranz zu. Wir alle sind intolerant. Wir alle reagieren auf bestimmte Menschen(typen) unduldsam. Wir alle werden aggressiv, wenn zentrale Vorurteile, um die herum wir unsere Selbstdefinition aufgebaut haben, von anderen Menschen oder Meinungen so in Frage gestellt werden, daß unsere Abwehrstrategien nicht mehr greifen. Es kommt nun nicht darauf an, die eigene Intoleranz durch einen Kraftakt zu beheben. Das wird kaum Erfolg haben. Richtiger wäre es zunächst einmal, möglichst ehrlich die Grenzen der eigenen Toleranz herauszufinden. Das geschieht relativ leicht, indem wir einen Katalog von Meinungen und Menschen erstellen, die uns unsympathisch sind oder auf die wir aggressiv reagieren. Antipathie und Aggressivität sind gute Indikatoren für Intoleranz. Kennen wir aber einmal die Grenzen unserer Toleranz, dann besteht gute Aussicht, die eine oder andere aufzuheben oder doch durchlässiger zu machen. Wir würden so unsere Kommunikations- und Konfliktfähigkeit erheblich verbessern.

19. Ein weiteres Handicap im Ablauf der Kommunikation ist die Unfähigkeit, sinnvolle soziale Situationen aufzubauen, in

denen oft erst ein Beitrag adäquat anschlußfähig und damit sinnvoll wird. Hier sind die wichtigsten Fehler: (a) unklare Herrschaftsausübung, (b) Verschleierung von Konflikten, (c) falsche Codierung, (d) das Spielen von Spielen und (e) die Fehleinschätzung der sozialen oder emotionalen Situation.

(a) Die unklare Ausübung von Herrschaft.

Kommunikation kann in Koordination oder in Subordination ablaufen. Ist das Muster klar definiert, ergeben sich allenfalls Kommunikationsstörungen aus der psychischen oder sozialen Unfähigkeit eines Partners, Herrschaft in dieser Situation zu akzeptieren oder auszuüben. Davon soll hier nicht die Rede sein, obschon es sehr wichtig ist, sich vor dem Eintreten in Kommunikation darüber klar zu werden, ob das kommunikative Ziel eher durch subordinative oder durch koordinative Interaktion erreicht werden kann und dann das entsprechende Muster zu wählen.

Gemeint ist hier vielmehr die für Kommunikation sehr viel gefährlichere Neigung oder Technik, unter Vorgabe von Koordination subordinativ zu agieren. Sie kann im mitteleuropäischen Raum noch begünstigt werden durch die Ansprache mit dem Vornamen, die eine gewisse Vertrautheit vermittelt und Koordination verheißt.

Es gibt nicht wenige Menschen, die, bestimmt durch kameradschaftliche Bedürfnisse oder eine Führungsideologie (kooperatives Führen) dazu neigen, ihre subordinative Führung als koordinativ zu maskieren.

• Sie tun so, als ob kommunikativ Probleme gelöst werden sollten – dabei soll nichts anderes geschehen als eingerichteter Überzeugungstransfer, eingerichtete Motivation, eingerichtete Verbesserung des Teamgeistes.

• Sie tun so, als ob jede Meinung berücksichtigt werde, tatsächlich aber sollen nur abweichende Meinungen eliminiert werden. Oft ist die Entscheidung schon längst gefallen.

• Sie tun so, als ob sie sich für andere Menschen und Meinungen ernsthaft interessierten. Zugleich aber halten sie Menschen mit abweichenden Meinungen für Ignoranten oder Querulanten.

• Sie tun so, als bildeten alle eine große Familie. Tatsächlich aber üben sie unter dieser Decke autoritär Herrschaft aus.

Daß alle diese Muster Kommunikation pervertieren, weil sie den Partner über seine Funktion und Möglichkeit täuschen, ist evident.

(b) Die Verschleierung von Konflikten.

Wir analysierten einmal in einem großen europäischen Unternehmen die bei Vorstandssitzungen ablaufenden Interaktionen. Einmütig hatte uns der Vorstand mit dieser Aufgabe beauftragt, weil die Vorstandssitzungen zwar lang dauerten, aber ausgesprochen magere Ergebnisse zeitigten. Wir konnten nachweisen, daß vor allem drei Fehlmuster dieses unbefriedigende Ergebnis verursachten: (1) Nicht wenige Beiträge dienten der Selbstdarstellung, (2) viele Beiträge waren nach Form und Inhalt Darstellungen eines latenten Konfliktes zwischen einzelnen Teilnehmern oder »Fraktionen« und (3) nicht wenige Beiträge resultierten aus mangelnder Vorbereitung der Teilnehmer. In Einzel- und Gruppengesprächen haben wir auf diese Mängel aufmerksam gemacht. Vor allem war es uns wichtig, daß die Teilnehmer erkannten, welche Beiträge nach Inhalt und Form Ausdruck latenter Konflikte waren. Wir versuchten zu vermitteln, daß es ab einer bestimmten hierarchischen Position einen nicht akzeptablen Mangel an sozialer Performanz bedeute, wenn man mehr oder weniger latente Konflikte nicht außerhalb von Gruppen unter vier Augen bereinigen könne. Das ist uns in der Regel auch gelungen. Gelegentlich mußten wir allerdings anfangs aktiv in der Konfliktbereinigung vermitteln.

Welches sind nun die häufigsten Konfliktursachen, die unterschwellig Kommunikation stören:

• Der andere verhält sich rechthaberisch, eitel, unangemessen dominant, arrogant. Das geht uns auf die Nerven.

- Ich bin neidisch, weil der andere erfolgreicher ist.
- Der andere ist mir antipathisch (etwa weil er Verhaltensmuster zeigt, die mir verhaßt, suspekt oder arrogant erscheinen).
- Der andere hat mich einmal verletzt, herabgesetzt, nicht ernst genommen, lächerlich gemacht, meine Beiträge übergangen.
- Der andere redet zu oft oder zu lange oder reitet auf Formalien herum.

Sicherlich ist diese Liste von Symptomen latenter Konflikte sehr unvollständig. Aber einige der häufigsten haben wir wohl genannt.

Daß sie alle außerordentlich kommunikationsstörend sind, läßt sich kaum bezweifeln. Es ist sehr zu empfehlen, allein oder mit Hilfe eines Dritten, solche Konflikte zu beheben, da sie nicht nur die Kommunikation belasten, sondern auch nicht selten die allgemeine Lebensfreude erheblich mindern.

(c) Die falsche Codierung.

Wie schon erwähnt, unterscheiden wir mit der Soziolinguistik zwei Formen der Übersetzung von Vorstellungen in Worte. Einmal sprechen wir von einer elaborierten Codierung (EC), das anderemal von einer restringierten (RC). Beide Codierungen unterscheiden sich durch die Komplexität der syntaktischen Struktur. Vermutlich stehen den meisten Menschen beide Strukturen zur Verfügung. Die nachstehende Tabelle soll die wichtigsten Unterschiede herausstellen.

	Syntax	Soz. Situation	Ausdruck	Verb. Sozialisionsmuster
EC	komplex	Subordination	gering	»bürgerlich«
RC	einfach	Koordination	komplementär	»proletarisch«

Der RC wird vor allem vermittelt, wenn die Sozialisation nicht in Gehorsamsinteraktionen, sondern durch Nachahmung geschah. Das aber ist eher spezifisch für kinderreiche oder Groß-Familien der sozialen Unterschicht. Da die Verwendung des RC mehr persönlichen (emotionalen) Einsatz fordert, wirken so codierte Reden im allgemeinen wärmer, sozialer und überzeugender. Mit dem RC ist in der Regel auch eher eine positive Wahrnehmung des sich im Sprechen realisierenden eigenen Körpers verbunden. (Eine solche Körperwahrnehmung ist übrigens Voraussetzung für eine gute Rede.) Die RC-Kommunikation wirkt personal, die EC-Kommunikation eher funktional.

Die Verwendung des RC baut ein Koordinationsfeld auf. Da in solchen Feldern kreative und affektive Kommunikation meist leichter ist als in den von Subordination bestimmten, ist es vor allem für Menschen, die »bürgerlich« sozialisiert wurden (also im Gehorsam ihr normengeleitetes Verhalten lernten) wichtig, die Codierung im RC zu trainieren.

Wählt man einen der sozialen Situation unangemessenen Code (also etwa in Koordinationsbeziehungen der Freundschaft, der Solidarität einen EC), kommt es zu erheblichen Kommunikationsstörungen. Andererseits kann man durch die Wahl des Codes die soziale Situation, in der man kommuniziert, maßgeblich bestimmen.

(d) Das Spielen von Spielen.

Wie schon erwähnt, verstehen wir unter (kommunikativen) Spielen Muster, in dem unter der Vorgabe der Kommunikation auf der Datenebene Beziehungsprobleme dargestellt werden (vgl. S. 19). Insofern diese maskiert sind, kommt es zu unteroptimaler Kommunikation. Sie handelt nicht über ihr tatsächliches Thema und wirkt also verspielt-unwirklich. Einige Spiele, die von *E. Berne* (1970) ausgeführt werden, seien hier aufgeführt:

● Das Spiel: »Warum nicht – Ja, aber …«

Das Spiel verläuft so, daß ein Partner einen Lösungsvorschlag vorträgt (Warum nicht …) und der andere mit unrealistischer Zustimmung (Ja, aber …) antwortet. Dabei handelt es sich um einen offensichtlichen Schwindel, insofern der Partner keineswegs dem Argument des anderen zustimmt. Gelegentlich werden sogar solche kommunikationsmordenden Spiele auf Kommunikationsseminaren zur Verwendung empfohlen.

● Das Spiel: »Ich versuche Dir doch nur zu helfen.«
Das Spiel setzt voraus, daß der Helfer aus der Hilfe einen Teil seines Selbstwerts bezieht und der seiner Meinung nach Hilfsbedürftige das Hilfsangebot nicht recht würdigt oder gar ablehnt. Es wird vor allem von Menschen gespielt, die dazu neigen, ungefragt »gute Ratschläge« zu geben.

● Das Spiel: »Ich bin überlastet.«
Das Spiel wird vor allem von Menschen gespielt, die an sich vergleichsweise wenig zu tun haben, sich aber eine Fülle von Beschäftigungen suchen (Hausfrauen, Rentner). Sie beziehen aus der vorgegebenen und subjektiv wahrgenommenen Überlastung Selbstwert und zugleich Rücksichtnahme oder gar Mitleid. Sie wollen als Opfer ihrer Philanthropie anerkannt werden.

● Das Spiel: »Du hast mal wieder schuld.«
Dieses Spiel wird in der Regel von Menschen eröffnet, die ihre eigenen Schuldgefühle dadurch mindern wollen, daß sie Schuld bei anderen suchen. Es kann dazu kommen, daß in nahezu jeder kommunikativen Interaktion von einiger Dauer, dem anderen wenigstens mittelbar irgendeine Schuld zugewiesen wird. Am ärgsten sind die Zuweisungen: »Du bist Schuld an unserem (oder meinem oder deinem) Unglück« – »Du bist schuld, daß unsere Kinder unglücklich sind«. *Berne* kann auch zeigen, daß manche existenzgefährdenden Muster (wie »Alkoholiker«, »Schuldner«, »Versager«) oft nichts anderes sind als Spiele, die zum psycho-sozialen Institut wurden.

(e) Die Fehleinschätzung der sozialen oder emotionalen Situation.

Hierüber wurde schon an anderen Stellen ausführlich gehandelt. So können wir uns auf eine kurze Zusammenstellung beschränken. Folgende Fehleinstellungen sind kommunikationsschädlich:

● Die Unfähigkeit zu erkennen, daß man selbst oder ein anderer als Agent einer Institution tätig wird und somit nur über sehr begrenzte Ermessensspielräume verfügt und zudem voraussetzt, daß sich Kommunikation an ein bestimmtes Comment hält.

● Die Unfähigkeit, eigene und fremde Vorurteile zu erkennen und zu akzeptieren.

● Die Unfähigkeit, die Grenzen der eigenen und der fremden Toleranz zu sehen und zu akzeptieren.

● Die Unfähigkeit zu erkennen, daß die eigenen und fremden Worte unter Umständen eine sehr unterschiedliche emotionale Bedeutung haben und deshalb auch über Begriffsabklärungen keine Übereinstimmung erzielt werden kann.

● Die Unfähigkeit, bei sich und anderen die durch die emotionale oder soziale Situation bedingte begrenzte Kommunikationsfähigkeit zu erkennen.

● Die Unfähigkeit, sich auf die eigene und fremde Interessenlage, Bedürfnisstruktur, Verlaufs- und Ergebniserwartung einzustellen.

● Die Unfähigkeit, emotionale und auf Antipathie gründende Widerstände von rationalen zu unterscheiden.

● Die Unfähigkeit, die Unverträglichkeit mancher charakterlicher Muster zu erkennen und zu akzeptieren.

● Die Unfähigkeit, seine eigene Meinung nicht als stets kontingent zu interpretieren.

● Die Unfähigkeit zu alterozentrierter Einstellung.

● Die Unfähigkeit, das eigene und fremde primäre kommunikative Interesse zutreffend zu erkennen und sich darauf einzustellen.

● Die Unfähigkeit, konfliktgeleitetes kommunikatives Verhalten zu erkennen und den Konflikt, insofern möglich, aufzulösen.

● Die Unfähigkeit, Spiele zu identifizieren und sich darauf einzustellen.

● Die Unfähigkeit, im optimalen Code zu agieren.

● Die Unfähigkeit, einwandfrei bis zu Ende zuzuhören.

● Die Unfähigkeit, schnell und verständlich auf den Punkt zu kommen.

● Die Unfähigkeit, vom Hörenden wiederholbar zu sprechen.

● Die Unfähigkeit, mit Selektionen und Projektionen im eigenen und fremden Zuhören zu rechnen und damit umzugehen.

● Die Unfähigkeit, fremde Argumente logisch zu prüfen und eigene logisch einwandfrei vorzutragen.

● Die Unfähigkeit, assoziative Kettungen beim Sprechen (Einschieben von Einfällen) und Hören zu vermeiden.

● Die Unfähigkeit zu positiver Körperwahrnehmung während des Sprechens.

20. Abschließend sei noch ein Verhalten als kommunikationsstörend vorgestellt, das auf uneindeutige Mitteilungen zurückgeht. Da die Mitteilung des gesprochenen Wortes stets auch wesentlich über den Ausdruck erfolgt, sind hier inadäquate Ausdrucksformen besonders erheblich.

Die Übereinstimmung der akustisch ausgedrückten Mitteilung mit dem sprachlichen und somatischen Ausdruck ist von erheblicher Bedeutung für die Akzeptabilität (etwa Glaubwürdigkeit) der Mitteilung. Ob ein Mensch selbst vom Mitgeteilten überzeugt ist, ob er es emotional integriert hat, ob es ihm wichtig ist, das alles wird nur über den Ausdruck vermittelt. Auch die Art des Widerstandes (rational, emotional, auf Antipathie beruhend) wird zumeist nicht gesagt, sondern über den Ausdruck dargestellt.

Die Ausdruckswahrnehmung ist also von zentraler Bedeutung für gelingende Kommunikation. Nicht wenig Kommunikation mißlingt, weil Ausdruck und Inhalt der Mitteilung nicht übereinstimmen oder die Ausdrucksmitteilung nicht erkannt oder falsch interpretiert wird (vgl. S. 116).

Nun verfügen wir zumeist über ein sehr früh erworbenes Repertoire von Ausdrucksdarstellung und -wahrnehmung. Für ein Kind ist es zur Interpretation der mütterlichen Mitteilung lebenswichtig, herauszufinden, was sie tatsächlich meint, wenn sie etwas sagt (das Gesagte ist anfangs auch informativ selten voll verständlich). Auch Kinder bedürfen des Ausdrucks, um sich verständlich zu machen. Er ist immer dann, wenn Sprache zu kurz greift, ein notwendiges Komplement, das uns die tatsächliche Bedeutung des gesprochenen Wortes erst erschließt.

Da aber viele Ausdrucksmuster sehr familienspezifisch sind, müssen die kulturspezifischen nachgelernt werden. Da dies nicht in den Schulen geschieht, ist ein privates Lernen unerläßlich. Unterbleibt es, können sich Ausdrucksmuster ausbilden, die fast notwendig zu kommunikativen Störungen führen. Diese sind oftmals für den Betroffenen weitgehend unverständlich. Er merkt, daß er nicht richtig ankommt, daß er seine Botschaft nicht überzeugend rüberbringt, daß er die Art der Widerstände anderer Menschen gegen sich und seine Meinungen und Argumente verkennt. Oft aber weiß er nicht um die Gründe.

Hier kann ein gutes Trainingsseminar Abhilfe schaffen.

LITERATUR

Albrecht, E., Sprache und Philosophie, Berlin (Deutscher Verlag der Wissenschaften) 1975

Allport, G. W., Die Natur des Vorurteils, Köln 1971

Berne, E., Spiele der Erwachsenen, Reinbek (rororo 6735) 1970

Bernstein, B., Studien zur sprachlichen Sozialisation, Düsseldorf (Pädagogischer Verlag Schwann) 1972

Ders., Soziale Struktur, Sozialisation, Sprachverhalten, Amsterdam (de Munter) 1970

Bohn, H. U. (Hrsg.), Die Regierungserklärungen der Bundesrepublik Deutschland, München 1971

Braun, P., Tendenzen in der deutschen Gegenwartssprache, Stuttgart (Kohlhammer) 1979

Breckle, H. E., Semantik, München (Wilhelm Fink) 1972

Bubner, R., Handlung, Sprache und Vernunft, Frankfurt (Suhrkamp) 1976

Bühring, K., Allgemeine Semantik: Sprachkritik und Pädagogik, Düsseldorf (Pädagogischer Velag Schwann) 1973

Bünting, K.-D., Einführung in die Linguistik, Frankfurt (Athenäum) 1971

Chomsky, N., Die Verantwortlichkeit der Intellektuellen, Frankfurt (es 482) 1971

Ders., Aspekte der Syntax-Theorie, Frankfurt (stw 42) 1973

Cohn, R. C., Von der Psychoanalyse zur themenzentrierten Interaktion, Stuttgart (Klett) 1978

Cresswell, M. J., Die Sprachen der Logik und die Logik der Sprache, Berlin (de Gruyter) 1979

Egan, G., Helfen durch Gespräch, Reinbek (rororo 7812) 1984

Frank, M., Das Sagbare und das Unsagbare, Frankfurt (stw 317) 1980

Gadamer, H.-G., u. a., Sprechenlernen und Verstehen, Stuttgart (Radius) 1971

Geulen, D., Das vergesellschaftete Subjekt, Frankfurt (Suhrkamp) 1977

Goodman, N., Sprachen der Kunst, Frankfurt (Suhrkamp) 1973

Hartig, M., u. a., Sprache als soziale Kontrolle, Frankfurt (es 453) 1971

Heeschen, C., Grundfragen der Linguistik, Stuttgart (Kohlhammer) 1972

Henle, P. (Hrsg.), Sprache, Denken, Kultur, Frankfurt (Suhrkamp) 1969

Heringer, H. J., Praktische Semantik, Stuttgart (Klett) 1974

Hofstadter, D. R., Gödel, Escher, Bach, Stuttgart (Klett-Cotta) 1985

Jaspers, K., Vernunft und Existenz, 1935

Kainz, Fr., Über die Sprachverführung des Denkens, Berlin (Duncker & Humblot) 1972

Klaus, G., Semiotik und Erkenntnistheorie, Berlin (Deutscher Verlag der Wissenschaften) 1973

Kochan, D. C., (Hrsg.), Sprache und kommunikative Kompetenz, Stuttgart (Klett) 1973

Kogon, E., Anatomie des Antikommunismus, Freiburg, 1970

Lay, R., Manipulation durch die Sprache, München (Wirtschaftsverlag Langen-Müller/Herbig) 1977

Ders., Führen durch das Wort, München (Wirtschaftsverlag Langen-Müller/Herbig) 1978

Ders., Krisen und Konflikte, München (Wirtschaftsverlag Langen-Müller/Herbig) 1980

Ders., Ethik für Wirtschaft und Politik, München (Wirtschaftsverlag Langen-Müller/Herbig) 1983

Ders., Dialektik für Manager, 11. Aufl., München (Wirtschaftsverlag Langen-Müller/Herbig) 1983

Ders., Vom Sinn des Lebens, München (Wirtschaftsverlag Langen-Müller/Herbig) 1984

Lee, D. D., Conceptual Implications of an Indian Language, in: Pil. of Science 5 (1936), 90

Leibfried, E., Kritische Wissenschaft vom Text, Stuttgart (Metzler) 1970

Lenk, H., Metalogik und Sprachanalyse, Freiburg (Rombach) 1973

Leuninger, H., u. a., Psycholinguistik, Frankfurt (Athenäum) 1973

Lorenz, Elemente der Sprachkritik, Frankfurt (Suhrkamp) 1970

Lorenzer, A., Sprachspiel und Interaktionsformen, Frankfurt (stw 81) 1977

Ders., Sprachzerstörung und Rekonstruktion, Frankfurt (stw 31) 1976

Luhmann, N., Soziale Systeme, Frankfurt (Suhrkamp) 1984

Luther, W., Sprachphilosophie als Grundwissenschaft, Heidelberg (Quelle & Meyer) 1970

Mackensen, L., Verführung durch Sprache, München (List) 1973

Minnis, N. (Hrsg.), Perspektiven der Linguistik, München (List) 1974

Morris, Ch. W., Zeichen, Sprache und Verhalten, Düsseldorf (Pädagogischer Verlag Schwann) 1973

Müller, W., Indianische Welterfahrung, Frankfurt (Ullstein) 1981

Ogers, C., Der neue Mensch, Stuttgart (Klett) 1981

Orwell, G., 1984, Baden-Baden (Diana) 1950

Palmer, Fr., Semantik, München (C. H. Beck) 1977

Quasthoff, Soziales Vorurteil und Kommunikation, Frankfurt (Athenäum) 1973

Sapir, E., Die Sprache, München (Max Huber) 1961

Saussure, F. de, Grundfragen der allgemeinen Sprachwissenschaft, Berlin (de Gruyter) 1967

Savigny, E. von, Die Philosophie der normalen Sprache, Frankfurt (stw 23) 1974

Schafarschik, W. (Hrsg.), Herrschaft durch Sprache. Politische Reden, Stuttgart (Reclam) 1973

Schütze, Sprache soziologisch gesehen, München (Fink) 1975

Searle, J. R., Sprechakte, Frankfurt (Suhrkamp) 1981

Seebass, G., Das Problem von Sprache und Denken, Frankfurt (stw 273) 1981

Seifert, Sprache heute, München (C. H. Beck) 1977

Serebrennikow, B. A., (Hrsg.), Allgemeine Sprachwissenschaft (3 Bde), München (Fink) 1973-1976

Sperber, D., Über Symbolik, Frankfurt (Suhrkamp) 1975

Trömmel-Plötz, S. (Hrsg.), Gewalt durch Sprache, Frankfurt (Fischer TB 3745) 1984

Ullmann, St., Semantik, Frankfurt (Fischer) 1973

Watzlawick, P., Wie wirklich ist die Wirklichkeit?, München (Piper) 1978

Ders., Die erfundene Wirklichkeit, München (Piper) 1981

Whorf, B. L., Sprache, Denken, Wirklichkeit, Reinbek (rde 174) 1963

Wittgenstein, Philosophische Untersuchungen, Frankfurt (Suhrkamp) 1971

Wygotski, L. S., Denken und Sprechen, Frankfurt (Fischer) 1974

Zenck, M., Kunst als begriffslose Erkenntnis, München (Fink) 1977

Zimmermann, J. (Hrsg.), Sprache und Welterfahrung, München (Fink) 1978

Register

Abschreckung 68
Abstraktion 42 f.
Abstraktion 46, 60
Abwehr 167, 214
Adenauer, Konrad 146
Affirmation, absolute 129
Agent 220
Aggressivität 121, 175
Ähnlichkeit 44, 45, 50, 52, 62
Akt, enaktiver 71
Alexithymie 204
Alkoholiker 219
Allport, G. W. 186, 195
Alterozentrierung 208
Alterozentrik 29
Alterozentrik 30, 119, 220
Altruismus 30
Ambivalenz 172
Analyse, logische 210, 211
Andronikos von Rhodos 73
Angst 178, 188
Anschlußfähigkeit 136
Anschlußhandlung 113, 123
Antinomie, sokratische 126
Antipathie 123, 209, 220
Antipathiefeld 174
Antwortmuster 110
Appell, verborgener 107, 151, 171
Aquin, Thomas von 61, 62, 103
Aristoteles 31, 56, 61, 63, 73, 75, 76, 112
Augustinus 113
Aureoli, Petrus 62
Ausdruck 116, 221
Außengrenze 84
Auslöser 133
Aussage 47
Aussage, metasprachliche 91
Austausch 117

Authentik 19
Autoaggression 175
Autodynamik 94
Autonomie 15, 19, 119
Autopoiesis 83, 91, 94, 101, 165
Autoreflexion 114
Autorität 177

Bacon, Francis 184, 185
Badura, B. 12
Balint-Gruppe 31
Bande 120
Baumdiagramm 92
Bedeutung, 43, 143
Bedeutung, emotionale 220
Bedeutung, objektive 104
Bedeutung, subjektive 104
Bedürfnis 112, 144, 167, 170, 184, 193, 196, 197 ff., 209
Bedürfnischarakter 200
Bedürfnissituation 198
Bedürfnisstruktur 200
Bedürfnistheorie 195
Befriedigung 193, 196
Begriff 50
Begriff 58, 59, 64
Begriffsrealismus 62
Begriffstheorie, realistische 82
Benennung 47 f.
Berne, E. 218, 219
Berufsverbot 68
Bewußtsein, allgemeines 36
Bewußtsein, allgemeines 29
Bewußtsein, Ungleichzeitigkeit des 37, 148
Beziehung 205, 209
Beziehungsebene 172, 174
Beziehungsfalle 171
Beziehungsnetz 119

Biophilie 24, 140 ff., 166 ff.
Breckle, H. E. 12
Buddha 21
Bürokratie 159 f., 162, 164

Capra, Fritjof 202
Cato d. Ä. 12
Charakter, autoritärer 191
Charakter, konservativer 200, 214
Charakter, narzißtischer 210
Charakter, sozialer 210
Charakterologie 199
Charaktertyp 199
Chomsky, N. 9, 11
Christentum 172, 214
Code 221
Codierung 109, 217, 218

Daten 107
Datenschutz 162
Dauer 101, 102
Decodierung 104, 106
Delawaren 57
Demokratie 136, 161
Denken 82
Denken, schabloniertes 70
Denkpsychologie 62
Dependenzgrammatik 92, 93
Descartes, René 9, 113
Determination 111, 112
Dialektik 208
Dialektik 127, 208
Dialog 24, 28, 167, 169
Dialog, intrapersonaler 188
Dichotomie, sokratische 207, 212
Dienstleistung 160
Dietzken, J. 192
Diffamierung 69
Differenz 51
Differenz, operative 80, 85
Diskurs 126 f.
Diskurs 128, 135, 145, 154, 188

Disposition 156
Dogma 117
Doppelbindung 173
Doppelbindung 174
Drittes Reich 141, 212

Egozentrik 29, 30, 119
Eifersucht 157
Eigenbild 16
Eigentum 154 f., 155
Eigentum, persönliches 153
Eindruck 48
Eindrücke, Chaos der 42
Einheit, kommunikative 131
Einheit, qualitative 79
Einstellung, soziale 186
Element 89
Elite, kulturelle 149
Elterngehorsam 172
Emotion 88, 97, 112, 132, 165,
    167, 170, 196 f., 200, 201 f., 203,
    209
Emotion, positive 33
Encodierung 104
Entpersonalisierung 128
Entscheidungsfreiheit 112
Erfahrung 40 f.
Erkenntnis 39 f.
Erkenntnis 38, 41
Erkenntnisfortschritt 125
Erkenntnisobjekt 39
Erklärung 41 f.
Erklärung 205
Erklärungserwartung 185
Erwartung 40 f.
Erwartung 102, 165
Erwartungshorizont 97
Erziehungsstrafe 177
Es 168
Ethik 121, 144
Ethik, der Kommunikation 27,
    145

Etikett 26
Evidenz 185
Evolution 90
Ewert, O. 202
Expansion 122

Familie 116
Feindbild 145, 146, 159
Feldunabhängigkeit 72
Formalobjekt 91
Formursache 76, 77, 97, 106, 109
Freiheit 149, 150, 152
Fremdbild 16, 24, 27
Fremdwelt 28
Frieddialektik 127 f.

Galilei, Galileo 13
Ganzheit 75
Garve, Chr. 192
Gedankenexperiment 50, 52
Gefühl 201 f.
Gefühlskultur 202
Gegensatz 51
Gegenstand 46 f.
Gegenstand 47, 58, 63, 65
Gegenstandsklasse 68
Genidentität 49 f.
Gesellschaft 16, 177
Gesellschaft, Selbstreproduktion
    der 142
Gestalt 52 f.
Gestalt 53, 63
Gestalt, Erkenntnis der 53
Geulen, D. 70
Gewissen 181, 182
Gewissen, konventionelles 167
Gleichheit 55
Goethe, J. W. von 148
Grammatik 8
Grammatiktheorie 93
Grenznutzentheorie 183
Grenzüberschreitung 84

Grenzziehung 83
Grundgesetz 18, 67
Gruppe 119 f.
Gruppe 98, 120, 177, 179 ff.
Gruppendynamik 180
Gruppenzwang 182
Güterabwägung 110

Habermas, Jürgen 12
Handlung 134, 138
Handlung, Anschluß- 113
Handlung, Ausdrucks- 10
Handlung, Sprech- 10
Handlung, Tat- 10
Handlungsabsicht 186
Handlungsorientierung, progno-
    stische 60
Hegel, G. W. F. 113
Heidegger, Martin 113
Heisenberg, Werner 8
Herbart, J. F. 193
Herrschaft 126, 157, 215, 216
Hitler, Adolf 146, 187
Homosexualität 188, 190, 213
Hopi 53, 56, 61
Humboldt, W. von 53

Ich 167, 168
Ich-Ideal 213
Idealismus, Philosophie des 64
Idee 61
Idee, faschistoide 188
Identifikation, Leistungs- 32
Identität 50, 159
Ideologie 64, 100, 134, 207
Information 97 f.
Information 107, 108
Information, Macht durch 162
Information, Verfügung über 161
Informationsablehnung 124 f.
Informationsdefizit 88
Informationskausalität 85

Informationsselektion 106, 112
Informationstransfer 97
Inklusion 51
Institution 121, 152
Interaktion 15
Interaktion 10
Interesse 39 f.
Interesse 112, 165
Intoleranz 184, 188, 214
Isolation 16

Jaspers, Karl 103
Jesus 21, 23

Kameraderie 120
Kampf 127
Kant, Immanuel 44, 74, 76, 202
Kategorie 43 f.
Kategorie 46, 63, 79, 95
Kausalität 51
Kausalität, Migration von 94
Kausalität, wechselseitige 114, 135
Kenntnis 165
Kirche 122, 180
Klasse 44, 45, 49
Klasse, von Gegenständen 49
Klassenbildung 53, 63
Kogon, E. 146
Kommunikation 103 f., 118 f.
Kommunikation 104
Kommunikation, Inhalt der 107
Kommunikation, interpersonale 103, 104, 137, 171
Kommunikation, intrapersonale 104
Kommunikation, intrapsychische 168
Kommunikation, mediengebundene 104
Kommunikation, Meta- 114, 130, 131

Kommunikation, Objekt der 106
Kommunikation, Subjekt der 105
Kommunikationsabbruch 131 f., 189
Kommunikationsgemeinschaft 117, 137
Kommunikationsstörung 139
Kommunikationsstörung 10, 114, 139 ff.
Kommunismus 14, 21, 100, 146, 187
Kompetenz 12 f.
Kompetenz, kommunikative 177, 184, 189, 203
Kompetenz, soziale 200
Komplexität 86, 88, 90
Komplexität, organisierte 86
Komplexität, psychische 100
Komplexitätsgefälle 88
Komplexitätsunterlegenheit 88
Konditionalität 51
Konflikt 140
Konflikt 135, 139, 209, 215, 216, 221
Konflikt, biophiler 141
Konflikt, nekrophiler 141
Konfliktlösung, konstruktive 141
Konfliktthema 142
Konfliktursache 142
Konkurrenz 153, 154, 158, 159
Konkurrenzmechanismen 157
Konsens 135
Konsensbildung 157
Kontaktebene 107
Kontaktvergewisserung 144, 151, 171
Kontingenz 95, 102, 111, 220
Konzeptualismus 62
Körperwahrnehmung 221
Krise 135
Kritik 33
Krueger, F. 202

Kultur 134, 136
Kulturschock 134

Lasalle, F. 192
Lebenskrise 119
Lee, D. D. 56
Leistungsprinzip 66
Liebesentzug 177
Linguistik 62
Locke, John 9
Lotze, R. H. 193
Luhmann, Niklas 78, 80, 89, 128,
    165

Manipulation 109
Marcuse, Herbert 193
Marktwirtschaft 153, 154 f., 158
Marx, Karl 14, 38, 66, 158
Marxismus 115
Materialursache 76, 77, 85, 106,
    109
Merkmal 48
Metaaussage 91
Metakommunikation 114
Metapher 131
Metaphysik 73, 74, 78, 124
Mitteilung 134, 138, 209
Mitteilung, uneindeutige 221
Mitteilungsselektion 106
Mohammed 21
Moral 182
moral lag 149
Moses 21
Müller, A. 192
Müller, W. 57
Murray, H. 194
Muster 116

Nachrüstung 67
Name 47
Name, Eigen- 50
Name, Klassen- 50, 53, 63

Nekrophilie 140, 141, 156, 168
Netzwerk 120
Neue Irrationalität 202
Nicht-Ereignis 98
Nicht-Vorhandenes 98
Nicklas, H. 187
Nietzsche, Friedrich 193
Nominalismus 62
Norm 116, 142, 145, 159, 164
Nuttin, J. 193, 194

Oberflächenstruktur 37
Objektrepräsentanz 169
Objektwelt 169, 188
Ockham, Wilhelm von 62
Ontologie 74
Optimierung, technische 150, 151
Organisation 121, 122
Orientierung 112
Orwell, George 68

Paarbeziehung 118 f.
Paarbeziehung 77, 119, 120
Paradox 91
Paradox der Unaufrichtigkeit 128
Parmenides 124
Performanz 12
Performanz 27, 30, 87
Performanz, kommunikative 108,
    180
Performanz, soziale 191
Person 105
Person 16, 139
Personalisierung 136
Personwerdung 136 f.
Persönlichkeit, autoritäre 188
Phantom, kommunikatives 20 f.
Phantom, kommunikatives 31,
    115
Phantombild 181
Phantombildung 21

Phantombildung, kommunikative 136, 162
Philosoph 129
Philosophie 134
Pietismus 202
Platon 58, 60
Plotin 113
Privateigentum 121, 153 ff.
Projektion 112, 188, 190, 221
Psychologie, humanistische 19, 20
Pubertät 26

Rationalität, technische 151
Reaktion, aggressive 190
Realität 10, 142
Realität, Ablösung der 16, 184, 204
Realität, Prüfung der 45
Recht 134
Redundanz 130
Referenz 113
Reflexivität 131
Relation 43, 46, 50, 90
Relation, formale 64
Religion 121
Renaissance 208
Repression 124
Revolution der Jugend 147
Rückspiegelung 170, 173, 196

S. Portiano, Durandus de 62
Sachebene 209
Sachverhalt 95
Sapir, E. 53
Sapir-Whorfsche-Realität 53
Schein, transzendentaler 44
Schema 64, 65, 68, 185
Schema, kategoriales 63 f.
Schema, kategoriales 64, 95
Schuld 219
Schuldgefühl 168
Selbst 168

Selbst 24, 107, 108, 166, 191
Selbst, verwirrtes 173
Selbstbestrafung 168
Selbstbewußtsein 91
Selbstbild 24 ff.
Selbstdarstellung 108, 123, 127, 151, 171, 216
Selbstdefinition 15
Selbstdefinition 25, 26, 28, 214
Selbsterhaltung 122
Selbstgrenze 170, 191
Selbstreferenz 91
Selbstreferenz 91, 93, 94
Selbstreferenz, autopoietische 95
Selbstreflexion 90
Selbstrepräsentanz 168
Selbstverständlichkeit 191
Selbstwelt 28, 169
Selektion 97, 107 f., 111, 112, 113, 122, 155, 209, 221
Semantik 29, 92, 94, 109
Sensibilität 169
Sicherungsurteil 190, 191
Signal 203 f.
Signalisierung 104
Sinn 95
Sinn 95, 96 f., 136
Sinnanspruch 96
Sinnlosigkeit 96 f.
Sinnsystem, selbstreferentielles 105
Sinnvermittlung, öffentliche 143
Sittlichkeit 181
Situation, kontaktive 107
Situation, soziale 218
Sokrates 207, 211, 212
Sozialisation 44, 199, 217
Soziolinguistik 217
Spiel 19 f.
Spiel 215
Spiel, Sprach- 65
Spinoza, Baruch 113

232

Sprache 11 f.
Sprache, angeborene 9
Sprache, Entwicklung von 48
Sprachkompetenz 87
Sprachspiel 143
Sprachsystem 88
Sprachtranszendenz 88, 97
Sprechakt 82
Sprechakt 81, 83, 84, 101
Sprechdenken 99
Sprechen, inneres 82
Sprechen, über andere 31
Sprechhandlung, illukutionäre 70
St. Milgram 181
Staat 180
Stackelberg, H. v. 192
Standard 116, 142, 145, 159, 164
Standard Average European
 (SAE) 54 ff., 61, 63
Stereotyp 186 f.
Strafrecht 188
Struktur 87 f.
Struktur 90, 98, 99, 133, 134, 136,
 159
Struktur, kategoriale 59
Struktur, Oberflächen- 93
Struktur, sprachliche 109
Strukturmodell, Konstituentien-
 93
Subkultur 90
Subordination 179, 215
Subordinationsrelation 126
Symbiose 183
Symbole, unsprachliche 130
Syntax 92, 94, 109
System 80
System 78
System, Fremd- 85
System, geschlossenes 189
System, Hilfs- 159
System, Hyper- 84, 88 f.
System, kategoriales 43 f.

System, personales 10, 105, 137
System, psychisches 165
System, psychisches 166
System, soziales 117
Systemerhalt 163
Systemöffnung 94
Systemrevolution 90
Systemtheorie 78
Systemtheorie, dialektische 80
Systemumwelt 89

Taubstummensprache 70
Teamfähigkeit 128
Technik, neue 148
Teleologie 90
Tentes, J. N. 192
Tesniere, L. 92
Thema 132, 133
Theologie 15
Theorie 206
Theorie, begriffsrealistische 61
Theorienbildung 133
Toleranz 208, 211 ff.
Toleranzgrenze 220
Tolman, E. C. 195
Tötung 17
Tötung, physische 17
Tötung, soziale 17
Traditionstransfer 36
Trägheitsprinzip, psychisches 100
Transzendenz 56, 84
Triebäußerung 166

Überich 167, 168, 213
Übertragung 174
Überzeugungstransfer 125, 127,
 215
Ultrarealismus 60, 61
Umgangssprache 58, 59
Umwelt 96
Umwelt 78, 83, 84, 87, 94, 114
Umweltimmunität 114

Umweltkomplexität 86
Umwelttranszendenz 96
Unaufrichtigkeit 129
Unbewußtheit, kollektive 188
Unentscheidbarkeit 129
Ungleichzeitigkeit 148, 149
Unsinn 136
Unsittlichkeit 110
Untergebener 178
Ursache 75
Ursache, wechselseitige innere 97

Verbände 16, 77
Vergegenständlichung 60
Vergewisserung, kognitive 92
Verhalten, höreradäquates 117
Verhältnis, schmarotzendes 183
Verlaufserwartung 196
Vernunft, allgemeine 61
Verstehen 106, 114
Verstehenserwartung 106, 109,
    112, 113
Verursachung, wechselseitige
    innere 85
Verurteilung 22 f.
Verwundbarkeit 33
Verzicht 193
Victorinus, Marius 113
Vorgesetzter 179
Vorpubertät 180
Vorurteil 187
Vorurteil 123, 134, 145, 159, 184,
    185, 188, 189, 190
Vorurteil, kollektives 187
Vorverständnis 43 f.
Vorverständnis 44, 45

Waffe 67
Wahn 187
Wahnurteil 189, 191
Wahrheit 187
Wahrheit, überzeitliche 74

Wahrnehmung 41 ff.
Wahrnehmung 186
Wahrnehmung, ästhetische 45
Wahrnehmung, enaktive Kompo-
    nente der 70
Wahrnehmung, ikonische Kom-
    ponente der 71
Wahrnehmung, psychische 45
Watzlawick, P. 204, 205
Welt 35 f.
Welt 48, 83, 96, 169
Weltanschauung 35
Weltanschauung 36, 72
Weltbild 35 f.
Weltbild 36, 72
Werbung 110
Wert 145
Wertbedeutung 66
Wertbegriff, Privatisierung des
    143
Werteinstellung 142
Wertewandel 143
Wertorientierung 144
Wertung 186
Wesen 61
Wettbewerb 153, 158
Whorf, B. L. 53
Widerspiegelung 24, 175
Widerspruch 117
Wiederholungszwang 29, 179
Wiederstand 221
Winter 56
Wirkursache 75, 77, 106
Wissenschaft 73, 134
Wittgenstein, L. 56, 58, 62
Wundt, W. 202
Würde 192

Zielursache 76, 106
Zufall 76
Zwang, äußerer 164 f.
Zwang, innerer 164 f.

Bitte beachten Sie
die folgenden Seiten

Rupert Lay

Dialektik für Manager

Methoden des erfolgreichen
Angriffs und der Abwehr

Ullstein Buch 34469

Eines der erfolgreichsten Ma-
nager-Bücher der letzten Jahre! Wer im Beruf oder öffentlichen Leben Entscheidungen
herbeiführen will, muß überzeugen können. Dazu verhilft
Dialektik als Argumentations-
technik und Mittel der Denk-
schulung. Mit schrittweisem
Aufbau der Wissensvermittlung, mit Arbeitsprogrammen
und Tests gibt Prof. Rupert
Lay dem Leser die Möglichkeit, sich das Prinzip der Dialektik systematisch anzueig-
nen. Nützliche Ratschläge
und Tips ergänzen den theo-
retischen Teil dieses an-
spruchsvollen Buches.
Ein praxisbezogener Rat-
geber, mit dessen Hilfe jedes
Gespräch, jede Diskussion
oder Debatte erfolgreich be-
standen werden kann.

Ullstein Sachbuch

Rupert Lay

Das Bild
des Menschen

Psychoanalyse für die Praxis

Ullstein Buch 34585

»... Im Sinne dieser praktischen Anwendbarkeit unterscheidet sich Lays Einführung von der Vielzahl vergleichbarer Unternehmungen durch einen hohen Grad an lebenspraktischer Plastizität ... Die klassische Dreiteilung des Buches in Beschreibung der Struktur, der genetischen Entwicklung und der Krankheitsformen der menschlichen Psyche zeigt den Autor in der inhaltlichen Ausführung auf der Höhe der aktuellen Diskussion ...«
(Spektrum der Wissenschaft)

Ullstein Sachbuch

Rupert Lay

Führen durch das Wort

Ullstein Buch 34424

»Dieses Buch ist geschrieben für Menschen, die führen müssen und sich dabei ihrer Grenzen bewußt sind – für Menschen also, die besser führen wollen. Es wird ihnen helfen, das ›Verfahren Führung‹ zu humanisieren und zugleich wirkungsvoller zu machen. Wir alle leben in einer Mehrzahl von Sozialverbänden, die ohne jede Führung keinen Bestand hätten. So ist dieses Buch gedacht für Eltern und Lehrer, für Seelsorger und Unternehmer – kurzum für alle, die durch das Wort führen müssen, wie auch immer sie ihre Autorität begründen.«

Rupert Lay

Ullstein Sachbuch

Rupert Lay
Dialektik für Manager
Methoden des erfolgreichen Angriffs und der Abwehr

Wirtschaftsverlag Langen-Müller/Herbig

262 Seiten

Wirtschaftsverlag Langen Müller/Herbig